本书受 国 家 古 籍 整 理 出 版 补 贴 项 目 资助出版
云南省哲学社会科学学术著作出版资助专项经费

编委会（按姓氏笔划排序）

木霁弘　　李　明　　李自云

伍雄武　　陈九彬　　张文勋

杨安兴　　邹　颖　　段炳昌

施惟达　　谭　丛

国家古籍整理出版补贴项目

高奣映 著◎

曹晓宏 王翼祥 校注

高奣映集

卷一

高奣映，字元廓，一字雪君，别号问米居士。姚州土府同知高𥹭子也。缘当国破君亡，又不仕清，奣映袭职。生性警悟，幼嗜读，过目成诵，博极群书。自性理经济，以至玄释医术，莫不洞晓，诗词歌赋，皆能深造入微。天资既大过乎人，而学力倍之。康熙十二年，会川一碗水沙逆叛乱，奉檄出川巡视。寻吴藩事变，威逼，分巡川东。未几，托疾挂冠。辛酉，清军复滇，以只身单骑珍大逆，制溃军，特授参政。即以世职予其子映厚承袭，告归，结庐结璘山，因号结璘山叟。日事丹铅，并裁成后学。及门之士，成进士者二十二人，登乡荐者四十七人。著书八十余种，兼综儒释。著述之富，为一州之冠。生平好公益，喜施济。凡兴学厚俗，崇俭助婚，赙丧救急，养老助产，掩骼施棺诸善举，皆列有专书，分别类例，捐资为之无所吝。事亲至孝，亲丧，斩衰庐墓，前后六年。提学王之枢尝书"德峻学邃"四字赠之。

民国《姚安县志·卷二十七·人物志·乡贤》

云南大学出版社

Yunnan University Press

图书在版编目（CIP）数据

高奣映集·第1卷/高奣映著；曹晓宏，王翼祥校注.—昆明：云南大学出版社，2011
ISBN 978 - 7 - 5482 - 0566 - 1

Ⅰ.①高…　Ⅱ.①高…　②曹　③王…　Ⅲ.①高奣映（1647~1707）—文集　Ⅳ.①Z429.5

中国版本图书馆 CIP 数据核字（2011）第 182780 号

高奣映集·卷一

高奣映　著

曹晓宏　王翼祥　校注

责任编辑：伍　奇　和六花
封面设计：刘　雨
出版发行：云南大学出版社
印　　装：昆明市五华区教育委员会印刷厂
开　　本：787mm×1092mm　1/16
印　　张：21.25
字　　数：410 千
版　　次：2011 年 8 月第 1 版
印　　次：2011 年 8 月第 1 次印刷
书　　号：ISBN 978 - 7 - 5482 - 0566 - 1
定　　价：95.00 元

地　　址：昆明市翠湖北路 2 号云南大学英华园内
邮　　编：650091
发行电话：5033244　5031071
E - mail：market@ynup.com

目　　录

孙 迪

卷 上

目录

5

目录

目录

11

序

　　余初知明清之际学术大师高雪君，乃由学友夏光辅先生之指点，其时在1980年。吾当即生敬仰之心，起浓厚之兴趣，但先生之文章散漫各处，难于寻访而拜读之，遂渴望得一文集以深入学习、研讨。三十余年白驹过隙，吾已古稀，今日方睹曹晓宏教授及王翼祥老师搜集、辑录、编选、校刊、注疏之《高峣映集》，欣喜异常，感慨万千，故不避浅陋，诚为之序。

　　吾深以为，高雪君先生实为云南思想史、文化史、民族史、政治史之关键人物；滇云之思想关系、文化关系、民族关系、政治关系多纠聚、交结在他身上，故为吾侪认识滇云诸史之关键。高氏自宋大理国（或有认为远在汉晋之时）兴起于云南，历两宋（大理国）、元、明至清初，五百余年累世为云南之领袖人物，或为（大理国）清平官、（"大中国"）国主，或为郡守、土知府等，且着力于教育及文化之传播，而雪君为高氏数百年此传统之典型、代表，故可为理解云南政治、文化历史之一锁钥。高氏起于大理国白族政权之权贵，峣映一支则百余年驻楚雄、统治彝区，但雪君先生却智接中原，置身明清之际理论前沿。何以见之？一者，明清实学之兴起，是为中国思想从古代到近代转变的内在源头之一，雪君先生从道（形上学）、器（形下学）两方面锲入实学而深研之，如：关于太极与无极之辩；对其治地农林之考察，对长江源头之考察，对历史经验之总结，等等，皆为实学之体现。再者，宋明理学家皆明里暗里出入佛老而创新儒学，这是宋明理学的特点和贡献，而高雪君公然出入佛老而推进儒学，其诗大有禅诗、道家诗、儒者诗之风韵。故此，如不囿于前苏联日丹诺夫哲学史观之限制，不仅以唯物、唯心论人，则雪君亦可为解析明清学术之一典型。而就民族关系说，若不囿于民族之间相互排斥的成见，则可知关于雪君先生是彝族、是白族、是汉族（甚至纳西族）之争辩，实是认识云南民族关系"多元一体"、"你中有我，我中有你"的好事。而剖析高氏，剖析高峣映，可为吾辈认识云南民族关系之一绝佳案例。古人文史哲不分家，且诗言志，故雪君遗诗以儒道佛思想为精神，境界高雅，视野宏阔，余不懂诗，更不能诗，不敢妄评之，但以所见诸家滇云文学史、诗集未收雪君诗词为憾，而深以本《文集》专设《诗词》一卷为有见识。推而言之，亦以雪君先生之文章、论著长期未得到学界重视和研究，深以为憾，而对本文集列为国家古籍文献出版项目而得到大力支持，深以为有关方面大有见识而称颂之、赞誉之。

欲注疏《太极明辩》者，非深解《易》且精于思辨不可；能注释《迪孙》者，须对历史、典故、诸家异说烂熟于心不可。故曹教授等集数年之心血成此精当、完善、深入之文集，为阐扬国学、推进滇文化作出贡献，令人钦佩，可喜可贺，故为之序。

伍雄武谨识于 2011 年 8 月 25 日，时年七十有二

编校说明

　　一、高峣映著述宏富，民国《姚安县志》说其"著书八十一种"，但历经时代的巨变和岁月的冲洗，今天其著述大多已散佚难觅。经多方搜集，本丛书共收录《滇鉴》（不分类）、《太极明辩》（三卷）、《迪孙》（二卷）、《鸡足山志》（十四卷）、《妙香国草》（一卷）五部著作，以及一些诗文、楹联。另外，为了便于读者更好地认识、了解和研究高峣映其人、其作，书中也收入了一些他人的相关著述，以附录的形式置于书末。本丛书共分为三卷，卷一收录《太极明辩》、《滇鉴》、《迪孙》，卷二收录《鸡足山志》，卷三收录《妙香国草》、其它、附录。

　　二、本丛书收录的著述来源不尽相同，兹略述于下：

　　（一）《滇鉴》。录自云南省图书馆藏之抄本。

　　（二）《太极明辩》。录自《云南丛书》。同时，参考了云南省图书馆藏方氏学山楼藏书。

　　（三）《迪孙》。主要录自云南省图书馆藏康熙间高氏刻本。同时，参考了芮增瑞校注的《迪孙》一书。

　　（四）《鸡足山志》。主要录自云南省图书馆由云龙涵翠楼藏抄本（简称"底本"），同时，参考了清康熙刻本范承勋《鸡足山志》（简称"范本"，收入《大理丛书·金石篇》，中国社会科学出版社1993年版）、赵藩等辑《鸡足山志补》（简称"赵本"，民国二年京师聚珍版印行本）、芮增瑞校注《鸡足山志》（简称"芮本"，云南人民出版社2003年版）以及侯冲、段晓林点校《鸡足山点校》（简称"侯本"，中国书籍出版社2004年版），其中，主要参考了"范本"和"侯本"。

　　（五）《妙香国草》。录自云南省图书馆藏清康熙高氏家刻本。同时，参考了陶学良辑注的《云南彝族古代诗选注》一书。

　　（六）其它诗文、楹联。其出处和来源见注释。

　　（七）附录。其出处和来源见注释。

三、校注时，应用到的参考书、网站、资料库主要有：

《四库全书》、《二十四史》（主要源自国学网）、《四书五经》、《十三经》、《资治通鉴》、《太平御览》、《太平广记》、《五灯会元》、《本草纲目》、《说苑》、《华阳国志》、《蛮书》、《南诏野史》、《滇史》、《滇志》、《滇考》、《滇系》、《方国瑜文集》、《马曜文集》、《张文勋文集》、《尤中文集》、《南诏文化论》、《新纂云南通志》、《大理丛书》、《云南史料丛刊》、《楚雄旧志全书》、《楚雄彝族自治州志》、《中国百科全书》、《辞海》、《辞源》、《说文解字》、《古代汉语词典》、《现代汉语词典》、《中华古汉语大辞典》、《中国历代人名大辞典》、《中国历代地名大辞典》、《中国历史大辞典》、《佛学大词典》、《丁福保佛学大词典》、《佛学常见辞汇》、《历代名僧辞典》、《中华道教大辞典》、《道教大辞典》、《周易大辞典》、《中华易学大辞典》、《云南考古》、《高峰映评传》、《高峰映研究文集》、《高氏族谱》、《佛教辞典》、谷歌、百度、国学网、汉典网、维基文库、超星数字图书馆、清华同方学术期刊网、读秀。

四、文稿以简化字横排，并加以标点。注释时，一般只对较为重要或关键的字、词进行注释。若字词多次出现，一般只在该字词首次出现时出注。正文中的干支年月、帝王年份不注明西元。人物的生卒年月不予标注。

五、校勘时（一）古今字、异体字、正俗字，一般径自改为标准简体字，不出校注。通假字不改。（二）如底本正确，校本错误，则据底本定稿，不出校记。如底本错误，校本正确，则据校本定稿，出校记。如底本、校本文字不同，但二者皆可通，则据底本定稿，出校记，说明校本异文。

太 极 明 辩

凡例六则

一、因偶问而辩。既辩则必引证，引证则又断以己意。此其不惮说之繁复也。

二、辩为无极，力辩也，故谈理处则不必呼名而言，惟置辩处方称己名。以后学犯先正罪我者，其在名称以明之。

三、此书欲令颛蒙后进一览，悟心而特达名流，忘言表意曰：当仁既不让其师资，论道敢讳于前哲。会通者请藏密以洗心，务存神而遗照。知我者幸识深而致虑，由精义以见情，惟须会理于图，甚毋泥图违理也。

四、来图与《先天太极图》近似。嶴映始究心于易学，凡阅易之注、笺、图说，计七十余家。后读《来氏易注》①，遂畅然有得。故图虽推类尽义而裁成，体必本之瞿塘②以画一，如《河》、《洛》，悉划入太极之中，盖明无极之必无其理。倘曰太极之所以为太极者，必有一无极，此□三耳。坚白、同异③之说，非鸿儒巨公宜言，一乐言之，便属异端之学。

五、此辩后，或有论吾儒性学工夫，皆以《就正录》④名之。夫自以为是乃寡陋之碍情，日求知、问实、笃行之。新益，不敢有泥执之心也，冀先德纯仁见书即加摘谬处，惠邮筒，谓此事非一家之私书，乃关吾儒之圣学，读者均有责焉！

六、近熊敬修⑤先生成《学统》一书，专心注目，惟在正统，其大醇小疵各归其类，大有功于世道。嶴映将辅成之曰：讲学要透切明白，使看者瞩目即了快。是为辅成之义，已纂自汉、宋及明以来攸关理学之名言，日积月收，不觉汇成，亦有十数卷矣。句则贵简少以精明，理则务庸近之易举。割裂之罪，在所难免⑥。论此及彼，预剖诚素。

嶴映谨识

太极明辩

3

【注释】①《来氏易注》：即《周易集注》，又称《易经集注》。明儒来知德著。该书侧重取《系辞》"错综其数"以论象，以象数阐释义理，以义理印证象数，纵横推演，以象数错综变化，按图索骥，为学"易"者洞开了一扇大门，被时人称为"绝学"。高奣映曾撰《增订来氏易注》十五卷，另撰有《来矣鲜先生易注序》一文。

② 瞿塘：来知德的别号。

③ 坚白、同异：指战国时名家公孙龙的"离坚白"和惠施的"合同异"之说。"离坚白"，讨论坚、白、石三者的关系，即物体（实体）与属性、属性与属性之间的关系。公孙龙认为，一块石头其坚、其白是离石头而各自独立存在的实体。"合同异"，讨论事物之间的同异关系。惠施认为事物之间有同有异，且分为"小同异"和"大同异"，但他更强调同一和一致。

④《就正录》：高奣映撰，今已不详，民国《姚安县志》存目。

⑤ 熊敬修：即熊赐履，字敬修，一字青岳，号素九，别号愚斋，湖北孝感人。明末清初理学名家，累官至吏部尚书、武英殿大学士，曾为康熙的汉学启蒙老师。师宗程朱理学，反对王守仁之"心学"，著有《经义斋集》、《学统》、《闲道录》、《学规》等。

⑥ 免：原文"宽"，今改。

【卷 一】

古庐陵①高奣映雪君订著

太极明辩

（通志堂为诸子讲学偶及）

朱子②谓无极而太极为濂溪先生③心得之学，然先生作《通书》④悉本于太极，其无极仅指浑沦之体而及一语耳。紫阳又曰："太极只是一实理以贯该之，'无极而太极'五个字，一字添减不得，其立象尽意之微指，蕴而尽泄于此图。"宋嘉定、淳祐以后，诸儒多疑此图得之种⑤、穆⑥者。元至明，诸先正又疑无极之说出之老、列；又疑先生当时与"二程"言论文字甚多，未尝及无极，疑图非先生所为；又疑横图为陈希夷⑦伪作，或谓先生为陆诜俦⑧；或又谓先生与胡安定⑨同师鹤林寺⑩僧寿涯⑪，无极盖本寿涯之说。一时呶呶，至金溪之辩⑫语犹甚。紫阳解之曰："无极只是无形，太极只是有理。无极而太极，犹云'上天之载，无声无臭'⑬云尔。"乃一言断之曰："不由师传，默契道体。"于是周子之论始定，遂视周子之后有朱子，犹之孔子之后有孟子也。北溪陈氏⑭曰："太极如汉《志》：'函三为一。'⑮自三才⑯具形，此是浑沦未判之物，犹老子曰：'有物混成，先天地生'，即庄子所谓：'道在太极之先。'"又曰："无极之说，始自柳子曰：'无极之极，殆是极始。'"又邵康节⑰《天图》云："无极之前，阴含阳也；有极之后，阳分阴也。"康节虽与先生同时，然周子以前已有无极之说。奣映窃尝考之，公孙轩辕氏演古⑱曰：太上辟皇，维关有基。有熊氏知生化柢晤，邆理微萌，天心譓念，虞思慷□，虑万源无成，⑲始昭扬于太极，以象太易。又《乾凿度》⑳曰："道揆于所□，道揆于所，性情齟用。蓄生生而生，生无终而体复。皇有太极，乾坤乃行。"又黄帝曰："圣人索颠，象远物，浩维厥。㉑太极断自元圣"㉒。又往古，庖牺氏先文遗音曰：太极变易，薪策运著㉓，秭民冈倦，神以数知，王有天下，故太始㉔、太素㉕、太无㉖，元含精，融轩辕㉗，展章立极而混茫流化，溯三太之理由乎！一元三太之函天，老氏授混沌氏焉。然后传天英氏，再传无怀氏，遂授中孙炎帝神农氏。中圣古法淳物，元造，器之用之，蔑以益之。㉘后传烈山氏，再后三孙帝麄氏，

5

次授老孙氏，公孙轩辕氏益之。克法神器，左右武文，熟于上下，为《易》道本，始由兹以稽。自上古已有太极之名，实无无极之说也。孔子《系易》曰："易有太极，是生两仪"。如有无极云者，孔子自当发明之。固不待发，始于周子。按汉《律历志》㉙曰："太极元气，函三为一"，又曰："太极中央元气，故发黄钟。"㉚又汉《律历志》㉛曰："《经》元、一以统始，《易》太极之首也。"㉜又《帝王世纪》㉝曰："质形已具，谓之太极㉞"。又《乐动声仪》曰："神守于㉟心，游于目，穷于耳，往乎万里而至疾㊱，止乎织景而四周，中臆深求乃彻太极，人神皆㊲感，音声相和㊳，援以引之，莫不底属。"又班固《典引》曰："太极之先，两仪始分㊴，烟烟煴煴。有沉而奥，有浮而清。"又陈思王《七启》曰："夫㊵太极之初，混沌未分，万物纯纯，与道俱隆㊶。"又《羲赞图叙》曰："上形太极混元之前，将来未萌于兹列焉。"㊷阮籍《通老论》又曰："道者法自然而运化。侯王能守之㊸，万物将自化㊹。《易》谓之太极，《春秋》谓之元，老子谓之道。㊺"故陆机亦曰："览太极之初化，判玄黄于乾坤。"傅玄亦曰："嘉太极之开元，美天地之定位。"㊻由汉以来，莫不明太极之秘，未有以无极言者。言无极盖多见于老氏之说，即三素之义，仙家配洞元、洞明、洞玄以言之。后儒更未之说，□尝潜思之。夫极云者，如无所不用其极之"极"也。盖无所不用乃极云者，如峻极于天发育乃极也。发育乃极云者，极深研几极数，知来生生发而谓之易也。然不皇建其有极归其宁有极哉，一心神明之初，造化夫□□□，莫不有一主宰之真理统贯乎气数之□□贯，故夫理道之中人，非洗心退藏㊼不能见此密□之地，故复然后见天地之心。天地之心见，则判天地也。所以为太极者，亦可推天地之□□□□。夫阳极矣，然后阴生也；阴极矣，然后阳生也。□□□互为其根者□其极而后乃生之，变变化化，费之隐之，莫不用极，以之为□□焉。故消而息生焉，息而盈持焉。盈则乃虚，虚用息，而息以生盈则归消，而消因息乃渐至于盈。其璇之神，若发机；其环之运，若转轮。《易》推明于其首曰："乾，元、亨、利、贞。"教器之形之，莫不以极而后变：元久必亨，亨久必利，利久必贞，此天地之为天地也；消久必息，息久必盈，盈久必虚，此人之所以承气而化通也。此皆至极运行之精义。由是言之，太极以前只可名"混沌"，不可举以名"无极"也，益明矣！以天地未判，清浊而不上下也；阴阳未分，乾坤之理与道无从适也。未判未分，总一个混沌。混沌久，久而至混沌之极处，亦犹之阳极生阴，阴极生阳，混沌极而主宰之理立矣。理立，而建一主宰于混沌之中矣。因混沌极而有将判之几，其所以极者，曰太极。诚哉，确言也！《释名》曰："太之为言，大也"。古大即"太"字。《汇义》曰："至太而有太玄[48]、太一[49]、太初[50]，皆潜冥渺乎微始，又极之为言，中也，至也，远也，要会也。又穷穷无已际，终终达微际也。"不极，则混沌终莫能判，天地卒莫之以分。惟太其有极，此一中发动之始，混沌遂剖刖而两仪，重之以四象，叠之以八卦。质成于五行，理备乎五常。五行者，水火木金土是也。五常者，仁义礼智信是也。甚之，大生而广生之，即万有一千五百二十之品物，莫不自参伍错综而变之、通之耳。由是以思，是极之决不可无最明矣。使极□终无，至今混沌终难剖判。无此极则混沌为死物，无此极则用何者为建中[51]？即天地亦为死器，乾坤亦为死理矣。如是言之，是悉无有穷变生化之理，而为运密潜周者矣。翕映故断之曰：混沌极而分阴阳，阳极而生阴，阴极而生阳，莫不从其极为生化之互根者。当子开、丑辟而寅生，定有一酉衰、戌死而亥复至。斯天地既穷，潜一生机于水元之中，故亥藏将来复见之，萌此天地虚危之心也。然萌隐伏而气尚混沌，天地只得顺时密藏，即含此理于混沌中。听其久久到至极之际，而复自为剖判耳。此是天地之微情，善于用混沌，而不为混沌之久所闭。如无其极，则混沌全不运转，则不能底于混沌之极处；是无其极而终为混沌，如是则混沌之死气迷漫至今日而不开，有是理哉？翕映又敬读先生《通书》，始明太极而生阳，阳动极而静，静极而生阴。既乃曰："无极之真，二五之精，妙合而凝。"窃谬揣先生之义，犹言夫当混沌作主似无此极之时，此混沌中不可谓果无运璇而不能至于极也。虽似无有极，然此中自含有中正之真理，包二五之精灵，终有至极之一日。故此浑浑里面，妙合而凝者，□至极则终有剖判之期。又详玩先生之图，首以○，此圈象混沌中太极之体，亦并未有名之为无极者，故于○此《太极本体图》后，即画今之所谓太极圈者。晓然明之，曰：此阳动阴静也，于此图后，画《五行图》，于《五行图》后，画《男女之混沌本始于乾坤之混沌之二图》，然后以推明万物化生之义。无乎，非太极也，其图上并未著明"无极而太极"也！朱子泥先生《太极图说》有"无极而太极"之一言，遂执为千古不易之论。然紫阳于一切发明理义，皆言太极，并未精言无极。当时先正，如延平李氏[52]、五峰胡氏[53]、南轩张氏[54]、勉斋黄氏[55]、西山真氏[56]、鹤山魏氏[57]、格思臧氏[58]、节斋蔡氏[59]、山阳度氏[60]、方叔谢氏[61]，以及敬轩薛氏[62]、整斋罗氏[63]、泾阳顾氏[64]莫不艳赞先生：图太极而后《易》蕴尽泄，大有功于圣学，至无极，不过推说之而已。尤有虑异端之假合、老氏之附会。故月川[65]曰："只此无极而太极一句，便见所见之差，久则必流为异端之说矣。"如此则与不相离之言实不相侔，与老子道生一而后生二、庄子道在太极先之说同归于谬，岂周子之意哉！其时儒彦多龃之，有问于月川者，晓之曰："周子所谓'无极而太极者'，蓋指无形□、无声臭、无方所者以言之，非谓太极之前别有一无极，无极之外别有一混沌也。"故勉斋曰："所谓无极而太极者，非老氏之所谓'出无入有'，佛氏之所谓'澄空寂灭'也。"斯道之本体、万物之领会，而子思⑥所谓天命之性系，所谓大德曰生也，以诚者为圣人之本也。既畏无极流为老氏之出无入有，又畏无极之类佛氏之澄空寂灭，而曰：斯道之本体，则必有一极之建中，不可以言无矣。又曰：万化之领会，非指太极而何耶？且云天命之性，当未极而尚混沌无所用极之时，不过包隐此理于混沌中，不可于混沌中又指出一无极。理也！及至混沌到极处，而混沌不自能为之幽闭，此极一判此理，即形天，乃始得秉命以复性。此大德曰：生天命之性，是皆从太极发原。故孔圣曰："有太极，是生两仪。"用一"有"字，甚着力，遂用一"生"字，又勘验得十分着落。试加紬绎⑥于此，所贵乎太极者，以有之为用也；无极云者，并极屏之归于乌有。孔子且言有太极，孰敢谓其无此极乎？以圣人之有字，证周子之无字，非臆度也。以圣人之生字，举阳极生阴、阴极生阳之两生字，则崟映之云混沌极而后此极乃建，是谓太极之说非臆创矣。舍孔子而不信，更从谁而信之？紫阳谓无极如"上天之载，无声无臭"云者，似矣！今姑以於穆之本体为无极之象，元要此中必有一不已之流行，然后混沌之至极者，乃为上天之载耳。乌岂澄空寂灭为无声无臭乎哉？若果声臭都无，为无极则不已之极，□孰从而建之？无中正之本始以立极，上天之载谁得而御之？于上天之载，形之以无声无臭可也，于无极断断不得借口言上天之载、无声无臭之体也。蓋有太极，然后两仪始判。在太极以前，只是一混沌，不可言上天之载以言乎体。道之所蕴，则当以流行为精义。故太极自混沌之至理、主宰中剖出有极之可立，则上天之载乃凭之于气化潜通其感乎耳。此乌穆不已⑥之天，言无声无臭可也，明其理之至微甚。至无声无臭之地，即是至极之流化。此极既有，则无者混沌□象也。若连极亦使之无，又卒归之声臭悉绝，此亡何有之乡，乾坤之道不几乎息耶！以无而又以无无之，毕竟到个极处，仍然还是太极。倘其无而终无无之，即太极亦无所从有，□上天从何所为载？理气由何所而生，有是理欤？以无声臭拟无极，既无而又使无之，以空还空，以无归无，混沌将安止极哉！然紫阳非护前者，以性命之学久湮于世，获濂溪先生而后始发明之，不欲以一眚掩大德也。不详观《朱子语录》乎！其言曰："太极，只是天地万物之理。在天地为天地之太极，在万物为万物之太极，只是极好至善之道理。"既赞太极为天地万物之统归，云何更将此太极听之无去，而归之无极也耶！既为极好至善之道理，毕竟是有，决不是无可知。又曰："人人有太极，物物有太极。太极是性，化生万物。"愈见毕竟是有。又以无极为气与理合而成性。夫气一与理合是太极，不是无极，况成性岂是无极，岂此无极又指为有体有象耶！尤见气合理完而性赋，总属太极，不是无极。盖当混沌尚不至于极之时，总是一个混沌，决决不必于此混沌里面添设一无极道理。若既连无极也无，又有何道理之可蕴。鸿苞[69]曰："太极之理，不能不堕于阴阳五行。"夫此一堕也，有阴阳五行，便有盈虚消息。今夫四时之序，寒暑推迁，万物蓄生，生死代谢，寒暑往来，此混沌合辟成迹也。自无而倏有，谓之造。自有而倏无，谓之化。阴阳五行，流行运用，久而渐敝，灭息之几斯存。阴阳五行，酝酿伏藏，久而渐开，生息之理已显。此天地之所以从混沌而开辟耳，天地之所以开辟而不免混沌者，阴阳五行代谢必至之期也。天地之所以混沌而必有开辟者，太极主宰一元归复之理也。气有盛而必衰，故辟久必混；理无时而灭息，故混久必辟。譬如人之形骸，气也；人之心灵，理也。形骸有坏，而心灵未尝灭也。天地、阴阳、五行之气混沌□，而太极之理未尝泯灭，为之主宰以造成之复开二仪，于是，天地既立，万物渐生，皆自然之妙，不假安排者也。天地混沌，息极而消，消者自消，而非有物以消之。天地开辟，消极而息，息者自息，而非有物以息之也。究极而言之，太极至清，而一落阴阳五行则有清有浊；太极至善，而一落阴阳五行则有善有恶；太极至醇，一落阴阳五行则有醇有驳；太极常真，而一落阴阳五行则有成有坏。所以有混辟者，阴阳五行之为也。所以混沌合闭而终于不灭息者，太极至真之常道为之也。吾人既具灵根，而此至真之常道潜之，知能分际，自是无时或昧，超之二五以外，以一元而含太极之真全。故曰：天地有代谢，至人无死生也。故天地之化机，圣神之治教，总三才为一贯，合万物主体备。自太极生两仪，以至于大业，要同时而即具，非循次而后生，倘不举一以明三，旋四以藏一，则太极亦为死理。故知一虚二实之义、方园参两之功，并倚追倚而损益乘除之庶乎！平称藏用于斗衡，方园见形于规矩。业生之利害兼，资裨避趋之志凝。咸定，由是道之妙奥见全德于庸行，此日用饮食间莫不备夫一几契会之至理，故虽愚不肖，具微体而等圣人，及求其至，即圣人复有所不能。而此几几契会焉者，苟无动焉，则莫能成其为极者，动而契会以通焉，斯言极也，即圣人有所不能。圣所不能，盖以言夫其极至也。愚夫妇可与知，又以言夫庸行之极致，莫不具体而微也。呜呼，可其无极也乎哉！潜解曰：太极者，仪象之宗，先辟阖而存，所谓混沌之初也。是混沌之初，据有此理而流运，其混沌者即为太极，是太极之理潜于混沌之初，又乌得有一无极复为造生混沌以前之太极哉！乾坤自太极之两仪而生，是天地亦从太极中户出。是故辟阖者，户之所以启闭也；而乃谓无极为上天之载，则无极主持上天耶？固不当言载矣！若言无极载天地耶，阖则混沌耳，辟则两仪已开矣！上天之载又夫何有于无极耶！其太极之理，则先儒纷言之，详言之，又从而精深颐隐以探索之矣。毋庸骈拇⑩以赘疣之，惟是即卜之一身以浅言之、庸言之，不能无说。夫男女构精之会，阴阳皆极，故混茫之象成，此混茫中间全不假人力以安排之，自然而然，端有一理气以流通之。十月胎完，至混沌极，而太极冲其气则身也，其形则男女有别也。此点主宰之理，凭乎天命之性，即密密退藏于心官之灵府⑪，是一人有一人之太极也。要亦不过动静两端，循环不已，渐长渐壮，壮而渐老，老而渐死，此灵府中太极毫不亏欠也。今试绝念以力，加默识之逼令，此念至于无一丝丝妄尘潜动于吾虑中，又涤此虑直至精白承休，无声无臭分际，此气合之流行者顿然晏息，此晏息之极致，自然归复于中矣。中久久而和畅矣，中和致而天地位、万物育矣，故曰："一日克已复礼，而天下归仁"，非虚言也。抑既流行久久，自然又息而向晦⑫矣，冥然混沌而似无极矣，毕竟不无□有一太极以主宰之。试静息以空，直至主其所空分际，用落禅悟妙解，仍然空生妙有，毕竟不空，况吾儒闲邪存诚，日谨其几，刻慎其独，当格物以致知，贵知言以养气，此心臆间，太极本体悉从静存动察中归复，未可以无极务高远于诞幽杳寂之境耳。心至空其所空，此一点灵彻之明光，毕竟不空。此无所空中之明彻灵光，即是吾人之觌体⑬太极。要须时时与此点灵光契合，使不为物欲混，不为理事障，使之无欠无余，养到气达浩然、心通默识，则此本有之太极，归复而明备于我。器而显诸有者，道而泯于无者，莫不效法于健顺。夫道心之微，即微此也；人心之危，即防闲恐侵乎此也。"执中"⑭，即允以执夫此也；"止至善"⑮，即此夫此极也。本末始终、表里上下，夫何所往而睽于太极乎哉！阖辟通变，是气化之溟涬⑯；阴阳卦仪，是象器之影事；吉凶动静，是理数之蜕委；消长盈息，是□……□作图而观之，无已时者也。以洞悟伏羲先天图，始以伏羲八卦配之，乃先生穷研于图之始功也。继则豁然得图中之理，乃画《后天五行男女万化图》耳。当时先生画甚遗缺，朱子或未知先生窥图本元，故云不假师传，独羿一理。今画先生《配伏羲八卦方位图》于后，以明先生始画一白圈，即指太极之本体，不是画无极。

【注释】①古庐陵：由云龙《姚郡世守高氏源流总派图》云："（高嶷映）一世始祖高公定公，原籍江西吉安府庐陵县井岗乡人也。"

②朱子：即朱熹，字元晦、仲晦，号晦庵、晦翁、遁翁、逆翁，别号考亭先生、紫阳先生、云谷老人、沧洲病叟。祖籍徽州婺源（今属江西），出生于南剑州尤溪（今福建尤溪县）。南宋著名教育家、哲学家、诗人。宋代理学的集大成者。

③濂溪先生：指周敦颐，宋明理学的开山鼻祖。字茂叔，湖南道州人（今湖南道县），谥号元，世称周元公、濂溪先生。著有《太极图说》、《通书》等哲学。

④《通书》：周敦颐著。据朱熹云，其原叫《易通》。共四十章。是《太极图说》的姊妹篇，主要谈人事，以"诚"为核心。

⑤种，指种放，字名逸（《郡斋读书志》作明逸，此从《宋史》本传），自称退士。河南洛阳人（《郡斋读书志》作长安人。此亦从《宋史》）。曾为道士多年。后为官，迁至右谏议大夫。后又为道。诏赠工部尚书。好为诗歌，著有《退士传》。

⑥穆：指穆修，北宋初文学家，以散文著称，宋代古文运动的先驱。字伯长。郓州（今山东省郓城县）人。《宋史·朱震传》载："（朱）震经学深醇，有《汉上易解》云：'陈抟以《先天图》传种放，放传穆修，穆修传李之才，之才传邵雍。放以《河图》、《洛书》传李溉，溉传许坚，许坚传范谔昌，谔昌传刘牧。穆修以《太极图》传周敦颐，敦颐传程颢、程颐。'"

⑦陈希夷：宋初著名道家隐士。名抟，字图南，自号扶摇子。安徽亳州人。

⑧陆诜胥：不详。

⑨胡安定：北宋著名学者、教育家、思想家。又名胡瑗，字翼之。泰州海陵（今江苏泰县）人，世居陕西安定堡，世称安定先生。与孙复、石介并称为"宋初三先生"。

⑩鹤林寺：此指江苏镇江的鹤林寺。它位于该市南郊磨笄山

北麓，旧名竹林寺，创建于东晋元帝大兴四年（321年），距今已有一千六百多年的历史。据载，南朝宋武帝刘裕早年曾游息该寺，黄鹤飞舞其上。他即帝位后，便改竹林寺为鹤林寺。

⑪寿涯：宋代著名禅师。

⑫金溪之辩：宋代淳熙十五年前后，陆九韶（江西金溪人氏）与朱熹就"无极而太极"这一问题展开辩论，他认为"太极"上面又加"无极"二字，与周敦颐的《通书》不一样；二程也没有说过"无极"；《太极图说》的"无极而太极"来自陈抟（希夷），是老氏之学。朱熹则"大谓不然"。陆九渊站在他哥哥陆九韶一边，支持他把这场辩论进行下去。由此又涉及到对"极"、"中"、"一"等概念、范畴的辩论。该事件是中国哲学史上的一个重要事件，对理学的发展产生了很大的影响。

⑬上天之载，无声无臭：出自《诗经·大雅·文王》。意为上天生万物，没有声响，没有气味。

⑭北溪陈氏：指陈淳，南宋理学家。字安卿，亦称北溪先生。漳州龙溪（今福建龙海）人。朱熹晚年的得意门生，理学思想的重要继承者和阐发者。著有《北溪全集》。

⑮"太极如汉《志》"二句：《汉书·律历志上》云："太极元气，函三为一。极，中也。元，始也。"颜师古注引孟康曰："元气始起于子，未分之时，天地人混合为一，故子数独一也。"函三，谓包含天、地、人三气。

⑯三才：指天、地、人，引申为天道、地道、人道。《周易·系辞下》："有天道焉，有人道焉，有地道焉，兼三才而两之。"

⑰邵康节：北宋著名易学家，中国占卜界的主要代表人物。名雍，字尧夫。范阳（今河北涿州）人。谥康节先生。著有《皇极经世》、《观物篇》、《击壤集》、《渔樵问对》等。

⑱公孙轩辕氏演古：应是指《公孙轩辕氏演古籀文》。公孙轩辕氏，黄帝。《史记·五帝本纪》载："黄帝者，少典之子，姓公孙，名轩辕，黄帝居于轩辕之丘。"

⑲"太上辟皇"七句：疑为"太古百皇，辟基文籀。遽理微

萌，始有熊氏。知生化柢，晤兹天心，譿念虞思慷□，虑万源无成"（《易纬·乾坤凿度》卷上）之误。遽理微萌，原为"遽理萌微"，今改。

⑳《乾凿度》：《周易乾凿度》的简称，又称《易纬乾凿度》。西汉末纬书《易纬》中的一篇。它是纬书中保存完好、哲学思想较为丰富的作品之一。"乾"为天，"度"是路，该文有开辟通向天上道路的意思。此书当出于西汉，东汉初已经流行。清朝修《四库全书》将其从《永乐大典》中辑出，分上下两卷。旧有郑玄及宋均两家注，今本为郑玄注。该文提出了比较系统的宇宙生成论，其图式为：太易→太初→太始→太素→浑沦→天地→万物。认为由"寂然无物"的"太易"到"太始"，是一个从无形到有形的过程；"太易"是"未见气"的一种虚无寂静的状态；"太初"是"气之始"，到了"太始"阶段才有形可见；"浑沦"是未分离的统一状态，又称为"一"，也就是"太极"；由"太极"一分为二，"清轻者上为天，浊重者下为地"，再由天地产生人和万物。

㉑"圣人索颠"三句：《易纬·乾坤凿度》卷上云："圣人索颠，作天索易。"

㉒太极断自元圣：《易纬·乾坤凿度》卷上有"太古断元，圣人法地"之说。太极，疑为"太古"之误。

㉓蓍策运著：《易纬·乾坤凿度》卷上云："析蓍以策，运著以数，王天下者也。"

㉔太始：古代谓天地万物之始。中国传统哲学将太易、太初、太始、太素、太极并为先天五太，是无极过渡到天地诞生，万物生衍前的五个阶段。《易纬·乾凿度》卷下云："太始者，形之始。"

㉕太素：古代谓最原始的物质。《易纬·乾凿度》卷下云："太素者，质之始。"

㉖太无：即太极，亦称太一。指空旷虚无之境。

㉗轨辙：《易纬·乾坤凿度》卷上之郑玄注："法度而道行，大道也。"

㉘"中圣古法淳物"四句：《易纬·乾坤凿度》卷上云："中

圣古法淳物，元造不足，益之器用，农谷衣蕴。"

㉙汉《律历志》：即《汉书·律历志》。原文为"汉《律志》"，今改。

㉚太极中央元气，故发黄钟：原文"太极中央达元气，以发黄钟"，今据《汉书·律历志第一上》改。

㉛汉《律历志》：原文为"汉《历书》"，但从其后所述的内容可知，它是《汉书·律历志》的简称或它称，高乔映前面称《汉书·律历志》为"汉《律志》"，稍后又称"汉《历书》"，易给一般读者造成混淆，故改。

㉜"《经》元"三句：原文为"元以统始，易为太极之首"，今据《汉书·律历志第一上》改。

㉝《帝王世纪》：西晋皇甫谧著。计十卷。是专述帝王世系、年代及事迹的一部史书，所叙上起三皇，下迄汉魏。内容多采自经传图纬及诸子杂书，载录了许多《史记》及两《汉书》阙而不备的史事，有较高的史料价值。

㉞谓之太极：原文为"是自太极"，今据《帝王世纪·自开辟至三皇》改。

㉟于：原文无，今据《太平御览》卷一"太极"条所引之《乐动声仪》补。

㊱往乎万里而至疾：原文为"往乎万里以疾至"，今据《太平御览》卷一"太极"条所引之《乐动声仪》改。

㊲皆：原文为"之"，今据《太平御览》卷一"太极"条所引之《乐动声仪》改。

㊳音声相和：原文为"音响之和"，今据《太平御览》卷一"太极"条所引之《乐动声仪》改。

㊴两仪始分：原文缺，今据《太平御览》卷一"太极"条所引之《典引》补。

㊵夫：原文缺，今据《太平御览》卷一"太极"条所引之《七启》和《曹植集校注》补。

㊶隆：原文为"冥"，《太平御览》卷一"太极"条所引之《七启》为"运"。今据《曹植集校注》改。

㊷"又《羲赞图叙》曰"三句：不知高氏引自何处，《太平御览》卷一"太极"条中则为"又《画赞叙》曰：'上形

太极混元之前，却列将来未萌之事。’”。

㊸侯王能守之：原文为“王侯守之”，今据《太平御览》卷一“太极”条所引之《通老论》和《阮籍集》改。

㊹万物将自化：原文为“是以能化之”，今据《太平御览》卷一“太极”条所引之《通老论》和《阮籍集》改。

㊺《易》谓之太极，《春秋》谓之元，老子谓之道：原文为“故《易》曰太极，《春秋》曰元。”，今据《太平御览》卷一“太极”条所引之《通老论》和《阮籍集》增补。

㊻“嘉太极之开元”二句：原文为“嘉太极之开先，美天化于定位”，今据《太平御览》卷一“太极”条所引之《风赋》改。

㊼退藏：原文于此二字处近乎一片空白（尤其是“密”字部分），今据儒道“洗心退藏于密”之说补。

㊽太玄：邵雍《皇极经世》卷十二曰：“太玄，道之玄也。”

㊾太一：亦称“太极”。一般用来指天地未分以前的状态，被认为是万物的本原。

㊿太初：道家哲学中代表无形无质，只有先天一炁，比混沌更原始的宇宙状态。为先天五太之一。《易纬·乾凿度》卷下云：“太初者，气之始。”

(51)建中：谓建立中正之道，以为共同的准则。

(52)延平李氏：指李侗。南宋理学宗师。字愿中，学者称延平先生、文延平。谥文靖。南剑州剑浦（现福建南平市延平区）人，与杨时、罗从彦、朱熹并称为“延平四贤”，又尊称“闽学四贤”。是朱熹重要的老师之一。主要著作有《萧山读书传》、《论语讲说》、《读易管见》等。

(53)五峰胡氏：指胡宏。南宋著名理学家，湖湘学派的核心人物之一。字仁仲，因避战乱，长期寓居衡山五峰之下，故人称五峰先生。谥文定。建宁崇安（今福建武夷山市）人。著名学者胡安国次子。著有《知言》、《皇天大纪》、《五峰集》和《叙古蒙求》等。

(54)南轩张氏：指张栻。南宋理学大家，教育家。字敬夫，后避讳改字钦夫，又字乐斋，号南轩，世称南轩先生。卒谥宣，故又称张宣公。汉州绵竹（今属四川）人，迁于衡阳。南宋"中兴"贤相张浚之长子，胡宏弟子。官至右文殿修撰。和朱熹、吕祖谦齐名，时称"东南三贤"。论学主张"明理居敬"，认为"居敬有力，则其所穷者益精；穷理浸明，则其所居者亦有地"。所著有《南轩集》。

㊌勉斋黄氏：指黄干。南宋著名理学家。字直卿，号勉斋，学者称"勉斋先生"，故称其所创学派为"勉斋学派"。祖籍福建长乐，徙居闽县（今属福州市）。早年受业于朱熹，后为其女婿。著有《礼记集注》、《论语通释》、《勉斋集》等。

㊍西山真氏：指真德秀。南宋著名政治家、理学家。字景元、景希、希元，号西山，世称西山先生。谥文忠。福建浦城人。官至户部尚书、参知政事。朱熹私淑弟子，著述十分丰富，主要有《四书集锦》、《清源文集》、《西山文集》、《大学衍义》等。

㊎鹤山魏氏：指魏了翁。南宋著名理学家。字华父，号鹤山，世称鹤山先生。邛州蒲江（今属四川）人。卒谥文靖。官至礼部尚书、户部尚书。曾创办鹤山书院，是鹤山学派的代表。著述宏富，有《九经要义》、《鹤山全集》等。

㊏格思臧氏：不详。

㊐节斋蔡氏：指蔡渊。南宋理学家、教育家。字伯静，号节斋。建州建阳（今福建建阳）人。名儒蔡元定长子，内师其父，外事朱熹。著有《周易训解》、《易象意言》、《卦爻词旨》、《古易协韵》、《大传易说》、《象数余论》、《大极通旨》、《四书思问》等书行世。

㊑山阳度氏：指度正，字周卿。南宋学者。合州（今重庆合川区）人。年少时跟从朱熹学习。累迁至礼部侍郎，兼同修国史实录院。著有《性善堂稿》、《周子年谱》、《夷白斋诗话》等。

㊒方叔谢氏：指谢方叔，南宋末大臣。字德方，号渎山，威州（今四川理县东南）人。官至左丞相兼枢密使，进封惠国公，著有《太极图说》。

㊓敬轩薛氏：指薛瑄。明代理学大师，明代理学思潮的两大主要流派之一——河东学派的缔造者。字德温，号敬轩。

谥文清。河津（今属山西万荣县）人。官制礼部左侍郎。主要著作有《读书录》（十一卷）、《读书二录》、《理学粹言》、《策问》、《文集》（二十四卷）等。

㊆ 整斋罗氏：疑为"整庵罗氏"之误。整庵罗氏，指罗钦顺。明代思想家。字允升，号整庵。泰和（今属江西）人。官至南京吏部尚书等职。后辞官从事著述，著有《困知记》、《整庵存稿》、《整庵续稿》。

㊉ 泾阳顾氏：指顾宪成。明代著名学者。字叔时，号泾阳，人称泾阳先生，亦称东林先生。无锡（今属江苏）人。官至吏部文选司郎中。后忤旨被削职为民，回乡讲学。晚年首倡讲学东林书院，成为东林党领袖，列为"东林八君子"之首。著有《小心斋札记》、《泾皋藏稿》等。

㊄ 月川：指曹端。明代著名理学家，被称为"明初理学之冠"。字正夫，号月川，人称月川先生。渑池（今属河南）人。主要著作有：《〈太极图说〉述解》、《〈通书〉述解》、《四书详说》、《性理文集》、《儒学宗统谱》等。

㊅ 子思：战国时期著名思想家。姓孔，名伋，字子思，孔鲤之子，孔子之孙。相传曾授业于曾子。孟子受业于子思的门人，发挥子思的思想，形成思孟学派。鲁国陬邑（今山东曲阜）人。据传《中庸》为其所著。

㊆ 紬绎（chōuyì）：阐释，理出头绪。

㊇ 乌穆不已：又作"于（wū）穆不已"。出自《诗经·周颂·维天之命》，《中庸》有引用。意为"啊，（那天道的运行）美得无穷无尽"。于，感叹词，呜，啊。穆，肃敬，华美。不已，不息，没有穷尽，无穷无尽。

㊉ 鸿苞：指屠隆。明代戏曲家、文学家。字长卿，又字纬真，号赤水，别号由拳山人、一衲道人、蓬莱仙客，晚年又号鸿苞居士。鄞县（今属浙江）人。官至礼部主事、郎中。著有《栖真馆集》、《由拳集》、《采真集》、《南游集》、《鸿苞集》等

㊀ 骈拇：指拇指与第二指连生在一起。意为多此一举。

㊁ 灵府：指心。

㊂ 向晦：天将黑。《周易·随》："君子以向晦入宴息。"

⑦觌（dí）体：见到，看见。

⑦执中：儒家的方法论原则。《书·尧曰》："允执厥中。"《论语·雍也》："中庸之为德也，其至矣乎。"《中庸》："执其两端，用其中于民。"

⑦止至善：《大学》提出的治国、做人的基本原则，它说："大学之道，在明明德，在亲民，在止于至善。"

⑦溟涬：谓不着边际。司马光《说玄》云："初则溟涬漫漶，略不可入，迺研精易虑，屏人事而读之数十过，参次首尾，稍得窥其梗概。"

【卷 二】

衍 图 （说一则）①

伏羲先天太极图 （论一则）②

濂溪配以八卦伏羲先天太极图 （论一则，即周子所观者）

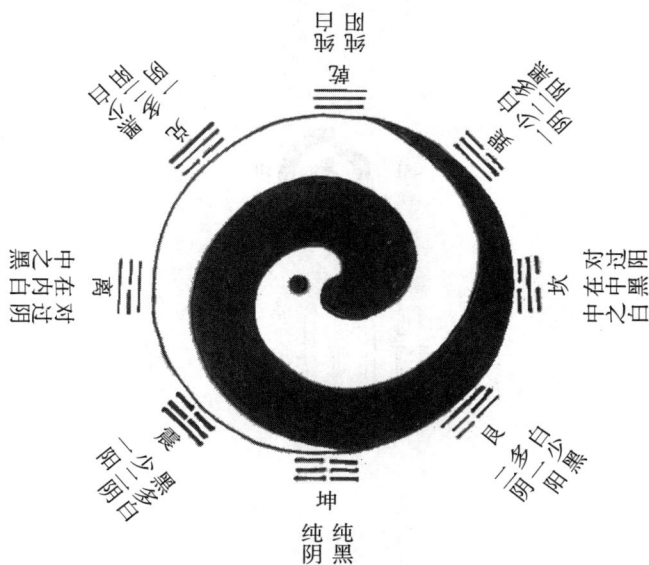

八卦伏羲先天太极图

中之黑白即阴阳，相根极则理洩而气化之几萌也。有中极则阴阳判，判而太极含天地万物之理始全。侨映谨识。

正南，纯阳方也，故画为乾；正北，纯阴方也，故画为坤。离画于东象阳中有阴也，坎画于西象阴中有阳也。东北阳生阴下，于是乎画震；而西南阴生阳下，于是乎画巽。至阳长则阴消，是以画兑于东南；至阴盛则阳微，是以画艮于西北。

濂溪先生太极体用图③

（论十五则，此先生悟后作）

太极本体图

（论十一则，急欲明太极，故僭衍之）

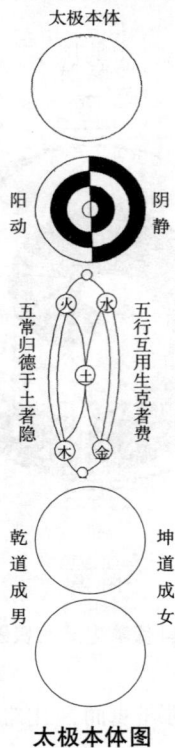

太极本体图

周子观先天太极后，豁然有悟，遂得其理乃为是图，其散见之图并说详见性理。

周子惟有图而无字，其阴阳、动静、五行、男女、万物之精皆备，发于《通书》。朱子窥《通书》之微，遂以字释出，然未敢于白圈名无极也。或曰图上周子原有字，亦并不名白圈为无极。可见白圈是太极未发本体，不是无极。

崙映曰：《易》自卜子夏④，略申孔子三绝⑤之微情，至汉儒高堂生⑥、孔安国⑦以来而各竞所窥，数理互论，大都不离乎象也。至王弼⑧，扫象而易之道愈隐矣。尝考之，自孟喜⑨、焦贡⑩、京房⑪、马融⑫、荀爽⑬、郑玄⑭、刘安⑮、何晏⑯、宋衷⑰、虞翻⑱、陆绩⑲、干宝⑳、王肃㉑、姚信㉒、王廙㉓、张璠㉔、向秀㉕、王凯冲㉖、侯果㉗、翟玄㉘、韩康伯㉙、刘瓛㉚、何妥㉛、崔憬㉜、沈驎士㉝、崔觐㉞、伏曼容㉟及孔颖达㊱诸家，莫不以一大圆白圈为太极，而陆绩、干宝则明画此白圈，谓之孔子明示之图，盖指《易·系》明天下以道之义，其皆发明太极。《同野录》曰："不可以有无，故曰太极。"遂画白圈为太极，而又从而明之曰太极，何可画乎？姑以图见象耳，非可执图以索太极。《中庸》曰："乌穆不已"。善哉！子思之言。明天之所以为天，尽夫太极之理矣！以此证周子先画白圈，示混沌中间太极之本原，乃先天而天不违之理，然后画《后天太极图》，则有阴阳动静、五行、男女、万物矣。斯盖混沌极而气流行，是后天而奉天时也。□□阴阳动静《太极图》，其下乃《五行图》，其下又次《乾坤男女万物图》以推明之耳。犹将曰：此象帝之先㊲，无形里而所包广大悉备焉耳。周子并未指白圈为无极。夫天地可以息而为混沌，于此乌穆中赖有此一息之极致以默为干璇之耳。此极乌可使之无哉，此极乌可使之无哉！

朱紫阳推明先生所画之图，又散见而解之。散见图在性理，周子《通书》首兹不详载。其时读者病，分裂已甚，辩诘纷纶，今难详载，惟就朱子所论略□数则以明之。

朱子曰："道体之全，浑然一致，而精粗本末、内外宾主粲然，其中有不可以毫厘差者。"

崙映僭㊳谓：道体莫全于太极，太极是浑然一致者也。惟浑然合理于混沌之中，及至理归气极，而太极一致之义始具万有而总天地。《易》曰："一致而百虑。"万有莫不全于一致之中，若是连极悉无时，还是混沌，太极息机于混沌中。故太极包得先后天理、气之全体，故不得将不极功施分归于无极，使后学务高远必致流为异端耳。况有精粗、本末、内外、宾主，还是太极。又况粲然其中，明明是太极，太极岂有毫厘差耶。太极前，只宜看作混沌，固混沌所包，自有归复之理为运行之主，此即是将然之太极，不得看做无极；既连极也无，如人睡去，呼吸尽断便是死尸，成何道理？

朱子曰："无极二字，乃周子灼见道体，迥出常情，说出人不敢说之道理，令后学晓然见得太极之妙，不属有无，不落方体。"

翯映僭谓：灼见之道体，即是太极，如人睡着了，是混沌，不可叫做无极。混沌是天地息机处，只可叫做天地息机，亦如人睡着一般。此里面自含有归复之理，然此时只是一个混沌，不许他说无极。将孔子所重之太极转被于混沌上又弄出一个无极，又与太极争功抗微，如此岂不是开后学以务高远异端之病？吾道是庸行，里面已包圣人所不能，此迥出寻常勇往直前，恐吾儒不宜恁般说话，亦不宜向回出寻常边作务，惟务得太极足矣。不落有无，不落方体，便是禅学。先生曰："实理无穷气亦无间，"又曰："体用一原，显微无间。斯言诚得太极之妙也。"紫阳此四言，翯映曰只宜说太极，不宜说无极，悟得太极便得此四言之妙，何必弃太极而会心于无极耶？昔周子也只是观太极，并未观到无极。倘于混沌中另安一个无极，人人都向空处理会。孔子言太极是说实理，决不肯叫人从空处作旷旷荡荡、浩浩落落之想。

朱子曰："周子吃紧为人[39]，特著太极之书以明道体之极致，而其所说实用功夫处，只说圣人定以中正仁义而主静，君子修之，吉而已，未尝使人日用之间必求见此无极之真而固守之也。"

翯映僭谓：紫阳亦叫人着力于太极，既曰未尝使人日用间必不见此无极之真而固守之也，则未必更言无极逾孔子而高远。

朱子曰："盖原此理之所自来虽极微妙，万事万化皆自此中流出，而实无形象之可指，故曰无极耳。若论功夫，则只中正仁义便是。理会此事处，非是别有一段根原，工夫只在讲学应事之外也。"

翯映僭谓：万事既以言乎其事矣，万化亦既以言乎其化矣，即是太极发明所谓之事、之化也，即有极微妙之理悉备于太极中，不可以无形无象又泥一个无极，此太极亦正是无形无象，又安得以太极作块然一物着想哉！太极具方源之一致，人法之即以中正仁义为其理。要之，事事、化化、理理、气气即须于此太极里面理会，此中正仁义实学。若连极也无了，又有何中正仁义之可以理会也。若何无极处求中正仁义，却似睡着了于梦中去说梦话。

朱子曰："夫岂有以为太极之上复有所谓无极哉！近世读者不足以识此，而或妄议之。既以为先生病，史氏之傅先生者，乃增其语曰：'自太极而为无极'，则又无所依据，而重以病夫先生。"

翯映僭谓：先生既云岂以为太极上复有所谓无极，是紫阳先生亦知太极上不可安无极最明确矣！又何必曰近世读者不足识此哉！斯纷纷妄议之所宜来矣，期足为周子病矣。周子《通书》讲道理、进工夫，全是讲太极，其无极偶尔便□顺说，犹言混沌中，则似无有其极也，然重在太极上。因紫阳向人一辩论转为周子病，又于辩不去处，又自说太极上岂复有无极，又拈史氏之傅先生者，增"自无极而为太极"一语，谓只当说"无极而太极"。不当于句上加一"自"字，句中加"而为"二字，夫即加"自"字，又加"而为"二字，与"无极而太极"，有何增损，愈见直言混沌含理则可，如云"无极而太极"，决决不可！此极见生生之枢纽，决不可使无也。

朱子于无极而太极下笺注有云，是所言无定极之中有定之理。

崙映偣谓：无定极是个混沌，混沌极而乃定，极之理见即太极也。无定极中既已露定极之理，即孔子所谓太极也。如无极，而极亦不必定，则孔子必当说无极而太极，何必独举太极以明此理耶？其后，阴阳、动静、五行、万物、精粗、本末皆发明太极，则此无权真赘疣耳，何足泥朱子之说更向太极之前作理会。

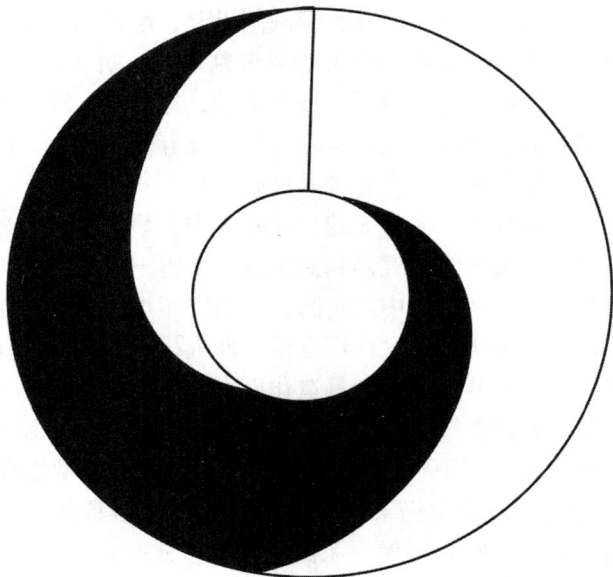

太极本始图

决不得于太极之前又有一无极。既辩而援古引今，互为发明，亦繁且复矣。尤有虑人将曰：太极虽是包得理、气、数之全体，俾始终生化，今古不穷，然推太极之所自始，又乌不可以名无极。转以此为说，以惑世，则又有无极矣。故特就《来图》，将阴静内阳一白细直抹黑，惟存阳动中之一小黑直以明混沌极则静极癸生，是为流行机之主宰，谨胪[40]图义于后。

嵞映曰：乾阳资始矣，如无顺承之坤，则品物如何流行？群情胡能发挥？故阳不能独成，其资之以始者，未始非黄中之理以通之也。坤阴资生矣，如无保合之乾，则品物如何咸亨？其道乌能驯致？故阳不能独生，其资之以生者，未始非刚健中正以纯粹其精也，阴阳相根之本，始悉蕴秘于混沌中，此即为太极本体。阳已开，则主宰之理惟阳独任之故此建极之一直，宜在阳仪，其阴仪杂揉阴气于于混沌中，不必泥阴阳相根之义，亦作一白小直，以上同于立极之一元也。且须将一极讲明，使看者明白此理，然后爽爽去两仪之互根阴阳上讲，则的晓然于周子所画之《后天太极图》矣。以极之决，不可使无，故此一直含无为无思立极之精义，不令有二如一，有二使属对待。

《易》不可为典要，教书尽言，言不尽意。斯立象，所以尽意也。故画夫《太极图》者，要欲发明至理、以无可如何之可发，乃不得不为之立象耳。既太极亦是欲明无可如何之理；而画则设卦，尽情伪，与夫尽言尽利尽神之莫不备于太极中。视太极于先天鸿蒙未判之初，可也；见太极予生天、生物、五行万物之品庶流行为后天立极之本始，亦可也。既要明理定当以太极为主，未有将必欲言理以作我应定之太极，反弃落在第二，却转举一无极为最上一乘。此名最上一乘，岂非禅家见解乎！

静极复动，动极复静，循环无端，流转不穷，最要在天地息机归根复命中看出此混沌两字，盖是时势气候到此田地，不得不成这等境界，只是个机颓气死、蓿蓿腾腾耳。然蓿蓿中之腾腾，即是终不可干混沌之生意。此生意即是大一含元而能立极之理也。作用全得立此太极，若无极，又蓿蓿腾矣。

五行既具，则会具其性命，各具造化而发其所发、各育其所育，总是得力在立有此太极，若此太极若无了极，五行如何得分？性命如何正得？即欲发育，却如何发育得？灵既生，生而形以器之，则此生赋之在形也。神既化，化而理以衡之，则此化仍秉乎理。心而有知，即具此理，有生即具此形，五性感而善恶分。此心至无，无而色大有，此等作用皆圣人之忧患也，谓无极乃不建极得乎？故曰，自非圣人，则太极之全体孰从而定之，则欲动情胜、利害相攻、人极不立，而违禽兽不远矣！人皆相趋曰无极，吾恐其违禽兽不远矣。

天地鬼神之兴，万事万物之理，总立极以包之、含之、生之、化之，故伏羲为万古斯文之鼻祖。有文是有极，不是无极，若依此极无时，神农之取益定噬嗑[41]者，无其情；黄帝、尧舜之职乾坤至决者，无其道。夏《连山》[42]、商《归藏》[43]亦不能为其变而作矣，极乌可以无乎哉！

人既一动一静，莫不全乎太极之道然后行之也中，处之也正，发之也仁，裁之也义，游心无极而能合四端乎！况静即诚之复性之真也。苟非寂然无欲，其静不凝；苟非畅豫亨嘉，其动必燥，乌能合天地而行鬼神也！此合天地、行鬼神，是太极，不是无极！

人能直遂以神行，必大收敛而藏密，混沌就是天地收敛藏密之可久可大处。故一极开天精神，便盈六虚而该万有，无极只是死物，决不可认做收敛气象。

三极即被一极□始也。终始刚柔之品汇，莫不有一中立极之理，即人人物物之各极其极。仁为极立本荃，义为极之正路。故曰：道也者，不可须臾离也。

朱子问诸延平李氏曰："太极何先动后静、先体后用、先感后寂耶？"答："在阳阴言，则用在阳，体在阴。然动静无端，阴阳无始，不可以先后分。今此只就初起处言之，故动在静前，毕竟动前确然是静。"夫所谓此确然之静云者，即象此图中间之精白处，即是用前之体，感前之寂。此体总是一混沌之浑浑噩噩定然至寂之极，无以复加，但阳前阴极，则寂中发感，至阴中一阳之几，萌动于至明之极中，一动而气渐判之为阴。此荫动之一直，以动论虽属阳，但其理仍是乌穆不已，则此先天立极之本体，依然是至静之极。此居静御动、居间御烦之元体仍然属阴，斯坤道，万物资生而品汇莫不成具也。举此一直萌动之阳，密以察之乃先天本静之阴，则混沌中定有向明道理。使无明阳动静，是混沌已为死物，况无了此极，则开判混饨又以何者为主？乃知动而一直，即示准为主宰之理也！有理为之主宰，而后气流行，流行分清浊而又对待者，数生焉。放以中为混沌中一无归复之体，上阳仪一直，为先天倏判，混沌之极几发萌，以始立极于至静中也，然后两仪象成，是理宰而气行，其数从方生万化中通吉凶焉。万缘百虑，都自此一有为发始。以资生为阳极中根苗。然则此一立极之一直，自先天判别出来，犹然是阳动之中、静极之理，定当用阴黑之画象之，何也？盖气则流行，而理本凝重，实理无穷，而气亦与之无穷。天地之所以为天地，独此理宰之，而后气随到复，遂致流畅而亨通，此便是易前之太极一直，即是易之立极处，中间精白园象，便是天地之息机处，判为二就属对待而数乃生。此图所包悉备，当于情理上求验，自然不得看做一派莽荡，遂致有穷深悟远之病。

天地息机混沌极而生阳图

（论一则）

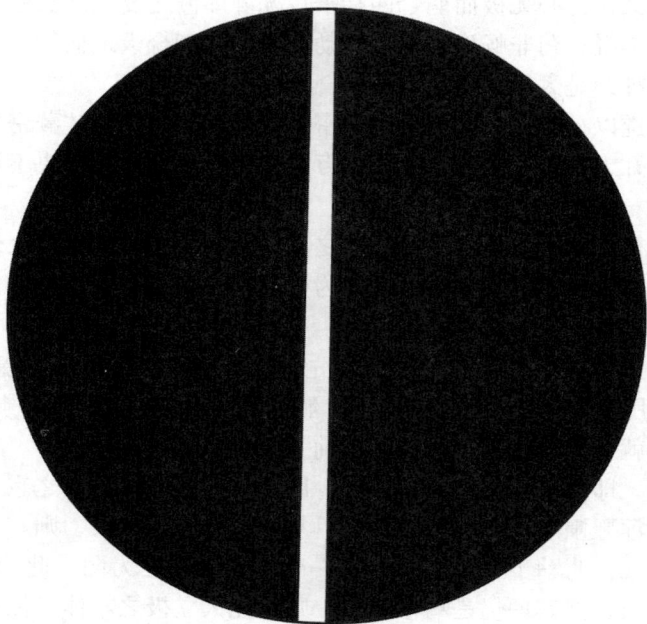

天地息机混沌极而生阳图

虞翻曰："太极者，太一也，分天地为二，故生两仪也"。当天地之息机而混沌时，一味纯黑阴濛。濛而气浑，浑以混沌，既久势不能安于久。此亦是纯阴极而微阳生之候也。当此时天地虽有一判之机，然阴极而阳尚未分，尚白，无清浊。此时，仅有此极方发之，始萌一线气机。此一线气机即是太极立极之发始，但两仪仍然未判，故姑如虞翻所言太一可也。故曰太一含真二九开明者本乎此。既混沌，纯阴中萌此一阳之动机，然后极立以主宰其间，理与气融，渐流行而渐剖判，嗣是清浊分矣，天地位定矣。此一极立而万原悉备，若无此一，便属混沌。如曰无极则无此极，此极既无，其中立之化元将何所主？既无其主，仍是混沌。故于混沌极而生阳阴，太极之发源决不是无极。

发明太极自混沌中，由极而生，而后阴阳判，判而后阴阳相根，遂动静四象乃备。列各图于后：

天地息机图

天地息机

沌　　　　　　混

阴极阳动

立极　　　　　　一以

有主宰而渐流行

白为阳黑为阴　有主宰而气流行　　　一直为主宰之理 中为精白

阴阳相根

是阴根于阳 黑中白点　　　是阳根于阴 白中黑点

太极生四象

四象既立 万物化生　　　阳极阴生 阴极阳生

天地息机图

上之一大黑，乃象混沌也。混沌终不能久，故久久而势极。势既极，毕竟有一动之之机，于阴黯否塞中倏然洩露。故于大黑图之下画此混沌萌始图，以见太极之立极，以中正所由来也。此一之极则既已立矣，□清浊□以为分，天地为之定位，遂即于混沌萌始之下，便画太极所以分两仪之图。既天地位定□，则万事万物莫不以阴阳之二气为用。而阴阳之所以生生化化者，以阳则根阴，阴复根阳也，故于两仪之主宰图下，复画阴阳互为其根图，以明动静之相须为用耳。抑既阴阳相根□为用矣，则阴极生阳，阳极生阴，阴中有阳，阳中有阴，而四象备矣。遂又画四象动静太极之图。终焉，总是一太极而已，以微而明之。混沌极而生一阳，即是太极之全体。而两仪、动静、四象、五行、八卦、男女、万化，莫不包于此一之中。是只须画此一直，便将太极立极之义已明备于此一直之象内，曰两仪，曰动静，曰四象，八卦五行均属，多足矣！若以显而言之，混沌剖于一直，此一直立自极始，理既为之主宰，气渐为之流行，而两仪，而动静，而四象、行、八卦，爰行而化生焉，则万事万物莫不由此极生之、成之也。五行是阴阳动静之流行，而□成其性者，则水、火、木、金、土，皆物也。今言理故不必及□物，其合知太极之所以然，判而知太极之所以用。一直之极立，即太极，象也。乌繁乎多图以形之？兹画此图总契一直之理，足矣！如此，极悉听其无此极。既无，尚属混沌。若谓混沌中自含此理为无极，则此含理者岂非太极之一元归复耶？以混沌而归复，其理若隐，其混沌久而复又归，仍属阳生而极立，其义最显，非有无极明矣。

发明太极五图合一之图（论一则）[44]

来氏太极图（论四则）

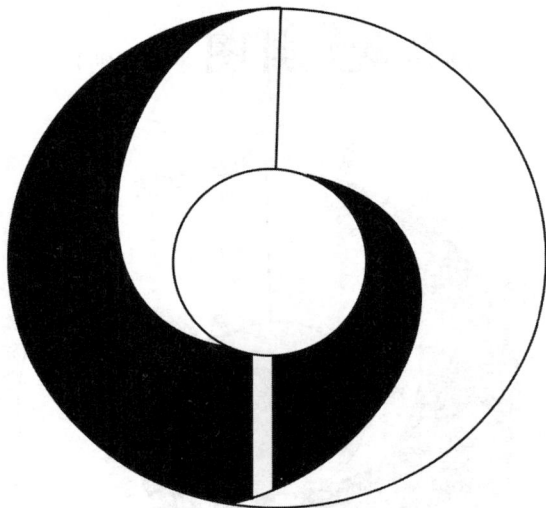

来氏太极图

　　白者阳仪也，黑者阴仪也。黑白二路者，阳极生阴，阴极生阳，其气极未常息也。惟其不息，故判阴阳为二，中间浑浑噩噩，即是太极之一元。

　　周子之图散开画，来氏此图括总画。来氏曰中间一圈为太极之本体者，非也，盖中间即翕映所谓含于混沌而精白之，浑噩处是理在气先者。此时物虽未开，务尚未成，而冒天下之道，《易》始已存乎其中矣。

　　来氏曰："世道之治乱，国家之因革，山川之兴废，王伯之诚伪，风俗之厚薄，学术之邪正，理学之晦明，文章之淳漓，士子之贵贱，贤不肖之进退，内外之强弱，百姓之劳逸，财赋之盈虚，户口之增减，年岁之丰凶，举辟之详略，以致一草一木之贱，一饮一食之微，皆不外此图。"

　　程子曰："天地万物之理，无独必有对，皆自然而然，非有安排也。均于此图见之。"

　　朱子说："未有天地之先，毕竟先有此理"，此句说得极是。而来氏以为说得不是，有物方有理。盖理先于气化，斯所以运气者，理也，即朱子之义。有一物又有一物之理者，赋形具体而理从之以生也，即来氏之义。张子曰："物之初生气，日至而滋息，物生。既盈，气日反而游散至之，谓神以其伸也。反之，谓鬼以其归也。"此图即是此道理。《易》曰："日往月来，寒往暑来，并于月之盈亏可见。"

衍伏羲八卦图（论七则）

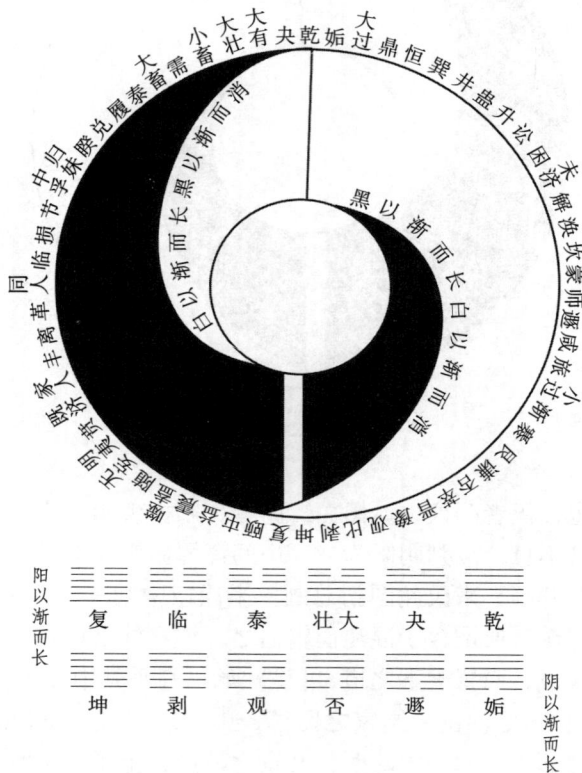

伏羲八卦图

白路者，一阳复也。自复而临、而泰、而壮、而夬，即为乾之纯阳。

黑路者，一阴姤也。自姤而遯、而否、而观、而剥，即为坤之纯阴。

复者，天地之生子也，未几而成乾健之体，健极则必生女矣。是火中之一点，水也；姤者，天地之生女也，未几而成坤顺之功，顺极则必生男矣。是水中之⑮一点，火也。故乾道成男，未必不成女；坤道成女，未必不成男。

坤而复焉，一念之醒也，而渐至于夬。故一篑之土可以成山，斯安土敦乎。仁，即为入圣大业之广基。仁，可刻离于人耶？君子以之。

乾而姤焉，一念之差也，而渐至于剥。故小人一烛之火可以燎原，斯切近之灾自剥床以肤⑯，进而剥庐，失其所覆，且祸逮其身以凶也。小人以之。

来氏曰："学者只将此图黑白消长玩味，就有长进。然非深于道者，不足以知之。观此图者，且莫言知造化性命之学，且将黑白消长玩安危进退四个字，气象亦已足矣。了得此，便知进、知退、知存、知亡，即与天地合其德，日月合其明，四时合其序，鬼神合其吉凶。故修德凝道之君子，以居上不骄，为下不倍国。有道，其言足以兴国；无道，其默足以容"。

卦乃伏羲所画也。来氏初画此图时，也无传授，只见得天地间只有此阴阳，只有此消息盈虚，生死始终，大小长短之理。崟映宦蜀时闻之。其乡之缙绅曰：先生画图于壁，每日玩之，亦非求合于伏羲之卦。偶一日，见序卦此画，合之可见造化自然之数，非有所安排也。而伏羲千古之秘，先生于此图尽泄。张横渠⑰云："为天地立心，为生民立道，为往圣⑱继绝学，为万世开太平。"故儒者必须如此，不要做屑小伎俩。

衍八卦方位图（论六则）

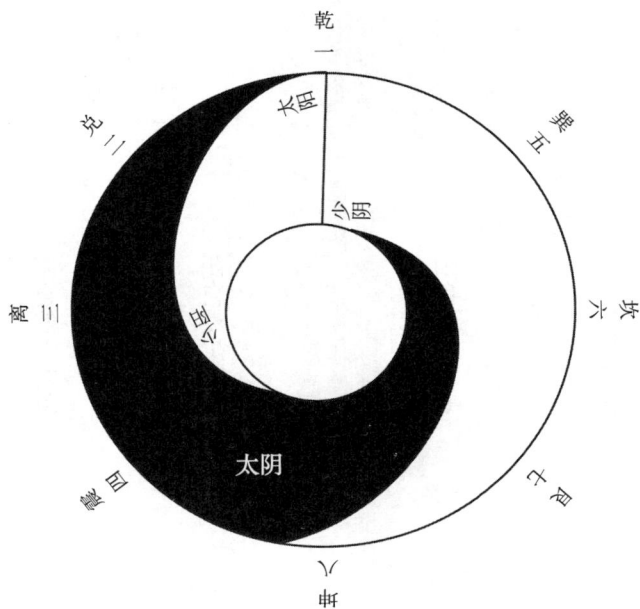

八卦方位图

两仪

一如标竿故有专有直

一奇为阳之仪

一实故主乎施

一偶为阴之仪

一虚故主乎承

一如门扇故有翕辟

阳一 阴二 天地 自然 之形 天地 自然 之数

伏羲只在一奇一偶上生出六
十四卦，又生出后圣许多爻象。

四象

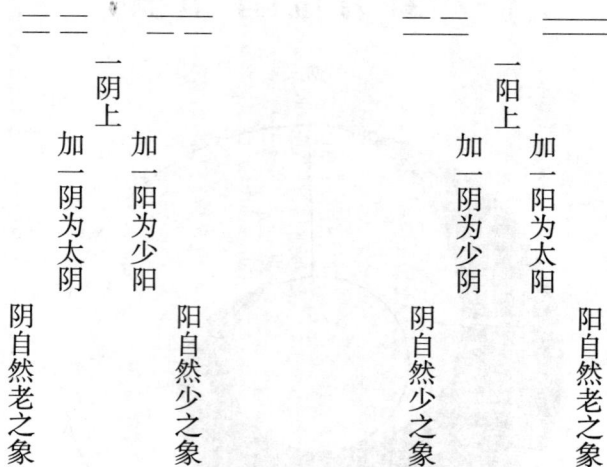

加一阳为太阳　阳自然老之象

一阳上　加一阴为少阴　阴自然少之象

加一阳为少阳　阳自然少之象

一阴上　加一阴为太阴　阴自然老之象

八　卦

一乾　二兑　三离　四震　五巽　六坎　七艮　八坤

太阳上　少阴上　少阳上　太阴上

加一阳为乾　加一阴为兑　加一阳为离　加一阴为震　加一阳为巽　加一阴为坎　加一阳为艮　加一阴为坤

阴阳自然生之八卦

　　来氏曰：“八卦已成之，谓往以卦之。已成而言，自一而二、三、四、五、六、七、八，因所加之画顺先后之序而去，故曰数往者顺。”

　　来氏曰：“八卦未成之，谓来以卦之。初生而言，一阳上添一画为太阳，太阳上添一画则为纯阳，必知其为乾矣。八卦皆然。其所加之画皆自下而行上，谓之逆。故曰知来者逆。”来先生此义与邵子、朱子所说略不同。

　　二分四，四分八，自然而然，不假安排，则所谓象者、卦者，皆仪也。故天地间万事万物，但有仪形者，即有定数存乎其中。而人之一饮、一啄、一穷、一通、一夭、一寿，皆毫厘不可逃者。故圣人惟教人以贞，以成大业。故君子学以聚之，问以辩之，宽以居之，仁以行之，适乎进退存亡而已。故易开物成，务冒天下，亦惟道而已矣。

　　以一年之卦气论之，自子而丑、寅、卯、辰、巳、午者，顺也。今伏羲之卦，将乾安于午位，逆行至于子，是乾兑离震，其数逆也。

　　以卦之次序论之，自乾而兑、而离，而震，而巽、坎、艮、坤，乃顺也。今伏羲之卦，乃不以巽次于震之后，而方以巽次于乾之左，渐至于坤焉，是巽、坎、艮、坤，其数逆也。故《易》曰逆数也。数色主反。

　　来氏曰：“伏羲八卦方位自然之妙，以横图论，乾一、兑二、离三、震四、巽五、坎六、艮七、坤八，不假安排，皆自然而然，可谓妙矣。伏羲乃颠之、倒之、错之、综之安其方位，疑若涉于安排，然亦自然而然也”。今以自然之妙图画于后。

衍先天合八卦自然图 <small>(论三则)</small>

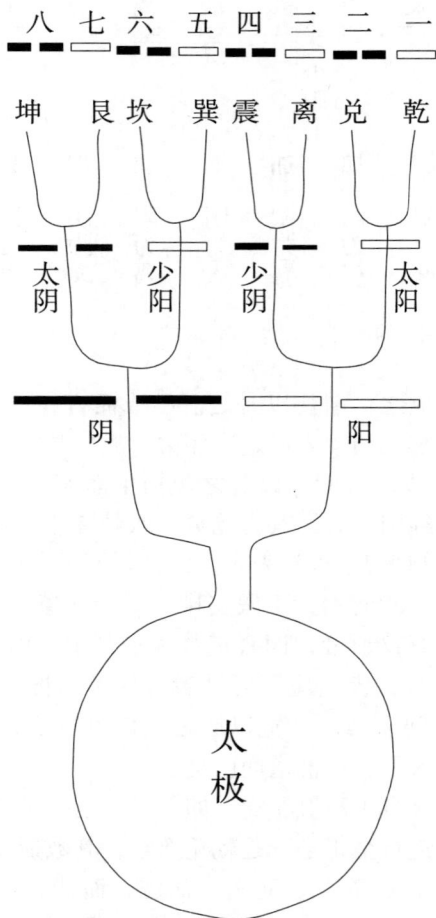

八　七　六　五　四　三　二　一

坤　　艮　坎　　巽　震　离　兑　乾

太阴　　　少阳　　　少阴　　　太阳

阴　　　　　　　　阳

太极

总一阳一阴极则六子以生，阳顺自一而
四,阴逆自八而五,穷上反下互用其极。

先天合八卦自然图

此三阳对三阴也故曰天地定位。

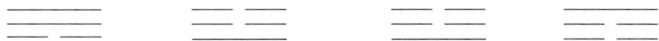

故曰水火不相射。

此一阳对一阴于下少阳对少阴于上也

故曰山泽通气。此太阳对太阴于下一阳对一阴于上也

故曰雷风相薄。此一阳对一阴于下太阳对太阴于上也

以乾坤所居论。乾，位乎上，君也。左则二阳居乎巽之上焉，一阳居乎坎之中焉；右则二阳居乎兑之下焉，一阳居乎离之上下焉。宛然三公、九卿、百官之侍列也。

坤，居于下，后也。左则二阴居乎震之上焉，一阴居乎离之中焉；右则二阴居乎艮之下焉，一阴居乎坎之上下焉，宛然三妃、九嫔、百媵之侍列也。

以男女相配论：乾对坤者，父配乎母也；震对巽者，长男配长女也；坎对离者，中男配中女也；艮对兑者，少男配少女也。

35

以乾坤橐籥[49]相交换论：乾取下一画换于坤，则为震。坤取下一画换于乾，则为巽。此长男长女、橐籥之气相交换也，故彼此相薄；乾取中一画换于坤，则为坎。坤取中一画换于乾，则为离。此中男中女、橐籥之气相交换也，故彼此不相射；乾取上一画换于坤，则为艮。坤取上一画换于乾，则为兑。此少男少女、橐籥之气相交换也，故彼此通气。

程子谓："雷乃天地之怒气"。来氏以程说为非盖观泽山之卦，曰："二气感应，以相与止，而说男下女，天地感而万物化生。"又观孔子释山泽之卦，乃曰："天地絪缊[50]，男女构精，万物化生，可知雷非怒气矣。"来氏所见甚确。

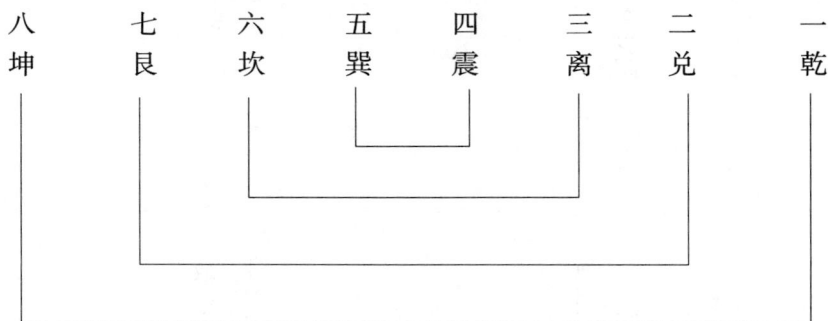

八	七	六	五	四	三	二	一
坤	艮	坎	巽	震	离	兑	乾

八卦通皆乾坤之数

天一地八，乃天地自然之数也。乾始于一，坤终于八。今兑二艮七亦一八也；震四巽五亦一八也。八卦皆本于乾坤，于此可见。故曰：乾坤，其《易》之门耶。乾坤毁，无以见易。一部《易》，总乾坤二字尽之。

读《易》，且莫看爻辞并系辞并程传本义，且将图极力潜心熟玩。玩之既久，读《易》自有长进。

伏羲之卦起于画，故来氏皆以画论之。若宋儒谓天位乎上，地位乎下，日生于东，月生于西，山镇西北，泽注东南，风起西南，雷动东北，不过合天地之定理。至于造化之数，全不论及。今本来图，以天地阴阳之消长，自有造化之定数。悉列各图于后。

衍阳直图

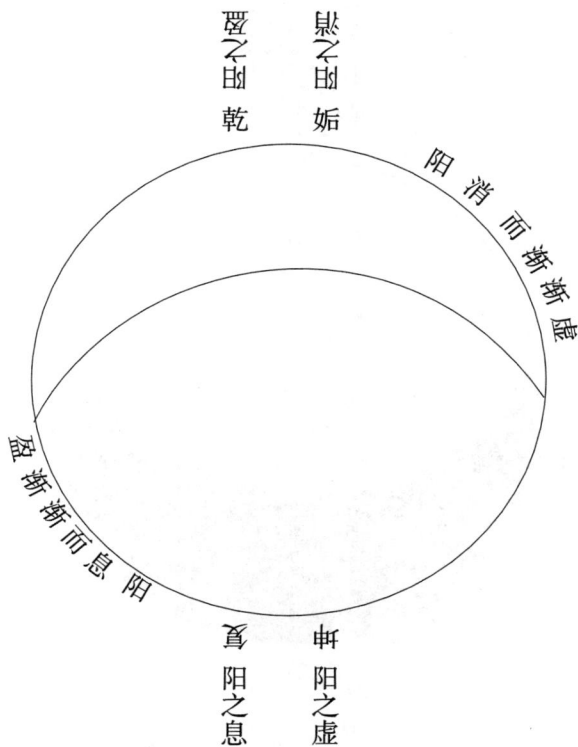

阳直图

复者阳之息也，乾者阳之盈也，姤者阳之消也，坤者阳之虚也。
阳息必盈，盈必消，阳消必虚，虚必息，四字循环。

衍阴直图（论三则）

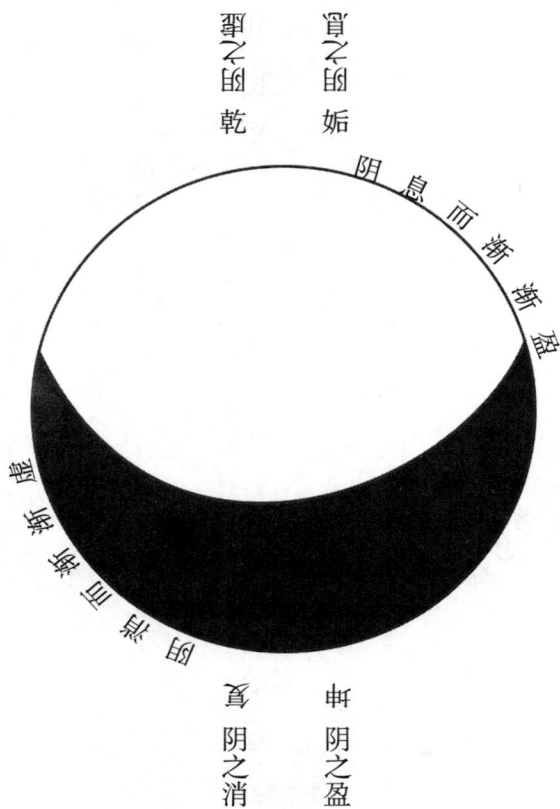

阴直图

姤者阴之息也，坤者阴之盈也，复者阴之消也，乾者阴之虚也。

阴息必盈，盈必消，阴消必虚，虚必息，四字循环。

天地阴阳之理，不过消息盈虚而已，故孔子有曰："君子尚消息盈虚。"

坤与复之时，阳气通是一样微，但坤者虚之终而微也，复者息之始而微也。乾与姤之时，阳气通是一样盛，但乾者盈之终而盛也，姤者消之始而盛也。

乾与姤之时，阴气通是一样微，但乾者虚之终而微也，姤者息之始而微也。坤与复之时，阴气通是一样盛，但坤者盈之终而盛也，复者消之始而盛也。

　　息者，喘息也，呼吸之气也，生长也，故人之子谓之息以其所生也。因气微，故谓之息消者，减也，退也。盈者中间充满也，虚者中间空也。

衍月轮图（论三则）

缺

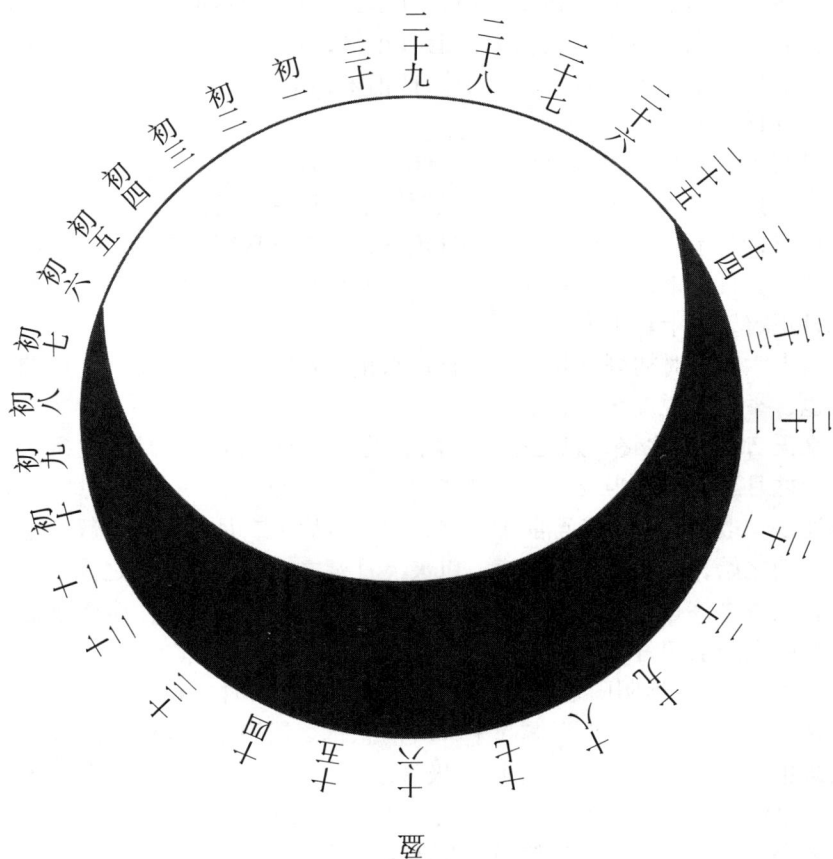

月轮图

月缺于三十日半夜止，盈于十五日半夜止。初一日子时息之始，息至十

五日而盈。十六日子时消之始，消至三十日而虚。初一日与二十九日之月同是缺，但初一日之缺乃息之始，二十九日之缺乃消之终。十六日与十四日之月同是盈，但十四日之盈乃息之终，十六日之盈乃消之始。初二日与与二十八日相同。（初二日息二十八日消下仿此）初三日与二十七日相同。初四日与二十六日相同。初五日与二十五日相同。初六日与二十四日相同。初七日与二十三日相同。初八日与二十二日相同。初九日与二十一日相同。初十日与二十日相同。十一日与十九日相同。十二日与十八日相同。十三日与十七日相同。十四日与十六日相同。

月初一日起于卯时之初刻，初二日正卯，初三日卯末辰初，初四日正辰，初五日辰末，初六日巳初，初七日正巳，初八日巳末午初，初九日正午，初十日午末，十一日未初，十二日正未，十三日未末申初，十四日正申，十五日申末。

自初一日卯时初刻起至十五日申末止，乃由息而盈，即经之三五而盈也。十六日起于酉之初刻，十七日正酉，十八日酉末戌初，十九日正戌，二十日戌末，二十一日亥初，二十二日正亥，二十三日亥末子初，二十四日正子，二十五日子末，二十六日丑初，二十七日正丑，二十八日丑末寅初，二十九日正寅，三十日寅末。

自十六日酉时初刻息起至三十日寅末止，乃由消而虚，即经之所谓三五而缺也，举来二说发明于后。

来氏曰："虚之终，息之始，阴阳通是一般微。以天上月譬之，如二十九日夜之月至三十日半夜，是虚之终也；三十半夜至初一夜，是息之始也。其月通是一般缺，亦由冬至前十月之日与冬至后十二月之日同一般短也。盈之终，消之始，阴阳通是一般盛，以天上月譬之，如十四日夜之月至十五日半夜，是盈之终也；十五日半夜至十六日夜，是消之始也。其月通是一般盈，亦由夏至前四月之日与夏至后六月之日同一般长也"。

来氏曰："天地阴阳之气，即如人呼吸之气，四时通是一样，但到冬月寒之极气之内，就生一点温厚起来，所谓息也。温厚渐渐至四月发散充盈，所谓盈也。盈又消了。到五月热之极气之内，就生一点严凝起来，所谓息也。严凝渐渐至十月翕聚充满，所谓盈也。盈又消了。阴阳之气如一个环，动静无端，阴阳无始，未曾断绝，特有消息盈虚耳。朱子说'阳无骤至之理'，又说'一阳分作三十分'云云，双峰饶氏[51]说'坤字介乎剥复二卦之间'云云，通说零碎了似把阴阳之气作断绝了又生起来。殊不知，阴阳剥复就是月一般。月原不会断绝，止有盈缺耳。宋儒邵子与朱子此处不曾以心理会，看得不分晓，所以说，月本无光，借日以为光。"周公硕果不食，譬如极口切果，长不至硕，则尚有气，长养至于硕，气候已完，将朽烂了，外面气尽，中间就生起核之仁来，可见气未曾绝。潜窥文王之方位，亦于互极处见消息盈虚之理。披图宜详玩。

【注释】①本卷目录存有"衍图（说一则）"，但缺正文。

②本卷目录存有"伏羲先天太极图（论一则）"，但缺正文。

③本卷目录存"濂溪先生太极体用图（论十五则，此先生悟后作）"，但缺正文。

④卜子夏：春秋战国之际的著名教育家。姓卜，名商，字子夏，后世亦称"卜先生"。卫国温地（今河南温县）人，孔子著名弟子，"孔门十杰"之一。才思敏捷，以文学著称。

⑤三绝：《史记·孔子世家》："读《易》，韦编三绝。"

⑥高堂生：西汉著名经学家。字伯，亦称高堂伯。鲁（今山东新泰市）人。专治古代礼制，汉初《礼》学最早的传授者。

⑦孔安国：西汉经学大师。字子国，孔忠次子，孔子十一代孙。鲁（今山东曲阜）人。官至临淮太守。少学《诗》于申培，受《尚书》于伏生，学识渊博，擅长经学。

⑧王弼：三国时期魏国著名玄学家。字辅嗣。山阳（今山东金乡）人。曾任尚书郎。主要著作有《论语释疑》、《周易略例》、《老子注》和《老子指略》等。

⑨孟喜：西汉著名学者，今文易学"孟氏学"的开创者。字长卿。东海兰陵（今山东苍山县）人。以六十四卦分配气候，以卦气言《易》。著作已失传。

⑩焦贡：通常写作"焦赣"。西汉著名易学家。字延寿（又说是字赣）。梁（今河南省商丘）人。著有《易林》、《易林变占》。

⑪京房：西汉易学大师，今文易、京氏之学创始人。字君明，本姓李，好音律，推律自定为京氏。东郡顿丘（今河南清丰）人。焦贡弟子。官至魏郡太守。勤于著述，有《孟氏京房》、《灾异孟氏京房》、《京氏段嘉》、《易传》、《易占》、《京房周易章句》等。

⑫马融：东汉经学家、文学家。字季长。右扶风茂陵（今山西

兴平东北）人。曾任校书郎、议郎、南郡太守等职。先后为《周易》、《尚书》、《毛诗》、《三礼》、《论语》、《孝经》作注，使古文经学发展至成熟境地。著作已佚。

⑬荀爽：东汉经学家。一名谞，字慈明。颍川颍阴（今河南许昌）人。治古文费氏（直）《易》，有《周易注》十一卷，已佚。

⑭郑玄：东汉经学大家。字康成。北海高密（今属山东）人。世称"后郑"，以别于郑兴、郑众父子。遍注群经，汉代经学的集大成者，其学人称"郑学"。今通行本《十三经注疏》中《毛诗》、《三礼》注，均采用郑注。又曾注《周易》、《论语》、《尚书》及纬书。

⑮刘安：疑为"刘表"之误。刘表，东汉末官吏。字景升，山阳高平（今山东邹县）人。著有《易章句》。

⑯何晏：三国时期魏国玄学家。字平叔。南阳宛县（今河南南阳）人。累官吏部尚书。著有《道德论》、《无名论》、《无为论》、《论语集解》等。

⑰宋衷（亦作"宋衷"）：东汉著名学者。字仲子。南阳章陵（今湖北枣阳）人。荆州学派的代表。著有《易注》、《太玄注》、《法言注》等。

⑱虞翻：三国时期吴国经学家。字仲翔。会稽余姚（今属浙江）人。曾任富春长。家传西汉今文孟氏《易》，将八卦与天干、五行、方位相配合，推论象数。所撰《易注》九卷，已佚。

⑲陆绩：三国时期吴国学者。字公纪。吴郡吴（今江苏苏州，又说是今上海松江）人。有《周易注》十五卷，《太玄注》十卷。

⑳干宝：东晋初著名史学家和文学家。字令升。祖籍新蔡（今属河南），后南迁定居海盐。学识博通，著有《晋纪》、《周易注》、《周官注》、《春秋左氏义外传》、《搜神记》等。

㉑王肃：三国时期魏国著名经学家。字子雍。祖籍东海郯城（今山东郯城），出生于会稽（今属浙江）。曾为《尚书》、《诗》、《论语》、《三礼》、《左氏传》作注解，其所注经学在魏晋时期被称作"王学"。

㉒姚信：三国时期吴国学者。字元直（一作字德佑），吴兴（今属浙江）人。官至太常卿。精于天文易数之学。撰有《周易注》及文集十卷。

㉓王廙（yì）：东晋著名书画家。字世将。世称"王平南"。琅琊临沂（今山东临沂）人。官至荆州刺史，封武陵康侯。谥康。撰有《周易注》。

㉔张璠：西晋安定人，为秘书郎，参著作有《周易集解》十二卷，《后汉纪》三十卷。

㉕向秀：魏晋文学家、玄学家。竹林七贤之一。字子期。河内怀县（今河南武陟）人。任散骑侍郎，又转黄门散骑常侍。与郭象著《庄子注》，影响巨大。

㉖王凯冲：见于唐代李鼎祚《周易集解》，生平不详。据说是隋唐间人。传有《周易注》，久佚。

㉗侯果：见于唐代李鼎祚《周易集解》，唐人，生平不详。据清儒马国翰考证，侯果即侯行果。马氏据李氏《周易集解》所引易注，辑《周易侯氏注》三卷，收入《玉函山房辑佚书》中。黄奭除了辑《周易集解》所引易注外，还参照宋代郑刚中《周易窥余》、李衡《周易义海撮要》、朱震《汉上易传》，元代吴澄《易纂言》，明代魏睿《易义古象通》、熊过《周易象旨决录》等书所引易注，辑成《侯果易注》一册，收入《黄氏逸书考》中。果，原文脱漏。

㉘翟玄：又作翟元。据说乃魏晋时人。史志无传，生平不详。曾作《易》注，但早已佚失。今存者多散见于李鼎祚《周易集解》、唐代陆德明《经典释文》。

㉙韩康伯：东晋著名玄学思想家。名伯，字康伯，颍川长社（今河南长葛）人。有《系辞》、《说卦》、《序卦》、《杂卦》等注，对后世易学有重要影响。

㉚刘瓛（huán）：又作刘巘（yǎn）。南朝齐著名学者。字子圭（又作"珪"）。沛国相县（今安徽濉溪县）人。"儒学冠于当时"，著有《周易义》，已亡。

㉛何妥：西魏至隋时期著名学者。字栖风。西城（"城"又作"域"。今吐鲁番）人，其父通商入蜀，遂家居郫县（今四川成都平原中部）。谥曰肃。隋时授国子博士，加通直散骑

太极明辨

常侍，任陇西刺史。博学多才，著述甚丰，著有《周易讲疏》、《孝经义疏》、《庄子义疏》等。

㉜崔憬：唐代学者。史传不载，生平不详。唐人李鼎祚《周易集解》多引其注。

㉝沈驎士：《南史》又作沈麟士。南朝齐学者。字云祯。吴兴武康（今浙江德清）人。著有《周易两系训注》、《易经要略》，已失。

㉞崔觐：北魏学者。梁州城固（今属陕西）人。为儒不乐仕进，以耕稼为业。撰有《周易注》、《周易统例》等。

㉟伏曼容：南朝宋、齐大臣，著名儒士。字公仪。平昌安丘（今属山东）人。仕齐，官至中散大夫、武昌太守等。一生治学，尤善《老子》、《周易》。曾撰有《周易集解》、《毛诗集解》、《老子义》、《庄子义》等。

㊱孔颖达：隋唐间著名儒家学者、经学家。字冲远、仲达。冀州衡水（今属河北）人。受命编撰《五经正义》，其中的《周易正义》是唐代易学诠释学的代表作。

㊲象帝之先：出自《道德经》第四章："吾不知谁之子，象帝之先"。意为我不知道"道"是从何产生的，应该在万物的缔结之前就产生了。

㊳僭（jiàn）：超越身分，越礼。此为谦词。

㊴吃紧为人：紧扣做人之事。

㊵胪（lú）：陈述。

㊶噬嗑（shìhè）：咬嚼之意。噬，啮食。嗑，咀嚼。

㊷《连山》：三《易》之一。又名《厉山》。相传为夏代之《易》。它以重卦艮为首，艮象征山，上下卦皆艮，故得名。共有八万字。此书汉代还存在。今传《连山》乃后人伪作。

㊸《归藏》：三《易》之一。又名《乾坤》。相传为殷代之《易》。它以重卦坤为首，乾次之，所以叫《乾坤》。又因为坤象征地，"万物莫不归而藏于其中"，故又名《归藏》。该《易》用七八不变爻成书，共有四千三百字。成书年代较早。今传《归藏》为后人伪作。

㊹本书目录存题，但缺正文。

㊺之：原文缺，今据上文"是火中之一点"一句补。

㊻剥床以肤：《周易》剥卦第四爻的爻辞，爻题为"六四"，全文为："六四，剥床以肤，凶。"《象》曰："剥床以肤"，切近灾也。意为取掉床上的席子（垫子）。

㊼张横渠：即张载。北宋著名思想家、教育家，关学的创始人，理学的奠基者之一。字子厚。原籍大梁（今河南开封），后定居凤翔郿县（今陕西眉县）横渠，世称横渠先生。赐谥曰明公。主要著作有《易说》、《正蒙》等。

㊽往圣：原文为"千圣"，今据《张子语录》改。

㊾橐籥（tuóyuè）：比喻天地间无穷尽之物，即大自然。

㊿絪缊（yīnwēn）：同"氤氲"，指天地间阴阳二气交互作用的状态。《易·系辞下》："天地絪缊，万物化醇。"

○51双峰饶氏：指饶鲁。南宋学者。字伯舆，一字仲元。余干（今属江西）人。因其讲学的石洞书院前有两峰，故号双峰。有《五经讲义》等，已佚。

【卷 三】

衍　图（说一则）

　　先天画自伏羲，后天改于文王，疑无据者，迂也，信有征者，泥也。盖阴阳从微至著，机自生生，此一定之理。非先有太极，后生两仪，而后四象八卦五行，各成一物也。也非两仪生而太极遯，八卦生而四象隐也。总一太极，具体而微莫不尽备，盖以消息盈虚互为通变。于是，象数效法即隐然以呈。惟潜神于太极，熟玩而精味之，无不玩，索而有得者是一太极，足矣！又何继起以广衍之耶？曰：不广衍，则理气之周情不得见。周情不见，则所谓一极立而括万原者不明。子舆曰："予岂好辩哉？予不得已也。"辩则广衍之，是因情以见性，因气数以见理之义也。《易》曰："观其所聚，而天地万物之情可见矣。聚以衍之，见夫天地万物之情而已矣。"虽然至易至简，久大之德业存焉。不观虞廷①之执中，孔子之一贯乎明乎此，则太极无余蕴矣。毋曰衍逾繁则理逾晦云者，是逐其所衍而忘夫其为执中一贯者也。乌足以知太极哉！故曰：天地匪巨，人身匪细，参而两之者，人也。古今匪遥，呼吸匪暂，通乎上帝之座。流畅夫万原而化之者，气也。气周一身而生，生久暂存乎呼吸之间，阖辟摩荡。亦惟此一呼一吸，合内外而运行之，有刚、有柔、有阴、有阳，总不外此呼吸相通而互生橐籥焉。故上下同流，万物一体，皆吾身固有，非由外铄我也。知呼吸之互根以周行者，则知太极已。兖映谨识。

衍文王八卦方位图（论九则）

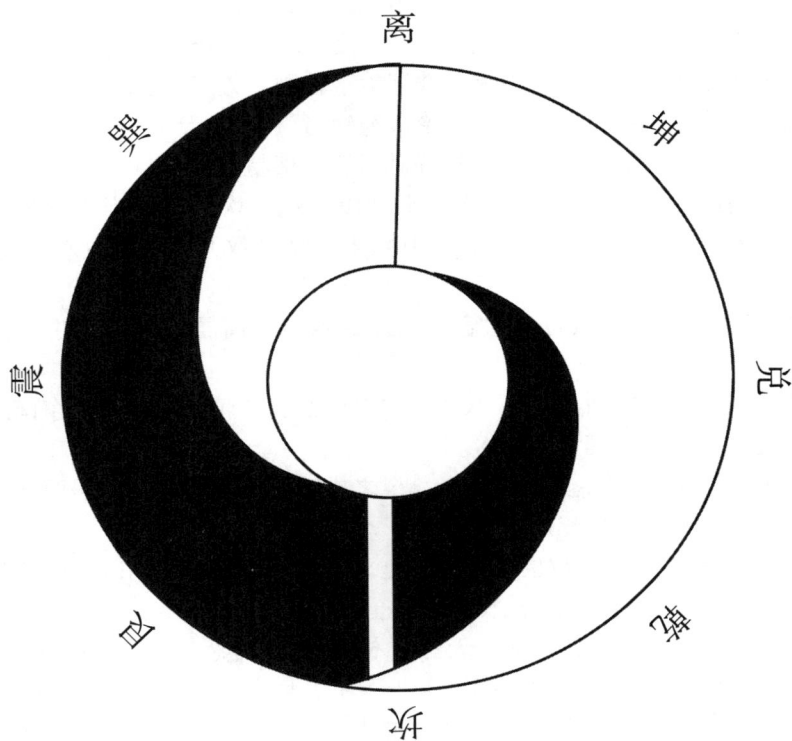

文王八卦方位图

来氏曰："诸儒因邵子解文王之卦，皆依邵子之说。通说穿凿了。文王之方位本明，而解之者反晦矣。殊不知，文王之卦，孔子已解明矣，《帝出乎震》一节是也，又何必别解哉？朱子乃以文王八卦不可晓处甚多，不知何说也。盖文王以伏羲之卦，恐人难晓，难以致用。故就一年春夏秋冬方位，卦所属木火土金水相生之序而列之。"翕映谨依来氏之义，以孔子《说卦》解之于后。

帝者，天也。一年之气始于春，故出乎震。震，动也，故以出帝之齐乎巽。巽者，入也。当时入乎夏也，故曰巽。巽，东南极，言万物之絜齐也。盖震巽皆属木之卦也。离者，丽也，故相见乎离。坤者，地也，上也。南方之火生土方能生金，故坤。艮之土界，木火于东南界，金水于西北，土居乎中，寄旺于四季，万物之所以致养也，所以成始成终也。坤，顺也，安得不致役，故言致役乎坤。兑，说也，万物于此而成，所以说也。乾，健也。刚健之物必多争战，故阴阳相薄而战坎陷也。凡物升于上者，必安逸陷于下者，必劳苦，故劳乎坎。艮，止也。一年之气于冬终止而又交春矣。盖孔子释卦多从理上说，役字生于坤顺，战字生于乾刚，劳字生于坎陷。诸儒皆以辞害意，故愈辩而越穿凿。来氏之论最为确当。

八卦所属（前既明五行，故再详其所属，俾易晓也）

坎 一者，水之生数也；六者，水之成数也。坎居于子当水生成之数，故坎，属水。（月令：春其数八，夏其数七，秋其数九，冬其数六，皆以成数言）。

离 二者，火之生数也；七者，火之成数也。离居于午当火生成之数，故离，属火。

震巽 三者，木之生数也；八者，木之成数也。震居东，巽居东南之间，当天三地八之数，故震巽，属木。

兑乾 四者，金之生数也；九者，金之成数也。兑居西，乾居西北之间，当地四天九之数，故兑乾，属金。

艮坤 五者，土之生数也；十者，土之成数也。艮坤居东北西南四方之间，当天五地十之中数也，故艮坤，属土。

何以天一生水，地二生火，天三生木，地四生金？此皆从卦上来。天地二字，即阴阳二字。盖一阴一阳皆生于子午、坎离之中。阳则明，阴则浊。试以照物验之，阳明居坎之中，阴浊在外，故水能照物于内而不能照物于外。阳明在离之外，阴浊在内，故火能照物于外而不能照物于内。观此，则阴阳生用于坎离，甚端的矣。坎卦，一阳居其中，即一阳生于子，故为天一生水。及水之盛也，必然生木，故天三又生木。离卦，一阴居其中，即一阴生于午，故为地二生火。及火之盛，必然生土，而土又必然生金，故地四又生金。从坎至艮至震巽，乃自北而东，子、丑、寅、卯、辰巳属阳，皆天之生也。至巳，则天之阳极，故至午而阴。从离至坤至兑乾，乃自南而西，午、未、酉、戌、亥属阴，皆地之生也。

至亥，则地之阴极，故至子而生阳。艮居东北之间，故属天生；坤居西南之间，故属地生。

何以六成、七成、八成、九成、十成也？盖天地万物非土不成，故数至五即成之。五者，土之中数也。如水旺于子而基于辰，此生二而成六之意也。余仿此。

衍一年气象图（论二则）

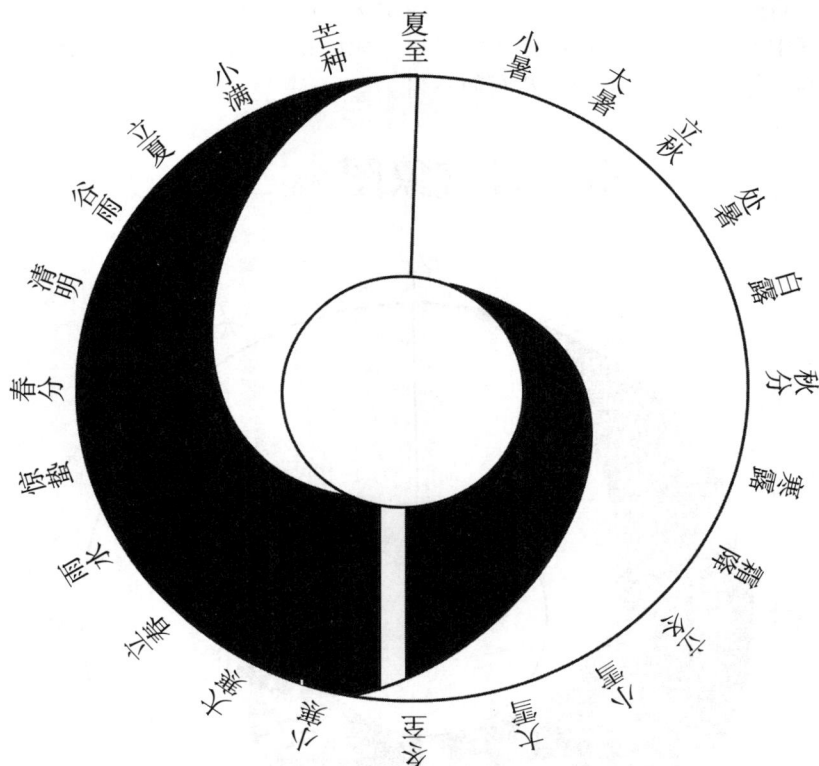

一年气象图

　　来氏曰："万古之人事，一年之气象也。春作夏长，秋收冬藏，一年不过如此。自盘古至尧舜，风俗人事以渐而长，盖春作夏长也。自尧舜以后，风俗人事以渐而消，盖秋敛冬藏也。此之谓大混沌。然其中有小混沌，以人身血气譬之，盘古至尧舜，如初生时到四十岁；尧舜以后，如四十到百年。"

　　若以消息论，大消中又有小息，大息中又有小消，小息中又有小消，小消中又有小息，故以大小混沌言之。

　　何以大消中又有小息？且以生圣人论，尧舜以后，乃大消矣。至周末又生孔子，乃小息也，所以禄位名寿通不如尧舜，以不得位不身亲以治天下。然万世师表，亦与尧舜无二。邵子元会运世，只就此一年算。譬如灰中种

火，火之然机小。息而生气之入，入微处其炭渐消，以火寄炭体，以立其极也。至若混沌，特似死灰温养此火而已。岂得以温养之死？混沌为无极之妙体哉。若指寒灰为无极，倘无此火寄体于炭上以立极，则此寒灰纵历千古万古，其中安得伏有腾腾灼灼之火？可见，无极止是个混沌。若云太极前有无极之妙，是从死灰作生活，断断使不得。

衍一日气象图（论二则）

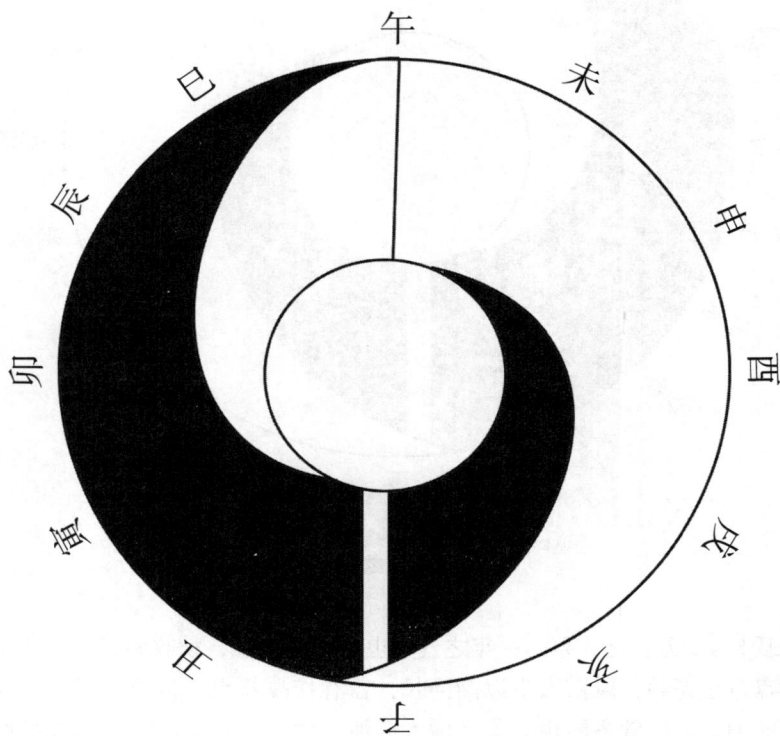

一日气象图

万古之始终，同于一日之气象也。一日有昼、有夜、有明、有暗，万古天地即如昼夜。故斋映谓混沌以前譬如是昨日，午、未、申、酉至戌、亥，天地自然要黑暗。到夜半子时□萌动明日开明气象。此太极生机即在子时已发育于混沌中矣。若是连极也无是并无子时，明朝如何开□得。

做大丈夫，把万古看做昼夜，此襟怀就海阔天高，只想继圣齐贤，承往开来，则功名富贵真如尘埃、土羹，不足恋恋营营，自安垄断矣。

天地形象虽非如此，然西北山高，东南多水，亦有此意。天地戌亥之交，其形体未曾败坏。在此图看出以气机未尝息也。

衍天地形象图（论四则）

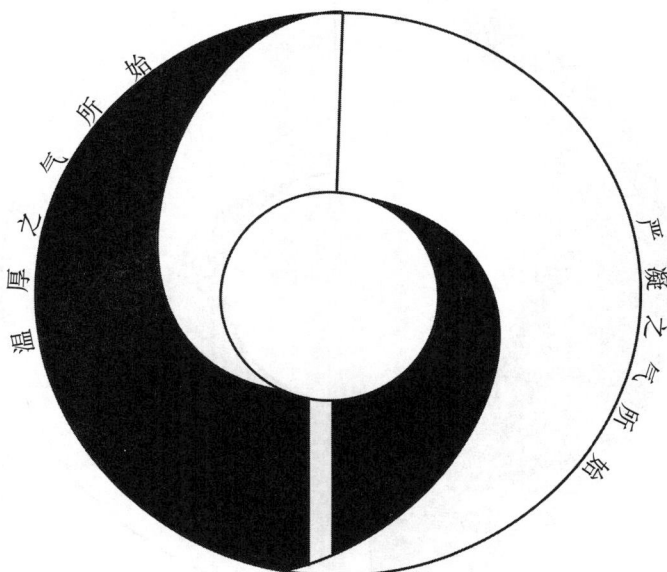

天地形象图

天地，惟西北高，东南低。以风水论，是右边白虎，木过盛矣，是以历代帝王长子多不传天下，大率是二房子孙传之；以人才论，圣贤通生在西北一边，以山高耸秀出于天外故也；以财赋论，通□东南，以水聚湖海故也；以中原独论，泰山在中原独高处，所以生孔子。

以中国之炎凉论，天地严凝之气，始于西南而盛于西北；天气温厚之气，始于东北而盛于东南。严凝之气其气凉，故多生圣贤；温厚之气其气炎，故多生富贵。以中国之性情论，西北人多直实，多刚，多蠢，下得死心，所以圣贤多也；东南人多尖秀，多柔，多巧，下不得死心，所以圣贤少也。推此，则在东视西，在南观北，而地与候移虽殊方，异域情理可想。

人事与天地、炎凉、气候相同。寒之极者春生，必至盛夏；势之极者秋烈，必至严冬。又如凄雨之久者必有久晴，晴之久者必有久雨。故有大权者必有大祸，多藏者必有厚亡。知此，则居易俟命，自然不怨天不尤人。

衍帝王图（论五则）

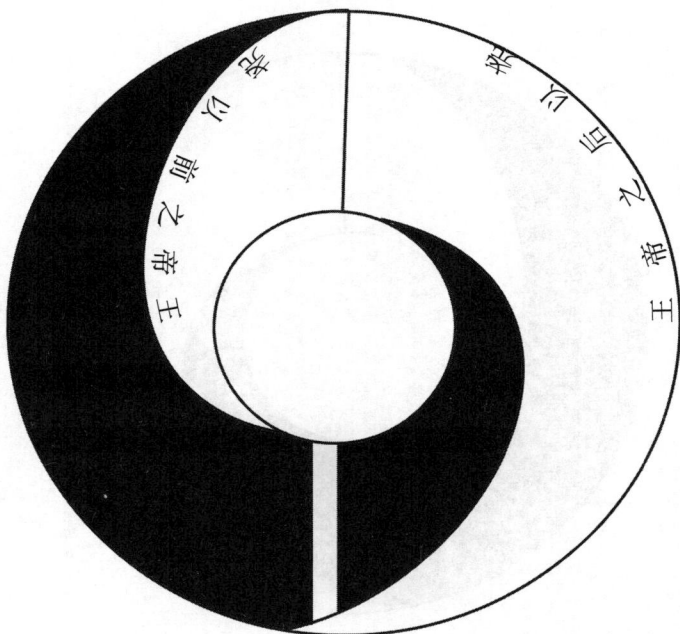

帝王图

天地到了尧时，纯是阳，所以生尧，"惟天为大，惟尧则之"。尧以前之圣人，阴浮在上，风气未开，功业文章未甚显。若沿及尧以后之圣人，阴沉在下，遭际时艰，所以尽美未必尽善。

所以说，尧舜，性之也；汤武，反之也。说顺乎天而应乎人，汤武以之。汤武本是圣人，如生在尧舜之时，或亦有揖逊②之事。止因他生在乱世天下，民生俱蹈于水火之中，他只得出来救民。观武王《泰誓》曰："予小子既获仁人，敢只承上帝，以遏乱略"是也！

所以做大丈夫，看我生在什么时候定有一自立之法程。如生在天地气运衰时，为天地气运所限，禄位名寿决不完全。如孔子之春秋，孟子之战国，皆依法程，为自立于天地之圣贤也。今日岂无圣贤？因他将脚程走到功名富贵上，甚至寡廉鲜耻，无所不为，甚至有不忍言者，故明明有条大道不去走，所以后世无圣贤。

有伏羲则必有尧舜，有尧舜则必有大禹，有大禹则必有汤武，有汤武则必有五伯③，自然之势也。

以天地大小混沌试验，天地将到戌亥，必定天下相杀相残。至数百年后，乃纯皆昏而入混沌矣。

时势不同，所以圣人性之，反之，亦不同。故在唐虞则曰□讼，可乎！在文武则曰贻厥，孙谋视揖逊便增一"我"字。孔子四毋④，卒之曰"毋我"，其有感哉！盈天下以"我"字为害，遂致风俗败坏，人心媮薄，皆"我"字创丧也。

衍以历代文章图（论三则）

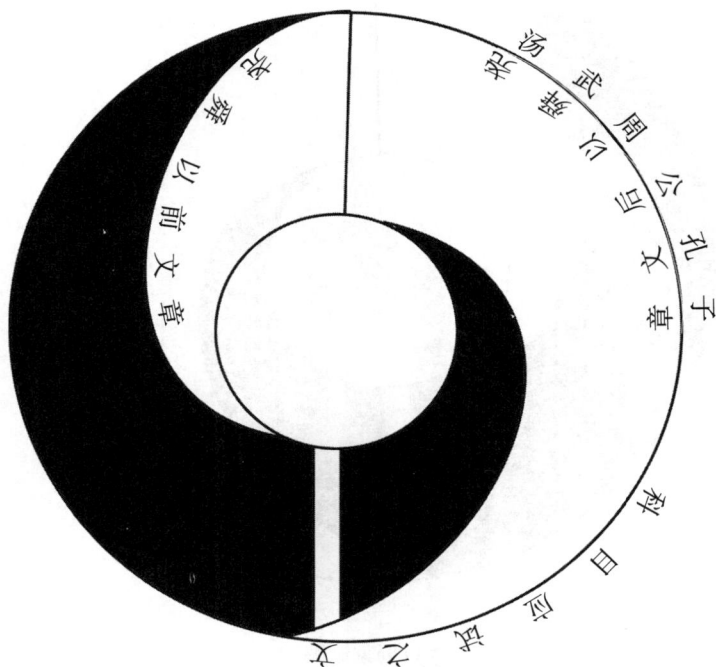

以历代文章图

尧以前风气未开，七政未齐，庶绩未熙，则文章必不同矣。故孔子删《诗》《书》断自《尧典》。汉文辞胜，其文浓，其味厚。宋文理胜，其文淡，其味薄。汉文如王妃公主之汝，珠宝罗绮，灿烂摇曳。宋文如贫家之女，荆钗布裙，水油□□而已，而姿色或亦有盛于富贵之家。汉唐应制之文犹传于世。至明朝，应制之文虽有可传，要以取科第而已。文既不为世系，故政事德行亦与文章同是口说，所以真德行、真政事绝少，躬行者能有几人？近熊敬修⑤先生编《学统》一书，正是不要人将德行政事仅在文章口头上说过，要人继圣脉而力行也。昔人曾有云：七篇琬琰不如一字之廉，五策汪洋不如一字之俭。廉者不苟取，俭者不苟用。为官得此，生灵安矣！

衍以周家论图（论一则）

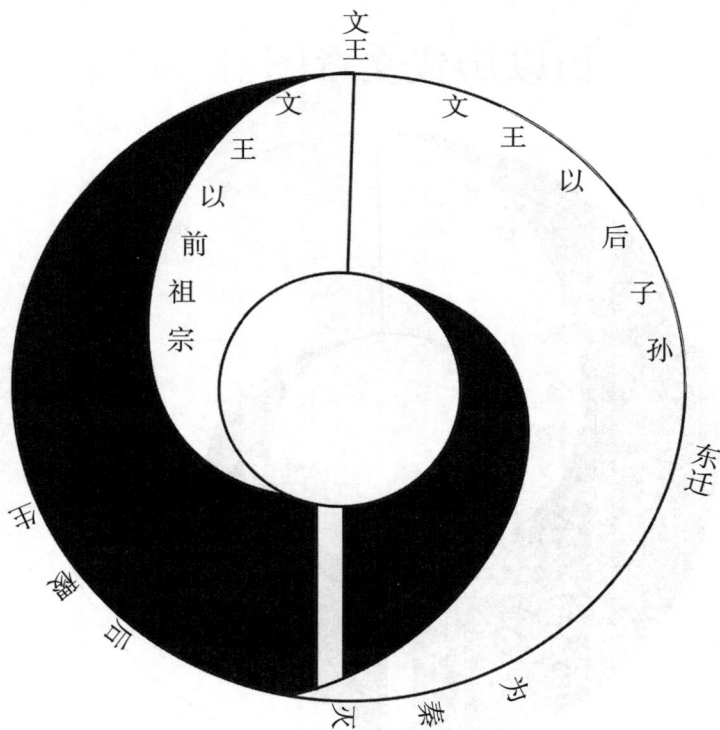

以周家论图

周至六国，乃戌亥之小混沌矣，所以只是相杀。及剥之尽，乃生汉高祖。以明朝论，元乃宋之戌亥也，纯是一团阴气。周之后六国，汉之后三国，唐之后五季，至宋之后，循运会以推之，亘古之风气可想见也。

衍以历代人才图（论三则）

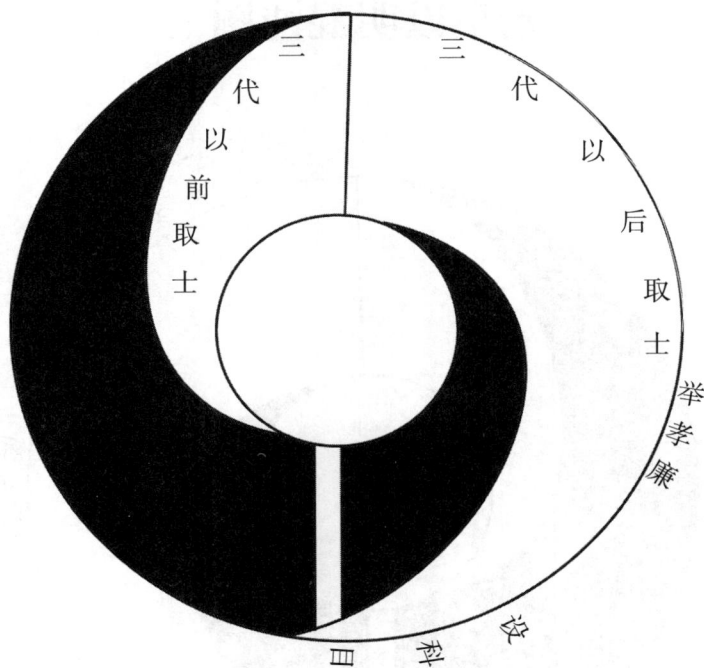

以历代人才图

　　昔人有云：周之士也，贵；秦之士也，贱。看来至明之士愈贱，觉秦之士尤足贵者——秦之士不过曳裾王门而已矣。士至明末可胜言哉？尚溴涩⑥不耻，反议论古人三上相书⑦、河汾献策⑧为无品，竟忘其己之丑也！

　　为世道计者，养士、安民二者而已。萧何告高祖养士民以致贤人；⑨邓禹告光武延揽英雄，务悦民心；⑩二人皆为功臣之首，则二者有裨于世道不小也。三代安民之法在于井田，取士之法在于乡举里选。安民之法李斯废之，儒者骂不绝口。取士之法杨广废之，而儒者更无一人言及，何也？自

太极明辨

55

讳也。

　　汉惟其不设科，所以人无所倚而不敢放肆。如陈寿居丧，使女奴丸药，积年沈废；⑪郗诜笃孝，以假□违常，降品一等。⑫其惩劝如此，人安得不笃志于孝节？杨广，乃天下极恶之人，居丧，不敢公然食肉，犹令人潜以竹筒贮之。今公然食肉，御内不外愧于人，亦不内怍于心，其心真可问耶！

衍秦始皇以明混沌图 （论一则）

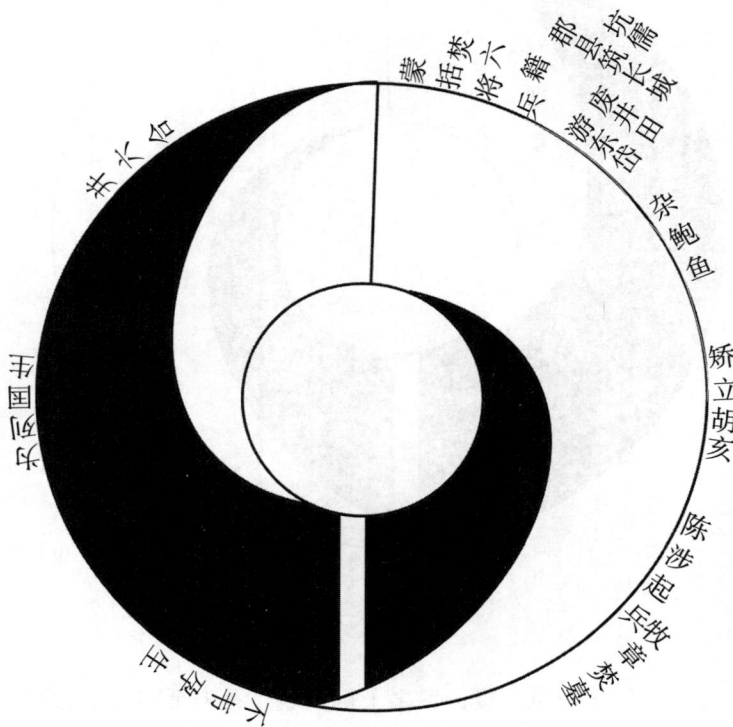

秦始皇以明混沌图

　　一人力可拔山，不过如此，则为人出世者必有其矣。

　　文武之子孙过其历祖，龙不二世而亡者，仁与不仁而已。始皇并六合，即坑儒生，焚六籍，筑长城，废井田，废封建，自以为天下可以力得，不知三代之得天下得其民也，得其民者，得其心也。释箕子囚，式商容闾，⑬封尧舜汤武之后、大赉天下者，得民心也。约法三章，亦可近之推此以思，虽百世风气可想见矣。

衍一日混沌图（论一则）

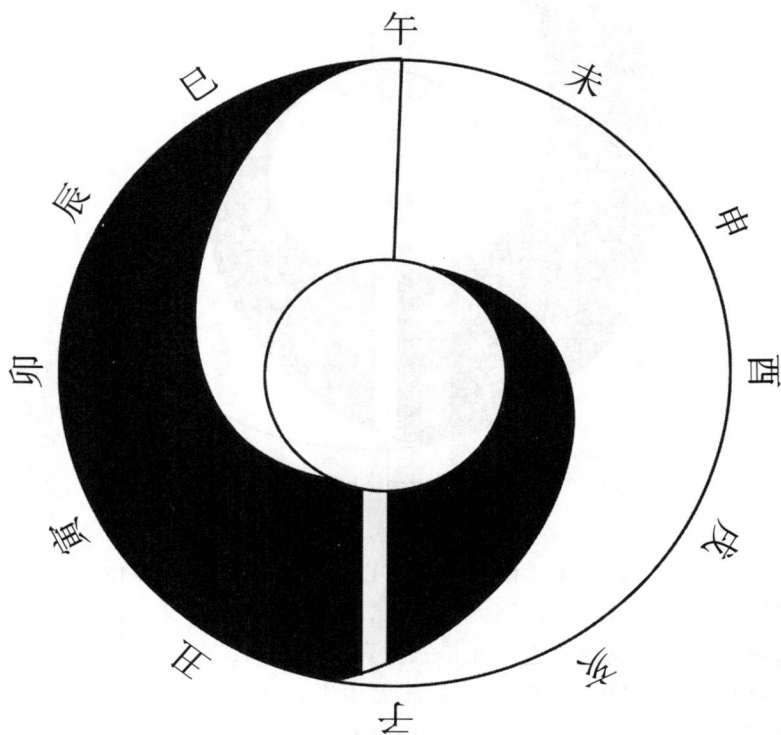

一日混沌图

人生在世，乃浮生也。一日虽有十二时，止有九个时生，其三个时亦如死去一般。如亥子丑三时，梦寐之中，虽生犹死也，不知身在何处，虽帝王圣人亦是如此，非如死而何及？鸡鸣而起孳孳[14]为善亦为日不足也，孳孳为利亦惟日不足也。为善者上同乎尧舜，为利者下同于盗跖。同尧舜者长生者也，同盗跖者夭折者也。知一日之混沌如一人之混沌，则知所以为圣为贤地步矣。

衍天下混沌图（论一则）

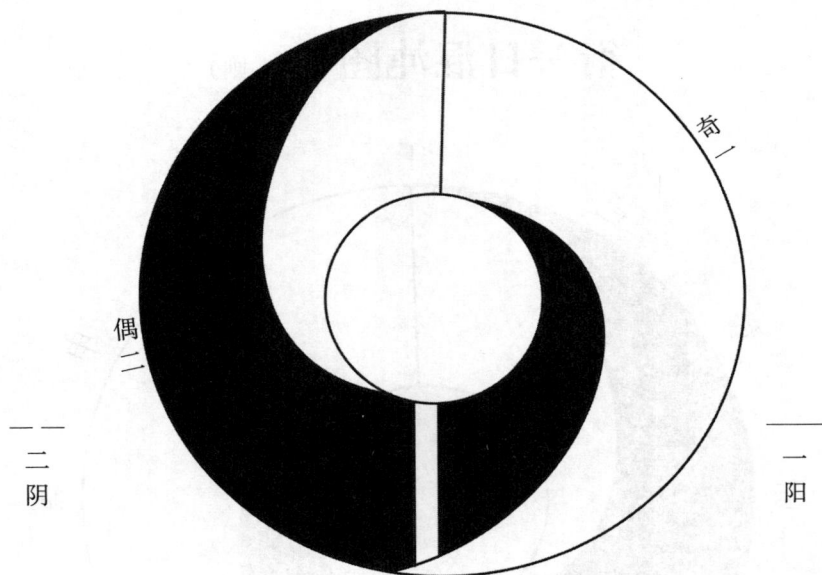

天下混沌图

有一个一阳，就有个二阴对待，所以二氏之教与儒者并行也。

老氏曰长生久视，释氏曰无生无灭，吾孔子曰朝闻夕死，便见二氏未免碍而有偏，吾儒中正而庸近。此是三教真面目。

夫欲长生者，即是怕死。根宗欲无生者，即是贪生。影子，吾惟道而已，至于死生，有命与数而已，要以传舍视之。

衍河洛合太极图（论二则）

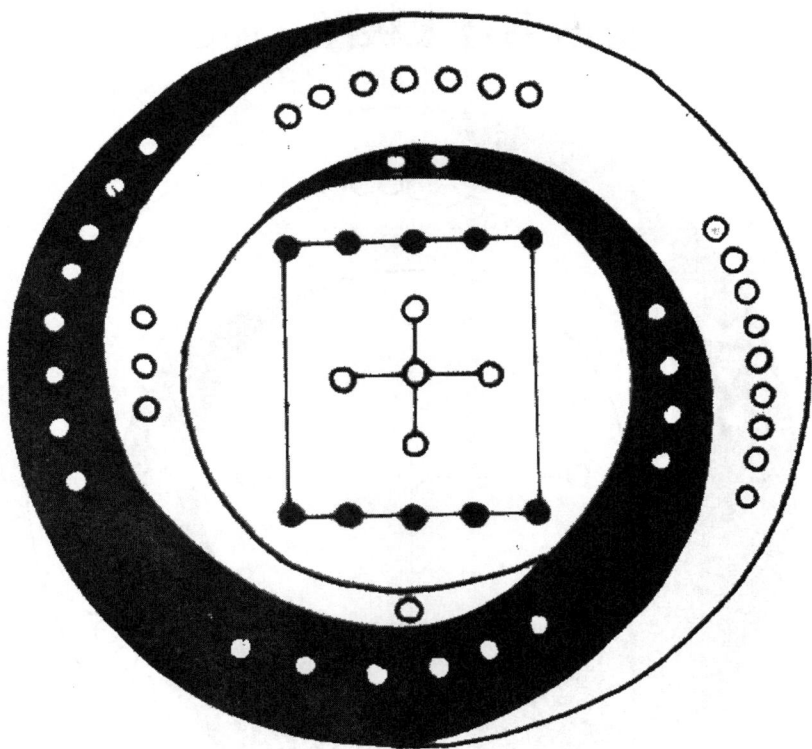

河洛合太极图

　　虽曰一六在下，二七在上，其实皆阳上而阴下。虽曰三八在左，四九在右，其实皆阴左而阳右。虽曰以五生数，统五成数，其实皆生数在内而成数在外。虽曰阴阳皆自内达外，其实阳奇一三七九，阴偶二四六八，皆自微而渐盛。《易》不可为典要，其实观此而知。有一定不可移者，即此太极。以参之《河图》，自是晓然明白。要知，阴阳左右虽旋转无有定在，却有自然而然一定之理。又，不得执《河图》虚中五十无位之说，悉以无位等视也。

　　盖阴阳合于中心，而土为天地中气之本始。当混沌时，此中气本始莫不含理于数先，即太极中间一直主宰处也。故一与五合而厚载成形。无此一直时，则虽太极，含理于混沌中，毕竟令混沌埋没。及到混沌至极处，方能露泄此一直阳，几可见中五合一之微。毕竟，有极不是无极。

衍洛书合太极图（论四则）

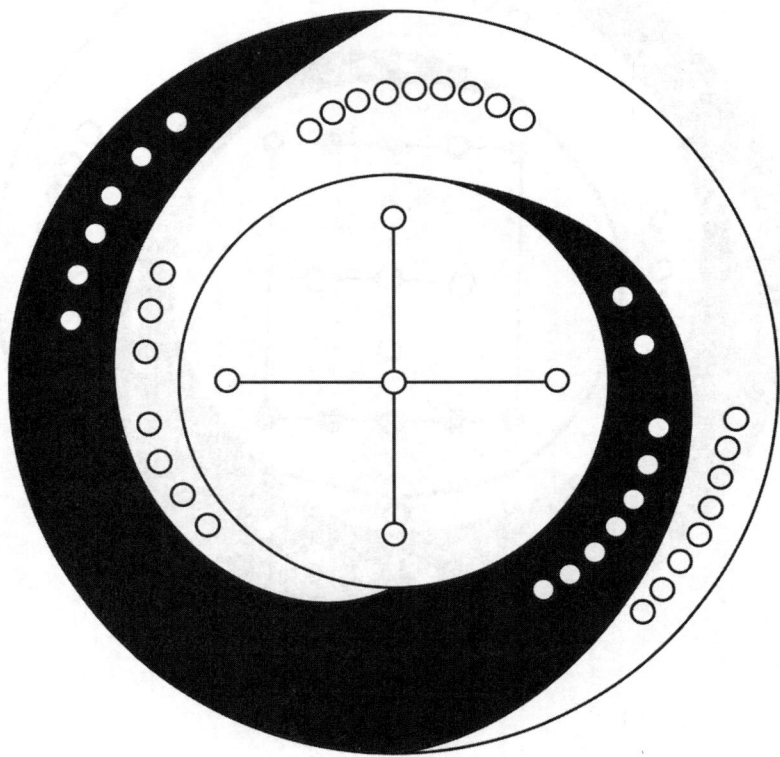

洛书合太极图

其文戴九履一，左三右七，二四为肩，六八为足，五为生成之数，居中也。

禹时洪水，赐《洛书》，法而陈之，九畴是也。故《洛书》与《河图》相经纬，与八卦九章相为表里。故其方象地，地承天合。观奇偶二四六八列于四偶，一三七九运于中央所谓以方涵圆也。

天道左旋，阳生于正北，自北而东，故一与三生数居之。极于正南，自南而西，故九与七成数居之。东北，阳为阳进，故阳一进为三也。西南，阴为阴退。故阴九退为七也。

地道右转，阴生于西南，自西而东，故二与四生数居之。极于东北，自东而西，故八与六成数居之。上属阴为阴退，故阴八退为六也。

天五生土，含成数十，故居中宫。《洛书》相克，故阳统阴，以阳为主也。

河洛二图总论（十八则）

以河图论

阴之严凝，始于西南而盛于西北，故阴由二而四，四而六，六而八；气之温厚，始于东北而盛于东南，故阳由一而三，三而七，七而九。

阳，息于北，由北而东、而南、而西，故天一至天三、天七、天九，以渐而盈，盈极则消而虚矣；阴，息于南，由南而西、而北、而东，故地二至地四、地六、地八、以渐而盈，盈极则消而虚矣。

以相连论

一而九，十也；三而七，十也；二而八，十也；四而六，十也。故五为中数。故天地生数遇五而成，天地成数遇五而对。若以四旁论，后为一，前为二，左三，右四，中五，后六，前七，左八，右九，中十，皆自然而然，不假安排。

偶者，阴阳之对待；奇者，阴阳之运行。奇者，气行于天；偶者，质具于地。孔子、系辞、天尊地卑，一条以对待而言也；刚柔相摩，至坤成女，以运行而言也。

天一、天三、天五、天七、天九，一九成十，三七成十，又加以五，故天数二十有五；地二、地四、地六、地八、地十，二八成十，四六成十，又加以十，故地数三十。后一六者，水生成之数也，故居北；前二七者，火生成之数也，故居南；左三八者，木生成之数也，故居东；右四九者，金生成之数也，故居西；五十者，土生成之数也，故居中。

以四象八卦配河图论

乾兑者，皆居一太阳之位，然乾阳卦，兑阴卦。离震皆居二少阴之位，然离阴卦，震阳卦。巽坎皆居三少阳之位，然巽阴卦，坎阳卦。艮坤皆居四太阴之位，然艮阳卦，坤阴卦。以《河图》数论，太阳居一而数九是乾，得九阳之数，而兑得其一之位也，故乾一兑二皆属太阳。少阴居二而数八是离，得八阴之数，而震得二阴之位也，故离三震四皆属少阴。少阳居三而数七是坎，得七阳之数，而巽得三阳之位也，故坎六巽五皆属少阳。少阴居四而数六是坤，得六阴之数，而艮得四阴之位也，故艮七坤八皆属太阴。

一六为友者，一为老阳之位，六为老阴之数也，居于北。四九为友者，四为老阴之位，九为老阳之数也，居于西。秋敛冬藏有老之义，故居西北；二七为友者，二为少阴之位，七为少阳之数也，居于南。三八为友者，三为少阳之位，八为少阴之数也，居于东。春作夏长有少之义，故居东南。

以洛书论

阳生于北，长于东，盛于南，而消于西，故天一、天三、天九盛之极，至天七则消矣；阴产南，长于西，盛于北，而消于东，故地二、地六、地八盛之极，至地四则消矣。此《河》、《洛》一样，中五虽少地十，然四偶交错各十，亦天五地十也。一九为老阳，三七为少阳，居乎四正。二八为少阴，四六为老阴，居乎四偶。五居乎二老二少之中。

太阳之一得五而为太阴，故一与太阴相连。少阴之一得五而为少阳，故二与少阳相连。少阳之三得五而为少阴，三与少阴相连。太阴之四得五而为太阳，故四与太阳相连。不过，此数变化无穷，故天数五、地数五成变化而行鬼神也。故阳卦一爻变则为阴卦，阴卦一爻变则为阳卦。故曰非天下之至变，其孰能与于此。

以二图总论之

《图》之东北与《书》相同，而西南不同，何也？盖《图》之阴阳皆主阳极、阴极而言，故一阳由左旋至九而止，一阴由右旋至八而止。《书》之阴阳以盛衰消长而言，故阳盛于南而九，阴盛于北而八。至西则阳衰，故天七；至东则阴衰，故地四。此所以东北相同而西南则异也。虽西南各异，然东北西南一奇一偶相配，又何尝异哉。

以伏羲图论

乾兑生于老阳之四九，离震生于少阴之三八，巽坎生于少阳之二七，艮坤生于老阴之一六。九有四，七有二者，阳中之阴也；八有三，六有一者，阴中之阳也。伏羲画卦之时，不求与《洛书》同而自与《洛书》同。

以文王图论

一六为水，坎居其北。二七为火，离居其南。三八为木，震居其东。四九为金，乾兑居其西。五十有土，坤艮夹乎金火水木四位之间，亦中央上也。文王画卦之时，不求合乎《河图》而自与《河图》同。可见只有此数理一无二，所以俟之不惑，考之不谬也！

以十数当中折断论

一与六对，二与七对，三与八对，四与九对，五与十对，本天地自然之数也。

《河图》则一二三四五在内，六七八九十在外，而阴阳相间。

《洛书》则一二三四五相连，六七八九十而阴阳，比肩相间，一倡一随焉。比肩者，或左或右，其实一而已矣。

天地间只有此数同一二三四五六七八九十之数。《河图》、《洛书》铺列位次不同，颠之倒之，上之下之，皆成文章。正孔子所谓参伍以变，错综其数，通其变遂成天地之文，极其数遂定天下之象。于此可见矣。

以质言，五行生成之序水火木金土也。

以气言，五行运行之气木火土金水也。

《图》则相克者相对，《书》则相生者相对。《图》虽相克，然自东之木生南之火，自南之火生中之土，自中之土生西之金，自西之金生北之水，是克而又生也。

《书》虽相生，然北之水克南之火，南之火克西之金，西之金克东之木，东之木克中之土，是生而又克也。纵横交互，则生成之序、运行之气皆在其中矣。《图》、《书》中天五五点下一点，天一之水也；上一点，地二之火也；左一点，天三之水也；右一点，地四之金也；中一点，天五之土也。此五点若专以五行之土论，前后左右四点，辰戌丑未之土也；中一点，中央之土也。五者流行乎前后左右，贯彻乎辰戌丑未，故天地得五方可以成变化而行鬼神。此所以圣人作《易》，参天两地而倚数。推而至于千千万万，无非此五者而已。

　　此天地自然之八卦也，是未画八卦之先而卦已备矣，故曰：河出图，洛出书。圣人则之，故有天地之八卦，有伏羲之八卦，有周、孔之八卦，有吾心之八卦。能了此，则八卦不在四圣而在吾心矣。

　　参天两地何也？盖天地之数，皆始于一而成于五。一者，数之始；五者，数之祖也。故金木水火非土不成质，仁义礼智非土之信不成德。

　　以自然之数论之，天一地二少于五，天三地四多于五，惟天三地二合其五，故圣人参天两地而倚数，言依此五以起其数也，非有心以参两之也。若依朱子谓圆者径二围三，方者径一围四，乃又断之曰此是参天两地矣。是有心以参两，岂天地之至变、圣人之用哉！羲映详考诸说以互明焉。

　　天地有所积之余，然后天地乃为人两之也。大衍以成数，数之所积则不余。不余何以见天地，故蓍立一以象太极，其用惟四十有九，犹之取余数以见天地之情也。今本太极图以明大衍，于中取立一以见太极之本始，其外则成象、成形，而五行之性具，其位亦定矣。

衍于穆不已理气天地五行男女图（论三则，终焉）

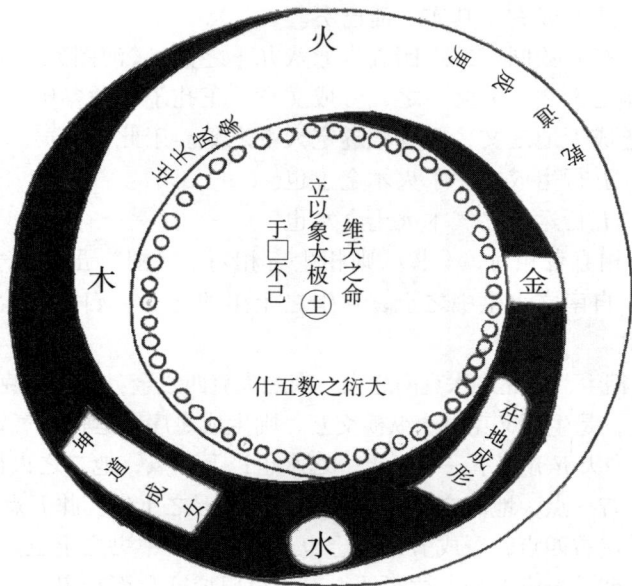

于穆不已理气天地五行男女图

物之初生也，气之至也。既生而象具焉，是数为象先也。象既有矣，而数复因象而行焉，是象又为数之先也。故数之生象者，先天也；象之生数者，后天也。先天者，生物之原也；后天者，成物之始也。大矣哉！数乎万物之宗，万有之本也。

立一以象太极，此立一之太乙因混沌极而萌动之。此本始毕竟是有，决不是无，则此立一为主宰之理，分阴阳两仪。当未分而欲分时，为流行者气。既天地定位矣，为对待者数起于于穆。至成象、成形、动静、老少，则五行生而各成其性矣。此太极之包罗理、气、象、数有如此者。盖此理不可得而明，不得已而见之于象。既见，而谓之象矣。从于穆不已中思所以，明其故。盖其故是在极而后混沌始判，极而后阴阳之互根者，乃相推行而生，遂于大衍中用其四十九，余一以立象，以似太极。而太极之细大并包，其理实有如此无可如何不得已而图之，乃统以名之曰"太极"也。夫太极含理运气，而事物行乎其中尚不得，泥图之迹似，以为求骏之面目。若既已无极而可以图名之乎，幽渺不已，甚欤！嵞映辩太极之前，决不可安放无极之图。以《来图》亦与《伏羲先天图》相近，遂照画其体。然后□□以长于其中，却以《河洛图》并此《于穆不已理气天地五行男女之图》终之，以明吾辩之义焉。

【注释】①虞廷：指舜的朝廷。相传舜为古代明主，故常以"虞廷"作政治清明的代称。

②揖逊：犹揖让。禅让。

③五伯：指春秋五霸，有齐桓公、晋文公、宋襄公、楚庄公、秦穆公或者齐桓公、晋文公、楚庄王、吴王阖闾、越王句践之说。

④四毋：出自《论语·子罕篇》："子绝四：毋意，毋必，毋固，毋我。"意为不瞎猜，不独断，不固执，不自以为是。

⑤熊敬修：清代湖北孝感人。名赐履，字敬修，一字青岳，号素九，别号愚斋。曾任纂修实录总裁、东阁大学士兼吏部尚书等职。著有《经义斋集》等。

⑥涊涊（tiǎnniǎn）：污浊，污秽。

⑦三上相书：韩愈年轻时曾三次上书宰相，阐述自己的治国方略，抒发满腔的抱负，但皆未获得回复。

⑧河汾献策：隋唐时期著名学者王通，年轻时有澄清天下之志，想干一番大事业，曾献《太平策》十二篇于隋文帝，但

不为所用。于是，返回家乡在黄河汾水之间讲学传道，创立了以重建儒家"王道政治"为理想的"河汾之学"。

⑨萧何告高祖养士民以致贤人：《汉书·萧何曹参传第九·萧何》载，刘邦入关中后，见项羽违反"先入关破秦者王其地"的承诺，只封自己为汉王，非常愤怒，"欲谋攻项羽"。萧何劝他姑且忍耐，"夫能诎于一人之下，而信于万乘之上者，汤、武是也。臣愿大王王汉中，养其民以致贤人，收用巴、蜀，还定三秦，天下可图也。"刘邦采纳了萧何的意见，"乃遂就国，以何为丞相。"萧何，西汉开国名臣，"汉初三杰"之一。原文写作"肖何"，今按常例改。

⑩邓禹告光武延揽英雄，务悦民心：《后汉书·邓寇列传第六·邓禹》载，更始元年（23 年），刘秀奉命平定河北时，邓禹从南阳赶赴河北追随刘秀，提出了"延揽英雄，务悦民心，立高祖之业，救万民之命"的方略。"光武大悦，因令左右号禹曰邓将军。常宿止于中，与定计议。"邓禹，东汉开国名臣。字仲华。南阳新野人。被视为帮助刘秀成就帝业的关键人物之一。

⑪"如陈寿居丧"三句：《晋书·陈寿传》载：陈寿"遭父丧，有疾，使婢丸药，客往见之，乡党以为贬议。及蜀平，坐是沈滞者累年"。

⑫"郐诜笃孝"三句：见《文献通考》卷二十八。但《晋书·郐诜传》则无"降品一等"之说："诜母病，苦无车，及亡，不欲车载枢，家贫无以市马，乃于所住堂北壁外假葬，开户，朝夕拜哭"。郐诜，又作郤诜，原文误作"鄗诜"，今改。

⑬"释箕子囚，式商容间"二句：《尚书·周书·武成》："释箕子囚，封比干墓，式商容间。"意即周朝取代商朝之后，武王实施了一系列安民定国的举措，其中就包括释放箕子，礼贤商容。箕子，商纣王叔叔，因直谏而被商纣王所囚。式，通"轼"，孔颖达《尚书正义》曰："'式'者，车上之横木，男子立乘，有所敬则俯而凭式，遂以'式'为敬名。"商容，贤人，被商纣王所贬。

⑭孳孳（zī）：同"孜孜"。勤奋努力。

滇　　鉴

序①

　　天下谓甲申之变②已极③。滇仅一区，远土也，亦咸相曰甲申之变已极。爰以思之曰：首靖难④于邦家，而前明之时事日往，不在世会，而在人心，此靖之与殉之均为一难之得失也。逮三卫⑤设，而后三案⑥之所由萌，要知王振、汪直、刘瑾⑦后先积世之习，何以用事耶？曹、石⑧何以变耶？卒之钟一乱政之魏忠贤⑨，则明事之日非在宦竖！他如亲征平盗，外内蚀伤，高煦⑩、真鐠⑪、宸濠⑫之聚讼，孰为而孰教之，则用事何疑于严、张⑬，变生，固宜其不测矣，而谓甲申之变，不在李自成、张献忠草泽蜂起之辈也。而天下谓甲申之变⑭今滇远于神都，而亦曰甲申之变，同是鼎烹而釜泣，一与天下分甘共苦者。夫恃远也，岂独能免也哉！由是以思前明一家之治乱，转而思滇之为滇，亦譬如一家之治乱。则自孟津首会⑮，筇筑塞通，内之外之，木之托始于勾芽，蛮弱必化为华蔚。历撮前史，合为一编。要知甲申之如何同于滇，其事之如何而日往，则思古今之如何而为滇，其事如何而会一于天下，则合滇一家之亨泰。又惜古今，而撮天下以异同之。始思明以思滇，继思滇之所以成风，于以知天下之所以为天下者，则前明一家之得失，可通而知古今之得失。又以知天下古今之得失，同于滇之得失，知滇顾岂难欤！撮史以便观此知风之自知隐知显意也，非欲为《滇鉴》。譬之为筌求鱼，搜蹄觅兔，⑯心既有会，端灭筌、蹄，其谁曰《滇鉴》？尚欲效而推之，集天下之古今，分类于天下之邦国，亦犹今撮滇之为者，谓不愈便天下观哉，则大非撮者之意矣。曰鉴之在心，古今乃明，而明事之不鉴，以心之不明之故，其谁曰果《滇鉴》也云乎？书竟，将命童子焚去。

庐陵高夦映自识

民国二十年桂月溯六抄，清贡士后裔高正芳率子培、忠沐手同录

【注释】 ①民国《姚安县志·卷三十九·学术志·史学》云："《滇鉴》二卷"，"系记载滇中重要史实者"。此书现据高氏后人抄本点校。从目前所见的体例和内容来看，此书或者是高氏没有写完，或者是流传中出现了残缺，为一未竣之作。

②甲申之变：1644 年，即农历干支纪年的甲申这一年，李自成领导的农民起义军攻克北京，统治中原 276 年的大明王朝宣告灭亡。但仅过了 40 天，清兵南下，并迅速摧毁了起义军的大顺政权，以及南明残余势力，历史由此揭开了满清统治中原的大幕。

③已极：已至极致。原抄本作"极已"，今据文意改。

④靖难：指发生于明朝初年的一桩统治阶级内部争夺皇位之战的历史事件。建文元年（1399 年），燕王朱棣以"清君侧之恶"的名义举兵反抗朝廷削藩。经过四年的交战，朱棣击败建文皇帝登上皇位，史称"靖难之变"、"靖难之役"。

⑤三卫：明洪武二十二年（1389 年），明太祖置朵颜卫、泰宁卫、福余卫等指挥使司。因居住在朵颜卫的兀良哈人最为强大，故以兀良哈概括三卫，通称兀良哈三卫，简称三卫。三卫所辖区域东起乌裕尔河，西至洮尔河、绰尔河流域。靖难之役结束后，明成祖因三卫骑兵作战有功，把大宁卫之地授予兀良哈。大宁等卫内迁以后，三卫也逐渐南下。明朝中晚期，朵颜卫地域广阔，东起大碱场（今辽宁喀左），北至西拉木伦河，西迄延庆州四海冶（今北京延庆东），南达宽城（今属河北）。而福余、泰宁两卫的地域则东达辽河中下游，南至海城一带，东北到松花江流域，西南至小兴州（今属河北滦平）。16 世纪以后，其渐为蒙古部落所合并。

⑥三案：指明朝末期宫廷中发生的梃击案、红丸案、移宫案的总称。这三起事件本身并不是很重要，但是宦官魏忠贤利用这些事件，借机打击东林党，造成了很大的影响，故有"三大案"之称。

⑦王振、汪直、刘瑾：皆为明朝时的大太监，以专权擅政、祸国殃民著称。汪直，原抄本作"汪真"，今据《明史·列传第一百九十四·阉党》改。

⑧曹、石：指曹吉祥、石亨。曹吉祥，明朝宦官。滦州（河北滦县）人。起初依附于宦官王振，屡任监军。景泰中，分掌京营。后与石亨等人乘景帝病重，率兵迎英宗复位，史称"夺门之变"或"南宫复辟"。升为司礼太监，总督三大营。天顺五年（1461 年）发动叛乱，事情败露后被诛杀。石亨，

渭南（今属陕西）人。袭父职为宽河卫指挥佥事，后累官至都督同知，封武清伯。因参与"夺门之变"，受到英宗的重用和赏赐，升忠国公。后因专横入狱，瘐死狱中。

⑨魏忠贤：明朝末期著名宦官。原名李进忠。北直隶肃宁（今属河北）人。熹宗时权倾一时。崇祯登位后，遭弹劾，被流放凤阳，途中畏罪自杀。

⑩高煦：指朱高煦。安徽凤阳人。明成祖第二子。洪武二十八年（1395年）受封高阳郡王。成祖继位后，于永乐二年（1404年）进封汉王。十五年（1417年）就藩乐安州（今山东青州）。宣德元年（1426年），图谋篡位，被明宣宗命人用铜缸盖住，于缸上点火烧死。其妃和儿子皆被处死，史称"高煦之乱"。

⑪寘（zhì）鐇：指朱寘鐇。明王室宗亲，封安化王。明武宗正德五年（1510年），以讨伐权宦刘瑾之名发动叛乱，旋被擒获，史称"寘鐇之乱"。寘，通"置"。

⑫宸濠：指朱宸濠。明太祖朱元璋第十七子，宁王朱权后裔。明武宗正德十四年（1519年），兴兵谋反，不久兵败被擒。史称"宸濠之乱"。

⑬严、张：严，指严嵩。张，指张居正。严嵩，字惟中，号介溪。分宜（今江西分宜）人。嘉靖时，受世宗皇帝朱厚熜的宠信，在内阁二十年，专擅国事，贪鄙奸横，是明代有名的奸臣。张居正，明代政治家、改革家，字叔大，号太岳。湖广江陵（今属湖北）人，又称张江陵。万历初年，代为首辅。前后当国十年，实行了一系列改革措施，收到一定成效。获赠上柱国，谥文忠。死后不久，被宦官张诚及守旧官僚所攻讦，籍其家。至天启时方恢复名誉。著有《张太岳集》、《书经直解》等。

⑭而天下谓甲之变：从文意观之，此句似为衍文，或者是在它的前后有文字脱漏。

⑮孟津首会：《史记·周本纪第四》载，武王九年（具体时间不详，众说不一），周武王为了试探商纣王对周人备战活动的反映，出兵向东进发到孟津。主动来参加盟会的有八百多位诸侯，史称"八百诸侯会孟津"。武王在盟会上举行了誓

师仪式。众诸侯劝他立即伐纣，但他认为时机还不成熟，决定班师回西土。两年后，武王方开始伐纣。孟津，位于河南省中西部。

⑯为筌求鱼，搜蹄觅兔：语出《庄子·外物》："筌者所以在鱼，得鱼而忘筌；蹄者所以在兔，得兔而忘蹄；言者所以在意，得意而忘言。"筌，捕鱼用的竹器。蹄，捕兔用的器物。

滇 鉴

古庐陵问米①居士高奣映雪君辑

云南未服中国以前，为徼外②西南夷地，其种类不一，有僰人③、鸠僚④、僄⑤、身毒⑥、獹㖞、乌蛮⑦、摩些⑧、白夷⑨、阿僰、黑白猓猡⑩、乌么、东西爨⑪、黑白爨、濮落、僰刺、獹蛮⑫、白蛮⑬、倭泥⑭、蒲喇、峨昌⑮、貉貊、黑角、东谢⑯、南谢、西赵⑰诸名，大抵各据一方，不相统辖。至汉武帝时，始通声教，于是设郡县，隶职方。其时，张叔⑱、盛览⑲辈受经于司马长卿，归教乡里，即已习诗书，明礼义。虽自唐以后，叛服不常，蒙、段两姓⑳窃据数百年，然亦知延师儒，兴文学。迄于有明，熏陶培养，风气日开，礼俗、人文无异于中州矣。

【注释】①问米：当代云南著名目录学专家李孝友认为，"问米"疑为"问愚"之误。见《高奣映存世著述考察》，《高奣映研究文集》，云南出版集团云南美术出版社版。

②徼外：塞外，边外，界外。

③僰人：胡蔚《南诏野史》下卷载："僰人，一名百夷，又名摆夷。性耐暑热，居多在棘下。本澜沧江外夷人，有水旱二种。水僰夷近水好浴，薙后发，蓄前发，盘髻如瓢，故又名瓢头僰夷。旱僰夷山居耕猎，又名汉僰夷。男青布裹头，簪花；妇女不施胭粉，自然白晰，盘发辫，红绿包头，饰以五彩线须，衣五色衣，桶裙绣边。其俗贱女贵男，头目妻数百人，庶民亦数十，耕织贸易，皆妇人任之。凡婚娶，男女相悦而议聘，一成匹配，不肃而严。如夫妇不睦，听夫付之一物为凭，然后改适。有邪术，能使男子千里不忘，其法不外传也。"

④鸠僚：《华阳国志校注·南中志·永昌郡》（"永昌郡，……有闽濮、鸠獠、僄越、躶濮、身毒之民"）和《读史方舆纪要·卷一百十四·云南二》（"云南府，……殷周时，为徼外

西南夷地，有僰、鸠獠、栗、裸毒、獹㖞、乌蛮诸种居此"）皆写作"鸠獠"。

⑤僄：参见④。《华阳国志校注·南中志·永昌郡》和《读史方舆纪要·卷一百十四·云南二》分别写作"僄"、"栗"。

⑥身毒：参见④。《读史方舆纪要·卷一百十四·云南二》中为"裸毒"。

⑦乌蛮：《新唐书·列传第一百四十七下·南蛮下》载："乌蛮与南诏世昏姻，其种分七部落：一曰阿芋路，居曲州、靖州故地；二曰阿猛；三曰夔山；四曰暴蛮；五曰卢鹿蛮，二部落分保竹子岭；六曰磨弥敛；七曰勿邓。土多牛马，无布帛，男子鬌髻，女人被发，皆衣牛羊皮。俗尚巫鬼，无拜跪之节。其语四译乃与中国通。大部落有大鬼主，百家则置小鬼主。"

⑧摩些：亦称磨蛮、些蛮。据《新唐书·列传第一百四十七上·南蛮上》载："磨蛮、些蛮与施、顺二蛮皆乌蛮种，居铁桥、大婆、小婆、三探览、昆池等川。土多牛羊，俗不颒泽，男女衣皮，俗好饮酒歌舞。"

⑨白夷：又称白衣、佰夷、摆夷、摆衣、金齿、黑齿、银齿、茫蛮等。《新唐书·列传第一百四十七上·南蛮上》载："茫蛮本关南种，茫，其君号也，或呼茫诏。永昌之南有茫天连、茫吐薅、大睒、茫昌、茫鲊、茫施，大抵皆其种。楼居，无城郭。或漆齿，或金齿。衣青布短裤，露骭，以缯布缭腰，出其余垂后为饰。妇人披五色娑罗笼。象才如牛，养以耕。"

⑩黑白猓猡：胡蔚《南诏野史》下卷载："猓猡，爨蛮卢鹿之裔，猓猡其讹音也。以五月为春。信鬼尚巫，巫有大觋皤，拜祃白马之号。卜用雄鸡两髀骨，骨有细窍，刺以竹签，视多寡向背之势，以定吉凶。其部长妻曰耐得，勇士曰苴可。每岁六月廿四日，名火把节，燃松炬，照村砦田庐。男椎髻，镊须，耳环，佩刀；妇披发，短衣，桶裙，披羊皮。""白猓猡，一名撒马都，即西爨白蛮。知读书，能文字，舌音清便，多冒汉人。见尊长，披羊皮，故嫁女授羊皮一张。短衣革履，胸挂花包。妇人花衣桶裙，青布蒙头，饰以海

贝、锡铃。"	"黑猓猡，即东爨乌蛮。其祝以铃，其占以草。男挽发贯耳，披毡佩刀；妇人贵者衣套头衣，方领如井字，无襟带，自头罩下，长曳地尺许，披黑羊皮，饰以铃索。"

⑪东西爨：《新唐书·列传第一百四十七下·南蛮下》载："自曲州、靖州西南昆川、曲轭、晋宁、喻献、安宁距龙和城，通谓之西爨白蛮；自弥鹿、升麻二川，南至步头，谓之东爨乌蛮。"《蛮书·名类》载："西爨，白蛮也。东爨，乌蛮也。当天宝中，东北自曲、靖州，西南至宣城，邑落相望，牛马被野。在石城、昆川、曲轭、晋宁、喻献、安宁至龙和城，谓之西爨。在曲、靖州，弥鹿川，升麻川，南至步头，谓之东爨，风俗名爨也。"

⑫㺜蛮：一般写作"卢蛮"。当代著名民族学家尤中认为是傈僳族的旧称。见《云南民族史》，云南大学出版社版。

⑬白蛮：《蛮书·蛮夷风俗》载："西爨及白蛮死后，三日内埋殡，依汉法为墓。"

⑭倭泥：又写作"和夷"、"和蛮"、"阿泥"、"窝泥"、"斡泥"、"哈尼"，等等。胡蔚《南诏野史》下卷载："窝泥，有和泥、斡泥、哈泥、路弼等名。黑白两种，风俗略同。男戴麦杆帽，穿火草布衣，耳环，跣足；妇女辫发数绺，海贝、杂珠，盘旋为髻，套衣，桶裙。善养猪，其猪小耳短身，长不过三十斤，肉肥脂，名窝泥猪。婚用媒妁，路遇野兽，则返而他求。嫁则以红藤束膝为识。勤生啬用，每积贝一百二十索为一窖，临死嘱其子曰："积贝若干，汝取某窖，余留我为来生用。"死则以雌雄鸡各一殉。又有一种名糯比，与此同，其生者名哥泥，亦名瓦黑，好勇尚斗，能咒人使病。关于倭泥，李京《云南志略》亦有记载，曰："斡泥蛮，在临安西南五百里，巢居山林。治生机俭。"

⑮峨昌：又作"阿昌"。胡蔚《南诏野史》下卷载："阿昌，一名峨昌。男短衣披布单，女长衣无袴，腰缠红藤。占用竹三十三枝，略如筮仪。嗜酒，觅禽兽虫豸生啖之。旧俗兄死弟妻嫂，后有罗扳砦百夫长早正死，其妻方艾自誓不失节，饿而死，其风遂革。又有小阿昌，其俗略同。"

⑯东谢：《新唐书·列传第一百四十七下·南蛮下》载："西爨

之南，有东谢蛮，居黔州西三百里，南距守宫獠，西连夷子，地方千里。宜五谷，为畲田，岁一易之。众处山，巢居，汲流以饮。无赋税，刻木为契。见贵人执鞭而拜。赏有功者以牛马、铜鼓。犯小罪则杖，大事杀之，盗物者倍偿。昏姻以牛酒为聘。女妇夫家，夫惭涩避之，旬日乃出。会聚，击铜鼓，吹角。俗椎髻，韬以绛，垂于后。坐必蹲踞，常带刀剑。男子服衫袄、大口袴，以带斜冯右肩，以螺壳、虎豹、猿狄、犬羊皮为饰。"

⑰西赵：《新唐书·列传第一百四十七下·南蛮下》载："东谢南有西赵蛮，东距夷子，西属昆明，南西洱河也。山穴阻深，莫知道里。南北十八日行，东西二十三日行，户万馀，俗与东谢同，赵氏世为酋长。"

⑱张叔：《万历云南通志·大理府·人物》载："张叔，叶榆人，天资颖出，过目成诵。俗不知书，叔每疾之，思变其俗。元狩间，闻司马相如至若水造梁，遂负笈往，从之授经，归教乡人。"今人刘小兵则认为，张叔是蜀郡人，而非叶榆（大理）人。详见刘小兵《滇文化史》，云南人民出版社版。

⑲盛览：《万历云南通志·大理府·人物》载："盛览，字长通，叶榆人。学于司马相如，所著有《赋心》四卷。"今人刘小兵则认为，盛览既非叶榆人，也非司马相如的学生，没有著过《赋心》。详见刘小兵《滇文化史》。

⑳蒙、段两姓：指南诏、大理两朝的当权者。

高阳氏

颛顼始建九州①，云南为梁州之域。

【注释】①九州：不同时代有不同的说法。《尚书·夏书·禹贡》载，大禹的时候，天下分为九州，分别为冀州、兖州、青州、徐州、扬州、荆州、豫州、梁州、雍州。一般多采纳此说。

陶 唐 氏

帝尧命羲叔宅南交，①云南在南交界内。②

【注释】①帝尧命羲叔宅南交：出自《尚书·虞书·尧典》。羲叔，生卒年代不详。羲、和氏族的首领之一，在部落联盟中职掌天文。原抄本为"羲仲"，今据《尚书》、《史记·五帝本纪第一》等改。宅，居住。交，有两种解释：一种认为作地名，指交趾，但此交趾并非是现在通常所指的越南，而是指黄河流域南部的某个地方。因为尧部落联盟的活动中心在今黄河流域特别是晋南、豫西一带，不可能远达现在的越南等地。一种认为是指春夏之交。详见李民、王健撰《尚书译注》，上海古籍出版社版。
②云南在南交界内：出处不详。句中的"交（趾）"与上文中的"交（趾）"的意思显然不同。

夏

《禹贡》："华阳①黑水②惟③梁州。"

【注释】①华阳：华山的南面。《华阳国志》指今秦岭以南、四川和云南、贵州地区。
②黑水：具体所指说法不一，计有八种之多：一、张掖河。孔颖达《尚书正义》主此说。二、大通河。《括地志》主此说。三、党河（氐置水）。《汉书·地理志》主此说。四、丽水。唐代樊绰《蛮书》谓丽水即金沙江。薛士龙以泸水为黑水，而胡渭认为泸水也是金沙江，汉时泸水，唐以后改名金沙江。五、澜沧江。李元阳《黑水辨》主此说。六、指大

理的西洱河。程大昌主此说。七、指怒江上源哈拉乌苏江。陈澧主此说。八、陕西城固县的黑水。顾颉刚在《中国古代地理名著选读》（第一辑）注释中主此说。以上诸说以丽水即金沙江为黑水者最多。参见李民、王健撰《尚书译注》，上海古籍出版社版。

③惟：原抄本为"为"，今改。

商

　　成汤奄有九有①，制如夏。成汤初年，产里（即车里②）以象齿、短犬入贡。③

【注释】①奄有九有：出自《诗经·商颂·玄鸟》。九有，九州之意。
　　　　　②此文中，凡括号内的文字皆为原抄本自注。下同。
　　　　　③产里以象齿、短犬入贡：《逸周书·献令》云："西南产里、百濮，以象齿、短狗为献"。产里，地名，又名车里、徹里，辖境大致为今云南西双版纳傣族自治州。

周

　　武王伐纣，髳人、濮人（今定远①）会于孟津。②成王时，越裳氏（或云即今老挝）献白雉，重译来朝。③周公作指南车导之。

　　宣王④时，天竺摩耶提国阿育王生三子，长福邦，次弘德，季至德，皆健勇。王有神骥，争欲得之。王不能决，命左右纵骥去，约能追获者主之。长子⑤追至滇池之东山得之，因以金马名山⑥；次子⑦至西山，有碧凤集山上，滇人呼凤为碧鸡，因名碧鸡山⑧；次子后至北野。各留屯不回。阿育王忧思，遣舅氏神明以兵迎之，为哀牢夷⑨所阻，三子遂归滇，各主其山，死为金马、碧鸡山之神焉。阿育王第三子白票苴低⑩娶欠蒙亏为妻，生低蒙苴⑪，苴生九子，名九隆氏。长子阿辅⑫，汉十六国之祖⑬；次子蒙苴兼⑭，吐蕃之祖；三子蒙苴诺，汉人之祖；四子蒙苴酬⑮，东蛮⑯之祖；五子蒙苴笃，生十三子，五贤七圣，蒙诏⑰之祖；六子蒙苴讬⑱，居师子国⑲；七子蒙苴林，交趾⑳之祖；八子蒙苴颂㉑，白崖㉒张乐进求㉓之祖；九子蒙苴阅㉔，白夷㉕之祖。此九隆氏之名号族属也。

《通纪》㉖及《古滇说》㉗云：其先有蒙迦独㉘，妻摩黎羌㉙，名沙壹㉚，居哀牢山㉛，捕鱼为生。夫死水中，尸不获。沙壹往哭，见一木浮触而来，漂沉水边。妇坐木上，平稳不动，遂常浣絮其上。忽若有感，遂怀妊生九子，复生一子㉜。一日往水边，见沉木化为龙，忽语曰："若为我生子，今何在？"九子见龙皆惊走，独小子不去，背龙而坐。龙舐之，唤其名曰习农乐㉝。蛮语谓背为九，谓坐为隆，因称九隆㉞。习农乐长而黠，数有神异，㉟九子推以为王。又有奴波息夫妻，生十女，㊱习农乐兄弟皆娶之。㊲渐相滋长，种人皆刻画其身，象龙文，衣著尾。此沙壹之事，杨升庵作《滇载纪》㊳、诸葛元声《滇史》㊴、谢在杭《滇略》㊵，皆载其说，今姑存之。

赧王㊶时，楚顷襄王遣将军庄蹻将兵循江上，㊷略巴、蜀、黔中以西，溯沅水，出且兰㊸，以攻夜郎㊹。夜郎既降，引兵至滇池，以兵威略定滇池，使部将小卜㊺引兵收滇西诸蛮。欲还报楚，会秦夺楚黔中，道塞不通，遂复还滇，筑且兰城（在今省城北十余里，名谷昌城㊻）居之，以声教诱服诸蛮，蛮人皆悦，共推蹻为君长。蹻变服，从其俗，遂以其众王滇，世有其地。

【注释】①定远：今天云南牟定县的旧称。原抄本作此解释，不知何据。

②髳人、濮人会于孟津：《尚书·周书·牧誓》云："武王戎车三百两，虎贲三百人，与受战于牧野，作《牧誓》。……王曰：'嗟！我友邦冢君御事，司徒、司邓、司空，亚旅、师氏，千夫长、百夫长，及庸、蜀、羌、髳、微、卢、彭、濮人。称尔戈，比尔干，立尔矛，予其誓。'"《读史方舆纪要·卷一百十三·云南一》载："孟津之会曰：髳人在今北胜，濮人在今顺宁，皆在澜沧江内也。"

③"越裳氏献白雉"二句：此事在中国古籍中多有记载，如《尚书大传》载："周成王时，越裳氏重九译而贡白雉；"《后汉书·南蛮西南夷列传第七十六》载："交阯之南有越裳国。周公居摄六年，制礼作乐，天下和平，越裳以三象

重译而献白雉。”越裳氏，即越裳，所指不详，有老挝、古越南、南海古国等多种说法。重译，辗转翻译。

④宣王：公元前827—公元前782在位。

⑤长子：《纪古滇说》、《滇史》卷一、《滇考校注·金马、碧鸡之神》皆为“季子”。

⑥金马山：《蛮书·山川江源》载：“金马山在柘东（今昆明）城螺山南二十余里，高百余丈，与碧鸡山东南西北相对。土俗传云，昔有金马，往往出见，山上亦有神祠。从汉界入蛮路出此山之下。”

⑦次子：《纪古滇说》、《滇史》卷一、《滇考校注·金马、碧鸡之神》皆为“长子”。

⑧碧鸡山：《蛮书·山川江源》载：“碧鸡山在昆池西岸上，与柘东城隔水相对。从东来者冈头数十里已见此山。山势特秀，池水清澹，水中有碧鸡山石，山有洞庭树，年月久远，空有余本。”

⑨哀牢夷：《纪古滇说》为“哀牢彝”，《滇考校注·金马、碧鸡之神》从其说。

⑩白票苴低：《滇史》卷一、《白古通记》、《僰古通纪浅述校注·云南国志》皆为“骠苴低”。

⑪低蒙苴：尤中认为，蒙、牟同声，译写通用，依照南诏蒙氏父子联名制，“骠苴低之子当低牟苴”。见《僰古通记浅述校注》1页。

⑫阿辅：《滇史》卷一作“眉附罗”。倪辂《南诏野史》、《滇考校注·哀牢国内附》为“阿辅罗”。胡蔚《南诏野史》上卷则为“蒙苴附罗”。《僰古通纪浅述校注·云南国志》则是“牟苴罗”。

⑬汉十六国之祖：倪辂《南诏野史》为“即十六国之祖”。《滇考校注·哀牢国内附》、胡蔚《南诏野史》上卷为“十六国之祖”。

⑭蒙苴兼：胡蔚《南诏野史》上卷作“牟苴廉”。另外，在《滇史》卷一、《僰古通记浅述校注·云南国志》中，九隆氏第二子至第九子名字中的“蒙”字皆为“牟”。

⑮蒙苴酹：《滇史》卷一、胡蔚《南诏野史》上卷为“蒙苴

酬"。

⑯东蛮：在今四川凉山州境内。

⑰蒙诏：即南诏。胡蔚《南诏野史》上卷则为"蒙氏"。

⑱讬：倪本、胡本《南诏野史》，《滇考校注·哀牢国内附》，《僰古通记浅述校注·云南国志》皆为"托"。

⑲师子国：今斯里兰卡的古称。又称执师子国、狮子国。晋法显《佛国记》："昼夜十四日，到师子国……其国大，在洲上，东西五十由延，南北三十由延，左右小洲乃有百数。"

⑳交趾：具体所指，说法不一。尤中认为此指越南北方。见《僰古通纪浅述校注》

㉑蒙苴颂：《滇史》卷一、倪辂《南诏野史》、胡蔚《南诏野史》上卷为"蒙苴颂"。

㉒白崖：今云南弥渡县红岩。

㉓张乐进求：亦称"张乐敬求"、"张乐求进"。据传，他是诸葛亮封酋张仁果之后，食白饭，都白崖，称白王，统白国。唐太宗时，他逊位细奴逻，使南诏得以一统云南。

㉔蒙苴阁：《僰古通纪浅述校注·云南国志》为"牟苴闪"，王崧《南诏野史》亦如此。胡蔚《南诏野史》上卷为"蒙苴阅"。

㉕白夷：《滇考校注·哀牢国内附》引《白古记》为"白彝"。

㉖《通纪》：李孝友在《高峣映存世著述考察》（《高峣映研究文集》）中认为，此文中"有称《通纪》者，应为明人杨鼐的《南诏通纪》。"据侯冲研究，《南诏通纪》乃明嘉靖大理人杨鼐著。该书一卷，以《白古通记》（主要记述南诏、大理和元初云南地方的史迹）为主要编撰依据，受《白古通记》的影响比较明显，是"白古通"系云南地方史志中最早成书的一部。详见《〈南诏通纪〉的作者、卷数、影响及评价》，载《学术探索》2004年4期。

㉗《古滇说》：指《记古滇说集》，又称《纪古滇说》或《记古滇说》，一卷。宋末元初滇人张道宗著。是一部记述云南地方史迹的著作，为"采录《白古通记》及汉唐史书编撰云南古史较早之作"（方国瑜《云南史料目录概说》）。

㉘蒙迦独：《滇史》卷一作"低牟苴"。胡蔚《南诏野史》上

卷为"蒙伽独"。

㉙摩黎羌:《滇史》卷一为"摩梨羌"。《僰古通记浅述校注·云南国记》作"摩利羌"。

㉚沙壹:《僰古通记浅述校注·云南国记》作"沙壶",《华阳国志校注·南中志·永昌郡》和《抱朴子·释滞》为"沙壶",《纪古滇说》称"沙一"。

㉛哀牢山:位于云南省中部,为云岭向南的延伸,是云贵高原和横断山脉的分界线,也是云江和阿墨江的分水岭。西北–东南走向。海拔一般2 000米以上,主峰3 166米。

㉜一子:原抄本作"二子",《滇考校注·哀牢国内附》作"一子",另据《后汉书·南蛮西南夷列传第七十六》和《华阳国志校注·南中志·永昌郡》载,沙壹所生的是十子。从下文看,说的也是十子。故改。《滇史》卷一、《僰古通纪浅述校注·云南国记》中则只有九子之说。

㉝习农乐:又称细奴逻、细奴罗。

㉞九隆:《华阳国志校注·南中志·永昌郡》中为"元隆"。

㉟数有神异:《滇史》卷一:"小子名习农乐,长有神异,天乐奏于家,凤凰栖于树,有五色花开,常有神人随护。"

㊱"又有奴波息夫妻"二句:各书对此的记载稍有不同:《华阳国志校注·南中志·永昌郡》中为"时哀牢山下复有一夫一妇,产十女"。《滇考校注·哀牢国内附》中为"山下又有奴波息者,夫妻生十女子"。《后汉书·南蛮西南夷列传第七十六》为"后牢山下有一夫一妇,复生十女子"。胡蔚《南诏野史》上卷为"哀牢山(一名天升山,在永昌府)下有妇名奴波息,生十女"。

㊲侯冲研究后发现,上述这段文字见于《记古滇说集》,却并不出自《南诏通纪》。高奣映此处疏于考证,听信了"缪种"。详见《〈南诏通纪〉的作者、卷数、影响及评价》,载《学术探索》2004年4期。

㊳《滇载纪》:杨升庵撰。一卷。该书乃作者谪戍云南时所作,统纪云南的原始状闻和各部姓种类,旧本与《滇程记》合为一篇。今则一为行记,一为地志分别出版。有较高的学术价值。杨升庵(1488年—1559年),即杨慎,字用修,

号升庵。四川新都县人。明正德年间状元，历任翰林院修撰，翰林学士。因受"大礼仪"之争的牵累，贬云南永昌卫（今保山）直至去世，共谪居云南三十六年。著述宏富，传世达一百多种。《明史》赞道："明世，记诵之博，著作之富，推慎为第一。"《四库全书总目录提要》亦称："其赅博渊通，究在明人诸家之上。"

㊴《滇史》：诸葛元声撰。云南首部地方编年史。全书共十四卷，记述了远古至明神宗万历年间云南的史实，"大都采录旧史，惟明代事迹有出自见闻所及，可略供参阅耳。"（方国瑜《云南史料目录概说》）诸葛元声，明浙江会稽人。诸生。生卒年月及经历不详，客居云南三十五年。

㊵《滇略》：谢肇淛编纂。全书计十卷。类列以略为名，分为十略，即《版略》记疆土，《胜略》记山川，《产略》记物产，《俗略》记民风，《绩略》记名宦，《献略》记乡贤名士，《事略》记故实事迹，《文略》记艺文，《夷略》记各民族情况，《杂略》记琐闻轶事。《四库全书总目提要》称之"是书引据有征，叙述有法，较诸家地志，体例特为雅洁。"该书成书后，于天启年间刻于大理。谢肇淛，字在杭。福建长乐人。万历年间任云南参政。

㊶赧王：即周赧王，乃东周末代帝王，公元前314年—公元前256年在位。

㊷楚顷襄王遣将军庄蹻将兵循江上：关于此事，史书记载不一，《史记·西南夷列传第五十六》载："始楚威王时，使将军庄蹻将兵循江上"。《汉书·西南夷两粤朝鲜传第六十五》同。《后汉书·南蛮西南夷列传第七十六》云："初，楚顷襄王时，遣将庄豪从沅水伐夜郎"。《滇史》卷一同。《华阳国志校注·南中志·总序》为："周之季世，楚顷襄王时，遣将军庄蹻溯沅水"。《滇考校注·楚庄蹻定滇》为"楚顷襄王时，遣将军庄蹻将兵循江上"。胡蔚《南诏野史》上卷为"战国时，楚顷襄王命将庄蹻将兵循江上"。楚威王，公元前339年—公元前329年在位。楚顷襄王，公元前298年—公元前263年在位。学术界一般认为，如确有其事，该事件应当是发生在楚顷襄王时期。庄蹻，又作"庄

豪"，楚国人，是见于文字记录的第一个由官方组织进入云南的外地历史人物。《史记·西南夷列传第五十六》云："庄蹻者，故楚庄王苗裔也。"但关于其人，长期以来一直存在较大的争议，有的说是楚成王（公元前671年—公元前626年在位）时的大盗，有的说是楚庄王（公元前613年—公元前591年在位）时的大盗。

㊸且兰：原抄本为"苴兰"，今据《后汉书·南蛮西南夷列传第七十六》、《华阳国志校注·南中志·总序》、《滇考校注·楚庄蹻定滇》等改。下文同。其具体所指，众说纷纭。徐文德认为，它似指今贵州兴义，又似乎指今贵州黄平一带。

㊹夜郎：秦汉时期的一个少数民族国家（亦有的称为"区域"），其属地大约为今贵州西部及云南东南部、广西西北部一带。

㊺小卜：庄蹻部将。率兵远征滇西诸蛮，兵至姚安时，与乌蛮民族发生激战，殁于姚，南诏蒙氏立祠祀之。其墓位于今云南姚安县栋川镇境内下新屯村北。明代《寰宇通志·云南等处承宣布政使司》"姚安军民府"条载："小卜灵岳祠，在姚州西北二十里，昔楚庄蹻之将小卜战死于此。蒙氏时，立庙祠之，土人有祷辄应。"后世姚州方志多有类似的记载。不过，有学者认为其事的真伪尚需进一步考证确定。

㊻不知此说何据。

秦

使常頞通五尺道，置吏。

西　汉

高、惠、文、景时，云南地属庄蹻之后。司马迁《西南夷传》："西南夷君长以什数，夜郎最大。其西靡莫①之属以什数，滇最大……此皆椎结，耕田，有邑聚。其外西自同师②以东，北至叶榆③，名为嶲④、昆明⑤（今丽江通安州），皆编发，随畜迁徙，毋常处，毋君长，地方可⑥数千里"。

武帝建元六年（前 135 年⑦），番阳令唐蒙上书，请通夜郎道。帝许之，拜⑧蒙为中郎将，将千人⑨，食重万余人，从巴、蜀、筰关入，见夜郎侯多同，谕以威德。其旁小邑皆贪汉缯帛，多请内附。蒙还，置犍为郡⑩。因发巴蜀卒数万人治道，指⑪牂牁江⑫。卒多物故逃亡者，用军兴法诛之。巴蜀民大惊恐。帝闻，遣司马相如责蒙等，谕父老以非上谕。相如使还，亦言西夷邛⑬、筰⑭等地近边蜀，可置郡。帝信之。

元光五年辛亥（前 130 年），帝拜司马相如为中郎将，以王然于等为副使，建节乘传。因巴蜀吏币物以赂西南夷，于是邛、筰、冉⑮、駹、斯榆⑯之君，皆请为内臣。除边关，关⑰益斥，西至沫、若水⑱，南至牂牁江，为置一都尉，十余县，⑲属蜀。

叶榆人张叔，天资颖异，读书过目成诵。闻相如至若水造梁，距叶榆二百余里，与同里盛览负笈从之。叔受经，归教乡里。览学赋，著《赋心》四卷。⑳此滇中文学之始也。

元朔三年乙卯（前 126 年），西南夷数反，兵击无功。上患之，使公孙弘往视。还时，盛毁西南夷无所用，帝不听。及筑朔方以据河逐胡，始听弘言，罢西夷，独置南夷两县㉑一都尉。

《滇说》云：阿育王三子留滇，其后有仁果居白崖，号白子国㉒。汉武使博望侯张骞赐仁果玉印，册㉓为王。

元狩元年己未（前 122 年），张骞使大夏㉔还，言居大夏时，见蜀布、邛竹杖，问所从来，曰得之身毒国㉕，此去蜀不远。诚通身毒国，道便近，有利无害。于是天子忻㉖然，欲通身毒国，谋未就，会骞卒。从吏祖其说，争上书，帝乃使王然于、柏始昌、吕越人，四道并出，求身毒国。至滇，滇王尝羌㉗（庄蹻之后）乃留，为求道，皆闭嶲、昆明，莫能达。滇王语汉使曰："汉孰与我大？"夜郎王亦然。使者还，盛称滇大国，足事亲附㉘。天子注意焉。是时，五色云见南中白崖，因称滇为云南。

元狩三年，帝恶昆明数阻汉使，将讨之。以昆明有滇池，乃凿昆明池于长安，命军士习水战。

元鼎五年己巳（前112年），南越相吕嘉杀汉使者及其王兴㉙。诏驰义侯因巴蜀罪人，发南夷兵，下牂牁江，出番禺，会伏波将军路博德、楼船将军杨仆讨之。且兰君恐远行，旁邑掠其老弱，乃与众反，杀使者及犍为太守。

元鼎六年，南越已平，驰义使者发巴蜀罪人。八校尉未下牂牁，即引还。帝命中郎将郭昌、卫广，击且兰，诛之，及其旁国邛君、筰侯，遂平南夷为牂牁郡㉚。夜郎侯惧，遂入朝。天子封为夜郎王。其地冉、駹、白马皆震恐，请臣置吏。乃以邛都为越巂郡㉛，筰为沈黎郡㉜，冉、駹为汶山郡㉝，白马㉞为武都郡㉟。

帝既平南越，徙吕家子孙于永昌。嘉为吕不韦裔，因置不韦县以居之。其后，三国时有吕凯，晋时有吕祥。

武帝既置五郡，乃遣王然于以越㊱破及诛南夷兵威风谕滇王入朝。滇王有众数万人，其旁东北有劳侵㊲、靡莫，皆同姓相扶，未肯听。

元封元年（前110年），中郎将司马迁奉使西征巴蜀南界，略昆明、邛、筰而还。

元封二年壬申，天子命将军郭昌发巴蜀兵击灭劳侵、靡莫，以兵临滇。滇王举国降，请置吏入朝。于是以其地为益州郡，置二十四县（今俱在滇），赐滇王印，仍长其民。

元封六年春，遣使通大夏，昆明夷杀使者，夺币物。乃赦京师亡命，遣郭昌将军以击之，斩首数十万㊳，后复遣使，竟不得通。

昭帝始元元年乙未（前86年），益州廉头、姑缯民反。㊴大将军光白帝，㊵遣水衡都尉㊶吕破胡㊷发蜀郡、犍为兵万余人，击㊸破之。

始元四年，姑缯纠叶榆复反，复遣吕破胡讨之。破胡顿兵不敢进，蛮遂杀益州太守，乘胜攻破胡，汉兵死者四千余人。

始元五年，遣军正王平、大鸿胪田广明统兵并进。广明风句町㊹侯亡波㊺共引兵攻滇，斩捕五万余级。捷闻，封亡波为句町王，赐广明爵关内侯（句町，本临安）。

宣帝神爵元年（前61年），方士盛言益州金马、碧鸡之神可祷祀而致。帝遣谏议大夫王褒，持节往求之。是时，南蛮久叛，道阻，乃就蜀郡移文㊻醮祭，及还，道病卒。

成帝河平二年甲午（前27年），夜郎王（在贵州遵义之间，相传为竹王后裔，其先破竹而生）兴与句町王禹、漏卧侯俞举兵相攻。议者以为道远不可击，乃遣太中大夫[47]张匡持节和解。兴等不从命。杜钦说大将军王凤："阴敕旁郡守御，练士马，大司农豫调谷积要害处，选任职太守往，以秋凉时入，诛其王侯尤不轨者。……及[48]已成形然后战师[49]，则万姓被害。"凤从钦说，荐陈立为牂牁太守。立，前为连然长、不韦令，蛮畏之。及至郡，谕告夜郎王兴，犹不从。立乃从吏数十人出行[50]县，至兴国且同亭，召兴。兴将数千人往至亭，同诸邑君入见。立数责兴，断其头。侯、俞皆震恐，入粟千斛及牛羊劳吏士。立还郡，兴妻父翁指与兴[51]子邪务收余众，迫胁旁二十二邑复反，扼险为垒。立使奇兵绝其饷道，遣都尉万年前进战，立引兵继之。时天旱[52]，立攻绝其水道。蛮夷共[53]斩翁指，持首出降，威震南裔。征诣京师，赐爵左庶长，赐金四十斤。

孺子婴初始元年戊辰（前8年），王莽篡汉，四夷借王号者皆更为侯，于是诸蛮怨恨。牂牁大尹周钦[54]诈杀句町王邯，邯弟承又攻杀钦。

王莽伪天凤（14年—19年）中，滇王及夜郎王皆叛，前后遣将军冯茂、廉丹发兵击之，皆不克。越嶲蛮[55]任贵有勇略，太守枚根用为军侯。及新市、平林兵起，[56]各郡杀太守应之。于是贵攻杀根，自立为邛谷王，以城降于公孙述[57]。同时有文齐者，广汉人，为益州太守，以文德化导，修障塞，起陂池[58]，垦田二千[59]余顷，降集蛮夷，甚得其和。公孙述屡招之，齐独据险不与通，述拘其妻子，许以封侯。齐练兵保境，终不为屈。

【注释】①靡莫：《史记索隐》："夷邑名，滇与同姓。"古代少数民族区域名（亦有的称为"民族"），其地大约为今云南昆明市以北、滇池以东一带。

②同师：地名。诸说不一，多认为是指滇西某地。

③叶榆：地名。指今云南大理。

④嶲：同"巂"。具体所指，众说不一，当代史记研究名家韩兆琦认为，它是地域名，大致在今云南保山市北部。参见韩兆琦《〈史记〉评注本》。

⑤昆明：具体所指，众说不一，韩兆琦认为，此处的"昆明"，是一少数民族地域名，其范围大致包括今云南楚雄以西，保山以东，洱海以南。参见《〈史记〉评注本》。

⑥可：原抄本无，今据《史记·西南夷列传第五十六》补。

⑦校注者注。下文同。需指出的是，每个年号不论在文中出现几次，只在首次出现时注上西元的年代，其余皆不标注，如文中出现的元封元年、元封二年、元封六年，仅在元封元年后标注上西元的年代。

⑧拜：原抄本无，今据《史记·西南夷列传第五十六》补。

⑨千人：原抄本作"三千人"，联系下文"食重万余人"来考虑，不妥，故据《史记·西南夷列传第五十六》改。

⑩犍为郡：郡名。《汉书·地理志第八上》载："武帝建元六年开。莽曰西顺。属益州。户十万九千四百一十九，口四十八万九千四百八十六。"辖武阳、南安、朱提等十二县。关于其治所，《华阳国志校注·蜀志·犍为郡》载："犍为郡，孝武建元六年置，时治鳖（今贵州遵义），其后县十二，户十万。鳖，故犍为地也。"元光五年（公元前130年），移治南广县。昭帝始元元年（公元前86年），再迁治僰道城（今四川宜宾市市区）。

⑪指：原抄本作"诣"，今据《史记·西南夷列传第五十六》改。

⑫牂柯（zāngkē）江：指今之北盘江。西江上源之一。发源于云南东北部，流经贵州西南部，在贵州省望谟县蔗香附近和南盘江汇合后称红水河，全长449千米。

⑬邛：也称邛都。地名。在今四川西昌市。原抄本作"筇"，今据《史记·西南夷列传第五十六》改。下同。

⑭筰：也称筰都。地名。在今四川汉源县。

⑮冉：与"駹"俱为古族名，亦是古域名，约在今四川茂汶地区。

⑯斯榆：汉代西南夷之一支，亦国名，在今西昌县境。

⑰关：原抄本无，今据《史记·司马相如列传第五十七》补。

⑱沫、若水：沫水，今大渡河；若水，今雅砻江。

⑲十余县：《汉书·卷二十八》上曰："蜀郡……县十五：成都，郫，繁，广都，临邛，青衣，江原，严道，绵虒，旄牛，徙，湔氐道，汶江，广柔，蚕陵。"

⑳今人刘小兵据晋人《西京杂记》认为，盛览并没有著《赋心》。详见刘小兵《滇文化史》。

㉑两县：据《史记·西南夷列传第五十六》载，其一为夜郎县，一为南夷县。

㉒白子国：关于其是否存在，学术界众说纷纭，一般认为它仅是传说中的地方古国。相传它起于战国，终于隋唐，其领地主要在今天的云南省弥渡县境内。胡蔚《南诏野史》上卷《白子国》载："汉武帝通西南夷，遣使至滇，求身毒国。滇王尝羌问使者曰：'汉孰与我大?'使者还报，武帝怒其言不逊。时白崖国蒙苴颂之后，天竺国白饭王之裔仁果者，为众所推立于白崖。武帝乃册封仁果为王，号白子国。后迁于澄江（今澄江府）。迨龙佑那继之，号建宁国。又一说：白子国之先，有阿育国，王能乘云上天，娶天女，生三子，长季二子封于金马、碧鸡，独封仲子于苍洱之间，崇奉佛教，不茹荤，日食白饭，人因称为白饭王。迨后有仁果者，汉封为滇王，号白子国。又十五世至龙佑那，后汉诸葛武侯南征，次白崖，以佑那为酋长，赐姓张氏，仍统其民，号建宁国。"

㉓册：原抄本作"策"，今改。

㉔大夏：中亚古国名。《史记·大宛列传第六十三》载："大夏在大宛西南二千馀里妫水南。其俗土著，有城屋，与大宛同俗。无大君长，往往城邑置小长。其兵弱，畏战。善贾市。及大月氏西徙，攻败之，皆臣畜大夏。大夏民多，可百余万。其都曰蓝市城，有市贩贾诸物。其东南有身毒国。"

㉕身（juǎn）毒国：印度的古译名之一。唐玄奘《大唐西域记·印度总述》："详夫天竺之称，异议纠纷，旧云身毒，或曰贤豆，今从正音，宜云印度。"

㉖忻：同"欣"。

㉗尝羌：原抄本作"常羌"，今据《史记·西南夷列传第五十六》改。

㉘足事亲附：值得花力气招纳，令其归附。

㉙兴：指南越王赵兴。

㉚牂牁郡：亦称"牂柯郡"。《汉书·地理志第八上》载："牂柯郡，武帝元鼎六年开。莽曰同亭。有柱蒲关。属益州。户二万四千二百一十九，口十五万三千三百六十。"辖故且兰、鳖、平夷、毋敛、漏卧等十七县。治故且兰（其地说法不

一，有今贵州贵阳市附近、福泉市一带、黄平一带、凯里西北等多种观点）。

㉛越嶲郡：郡名。《汉书·地理志第八上》载："越嶲郡，武帝元鼎六年开。莽曰集嶲。属益州。户六万一千二百八，口四十万八千四百五。"辖邛都、遂久、定筰、青蛉等十五县。治邛都（在今四川西昌县东）。《汉书·西南夷两粤朝鲜传第六十五》为"粤嶲郡"。

㉜沈黎郡：郡名。治筰都（在今四川汉源县北）。

㉝汶山郡：郡名。治汶江（今四川茂汶羌族自治县）。辖绵虒等五县。《汉书·西南夷两粤朝鲜传第六十五》为"文山郡"。

㉞白马：原抄本作"白虎"，今据《史记·西南夷列传第五十六》改。

㉟武都郡：郡名。《汉书·地理志第八下》载："武都郡，武帝元鼎六年置。莽曰乐平。户五万一千三百七十六，口二十三万五千五百六十。"辖武都、故道、河池等九县。治武都（在今甘肃武都县北）。

㊱越：原抄本置于"破"字之后，今据《史记·西南夷列传第五十六》改。

㊲劳侵：又作"劳寝"、"劳浸"。

㊳十万：原抄本作"千万"，太过于夸张，显系错误，今据《资治通鉴·卷第二十一》改。

㊴益州廉头、姑缯民反：原抄本在"益州"后有"牂牁"一词，而《汉书·西南夷两粤朝鲜传第六十五》所载则是"孝昭始元元年，益州廉头、姑缯民反，杀长吏。牂柯、谈指、同并等二十四邑，凡三万余人皆反"，故删。廉头、姑缯，益州郡的两个部落或聚邑名。其地不祥。

㊵大将军光白帝：此句在《汉书·西南夷两粤朝鲜传第六十五》、《汉书·昭帝纪第七》、《资治通鉴·卷第二十一三》无，但《滇考校注·鉤町侯》和《滇史》卷二有，只是在"光"前多一"霍"字。光，指霍光。

㊶水衡都尉：掌上林苑，有五丞。原抄本为"水衡校尉"，《滇考校注·鉤町侯》同，但《汉书·西南夷两粤朝鲜传第六十

五》、《汉书·昭帝纪第七》、《华阳国志校注·南中志·总序》和《滇史》卷二皆为“水衡都尉”，且西汉职官中无“水衡校尉”一职，故改。

㊷吕破胡：《汉书·西南夷两粤朝鲜传第六十五》于此处不具名，在下文中则为“吕辟胡”。

㊸击：《汉书·西南夷两粤朝鲜传第六十五》中为“大”。

㊹句町：古国名（又说是古县名、古部落名），治所在今云南广南县境内。《汉书·地理志第八上》和《汉书·王莽传第六十九中》作“句町”，《汉书·昭帝纪第七》、《汉书·西南夷两粤朝鲜传第六十五》作“鉤町”。《汉书》王先谦补注言：“句町，牂牁县，在今临安府通海县东北五里。”

㊺亡波：原抄本作“毋波”，今据《汉书·西南夷两粤朝鲜传第六十五》、《华阳国志校注·南中志·总序》改。下同。

㊻据载，王褒奉命前来蜻蛉县途中，在邛都（今四川西昌）病重期间，写有《移金马碧鸡文》一文，全文如下：“持节使王褒，谨拜南崖，敬移金精神马、缥碧之鸡，处南之荒，深谿回谷，非土之乡，归来归来，汉德无疆，广乎唐虞，泽配三皇，黄龙见兮白虎仁，归来归来，可以为伦，归兮翔兮，何事南荒也。”（引自方国瑜编《云南史料丛刊》）。

㊼太中大夫：原抄本为“大中大夫”，今据《汉书·西南夷两粤朝鲜传第六十五》改。

㊽及：原抄本为“如”，今据《汉书·西南夷两粤朝鲜传第六十五》改。

㊾师：原抄本缺，今据《汉书·西南夷两粤朝鲜传第六十五》补。

㊿行：原抄本为“得”，今据《汉书·西南夷两粤朝鲜传第六十五》改。

(51)兴：原抄本缺，为免歧义，今据《汉书·西南夷两粤朝鲜传第六十五》增。

(52)旱：原抄本为“早”，今据《汉书·西南夷两粤朝鲜传第六十五》改。

(53)共：原抄本为“其”，今据《汉书·西南夷两粤朝鲜传第六十五》改。

(54)大尹周钦：原抄本为“太守尹钦”，今据《汉书·西南夷两粤朝鲜传第六十五》改。大尹，新莽时期郡太守职官名。《汉书·王莽传第六十九中》云：“改郡太守曰大尹。”

(55)越嶲蛮：《汉书·西南夷两粤朝鲜传第六十五》为“粤嶲蛮”。

(56)及新市、平林兵起：《辞海》：“新市兵：新莽未绿林起义军的一支。以王匡、王凤等为首。地皇三年（22 年）绿林军分别转移，他们进入南阳（治今河南南阳）地区活动。王匡、王凤都是新市（今湖北京山东北）人，故称‘新市兵’。同年，与平林、下江兵会合。”“平林兵：新莽末绿林起义军的一支，以陈牧、廖湛为首。地皇三年（22 年），聚众千余人响应新市兵，在平林（今湖北随州东北）起义，称‘平林兵’。同年与本属绿林军的新市、下江兵会合。”

(57)公孙述：两汉间政治人物。字子阳。扶风茂陵（今陕西兴平县）人。王莽篡汉，他受任为导江卒正（即蜀郡太守）。王莽末年，其遂自称辅汉将军兼领益州牧。东汉光武帝建武元年（25 年），乃自立为帝，国号“成家”，自称“白帝”，建元龙兴。后为东汉军队所诛灭。

(58)陂池：池沼，池塘。

(59)二千：原抄本为“三千”，今据《后汉书·南蛮西南夷列传第七十六》改。

东　汉

世祖初即位，牂牁大姓龙、傅、尹、董氏与郡功曹谢暹保境土为汉，自番禺江出，奉贡于朝。益州太守文齐亦遣使同行。世祖嘉之，既平公孙述，征齐为镇远将军，封成义侯。道病卒。越嶲任贵亦遣使上三年计，天子仍以贵为越嶲太守，授印绶。

滇自王莽之乱，西南诸蛮夷反叛为常。建武十八年① （42 年），滇王属侯渠帅栋蚕与姑复、叶榆、弄栋、连然、滇池②、建伶、昆明诸种皆叛，杀长史。太守繁胜与战而败，退保朱提③。世祖光复未久，不遑远征。

建武十九年癸卯，遣武威将军刘尚等发广汉、犍为、蜀郡兵及朱提夷，合一万三千人击之。渡泸水，路由越嶲。太守任贵疑尚既定乱，威法必行，已不得自放纵，遂酿毒酒④，欲先以劳军，因袭击尚。尚觉，分兵掩贵，诛之，然后引大兵入滇。群蛮闻汉军至，皆弃垒奔走。二十年，尚等连与栋蚕等大战数月，滇王退兵昆明，尚追至不韦，斩栋蚕首，掳生口⑤、马、牛、羊甚众，群蛮悉平。

建武二十七年辛亥，哀牢夷内附。考《永昌郡志》：哀牢出自九隆，九隆之后曰禁高，高传子吸⑥，吸传子建非，非传子哀牢⑦，牢传子桑藕，藕传子柳承。自柳承以前，俱分立小王，散居山谷，未尝通中国。柳承传子扈贤栗。⑧

建武二十三年，遣兵乘箄⑨南下江、汉，击附塞夷鹿茤⑩，擒之。忽疾雷风雨，水为逆流，翻涌二百余里，箄船沉没，哀牢之众，溺死数千人。贤栗愤甚，复益兵，遣其兄弟六王将万人以攻鹿茤。鹿茤悉力与战，杀其六王，哀牢父老共埋之，复被虎食。贤栗惶恐。

广汉郑纯方为西部都尉，化贤蛮貊，君长感戴，皆献土珍，颂其德。天子嘉之，乃擢为永昌太守。纯益励清操，丝毫不扰，与诸夷人约，岁输布贯头衣⑪二领、盐一斛，以为常赋⑫，夷俗安之。自为都尉及太守凡⑬十年，卒。

永平十七年甲戌⑭（74年），益州刺史朱辅宣示汉德，威怀远夷，前世正朔所未加，白狼、槃木等百余国皆称臣奉贡。白狼王唐菆作诗三章⑮，颂汉德。辅使译而献之。是岁，叶榆等六处，亦献贡。

章帝建初六年丙子（76年），哀牢王类牢（柳貌子）反，攻博南，燔庐舍，滇西震恐。永昌太守王寻奔叶榆。诏永昌、益州、越嶲三郡兵，募土夷，讨之。二年，昆明蛮卤承等应募，合诸郡兵击类牢于博南，大破斩之。传首洛阳，帝封卤承为破虏傍⑯邑侯，赐帛万匹。哀牢之后，从此益衰。

元和二年乙酉（85年），滇池现龙马四、白鸟一，甘露降，云南县有神鹿两头，诏列郡建学。

和帝永元六年甲午（94年），永昌徼外夷敦忍乙王莫延慕⑰，遣使译献犀牛、大象。

永元九年，徼外蛮及掸国⑱王雍由调遣⑲重译献珍贡，赐以金印、紫绶，小君长皆加印绶、钱帛。

永元二十年庚子，旄牛徼外白狼、楼薄蛮夷王唐缯甘归义。

安帝永初元年丁未（107年），徼外僬侥⑳种㉑夷陆类等三千余口内属，献象牙、水牛、封牛㉒。

元初二年乙卯（115 年），青衣道夷邑长令田，与徼外三种夷㉓三十一万口，赍黄金、牦牛毦内属，乃赠令田爵号㉔为奉通邑君。

元初三年，越巂徼外夷㉕大羊等亦慕义内属。朝贡之盛，过于西汉，使传往来，赋敛烦数，㉖长吏克剥，蛮众不堪。

元初四年丁巳十二月，㉗越巂卷夷大牛种封离，遂率其众寇遂久（县名），杀县令。永昌、益州及蜀郡夷皆叛应之，众至十余万。㉘

元初五年，遣中郎将尹就发蜀汉兵讨之。就不戢士卒，所过虐害，益州人有"虏来尚可，尹来杀我"之谚。㉙就引兵与蛮战，败绩。封离乘胜破二十余县，杀长吏，焚邑郭，劫掠百姓，骸骨委积，千里无人。帝闻，征就还，命以兵付益州刺史张乔，选将吏讨之。

元初六年己未，乔以从事杨竦有胆略，乃遣竦将兵至叶榆。贼众盛甚，竦兵少，先以诏书告示三郡，购来武士，于是三郡皆归。竦乃进兵与封离等战，大破之，斩首三万余㉚级，获生口千五百人，资财四千余万㉛，悉以赏有功军士。封离等惶恐，斩其同谋渠帅，诣竦乞降，竦厚加慰。旬日之间，三十六部悉来降附。竦因奏长史奸滑、侵扰者九十余人，黄绶六十人，皆减死论。诸郡悉平，功未及上，竦创卒，乔深痛惜之，乃刻石勒铭，图其像祀之（竦，成都人）。

永宁元年庚申（120 年），掸国王雍由调复遣使朝贺，献乐及幻人，能变化吐火，自支解，易牛马头，又善跳丸，数乃至千㉜。幻人自言海西人，即大秦㉝黎轩国㉞，在掸国西南。明年元会，帝作所献乐于廷，封雍由调为汉大都尉，赐印绶、金银、缯彩有差。

桓帝延熹九年丙午（166 年），大秦黎轩国王安敦遣使从日南㉟徼外进献象牙、犀角、玳瑁。

灵帝熹平五年（176 年），永昌太守曹鸾上书请赦党人。㊱帝大怒，诏收鸾下狱，掠杀之。是年益州蛮叛，执太守雍陟，诏以李颙为太守，与刺史庞芝㊲发板楯蛮㊳击破平之。颙卒，复叛。广汉景毅为太守，讨定诸蛮。毅初到，米斛万钱，追后减至数十云。

【注释】①建武十八年：即 42 年，原抄本为"建武初年"，今据《后汉书·南蛮西南夷列传第七十六》改。

②滇池：原抄本缺，今据《后汉书·南蛮西南夷列传第七十六》补。

③朱提：古地名。汉武帝时置县，治所在今云南昭阳区境内。后立为郡。南朝梁废。唐武德初置安上县，不久复改为朱提县，天宝中地入南诏，移治今四川宜宾县安边镇西南。唐末废。

④毒酒：原抄本为"毒芦酒"，《滇史》卷二同，今据《后汉书·南蛮西南夷列传第七十六》、《资治通鉴·卷第四十三》、《滇考校注·新汉之间》等改。

⑤生口：俘虏，奴隶。

⑥吸：原抄本作"汲"，今据《后汉书·南蛮西南夷列传第七十六》李贤《注》引《哀牢传》改。下同。

⑦哀牢：原抄本作"安乐"，今据《后汉书·南蛮西南夷列传第七十六》李贤《注》引《哀牢传》改。下同。

⑧柳承传子扈贤栗：《后汉书·南蛮西南夷列传第七十六》李贤《注》引《哀牢传》则为"柳承死，子柳貌代；柳貌死，子扈栗代"。

⑨箄：一种大竹船。原抄本作"禅"，今据《后汉书·南蛮西南夷列传第七十六》改。下同。

⑩鹿茤：少数民族名。《后汉书·南蛮西南夷列传第七十六》李贤《注》："茤音多，其种今见在。"

⑪贯头衣：服装的一种。它"大致用整幅织物拼合，不加裁剪而缝成，周身无袖，贯头而着，衣长及膝"（沈从文《中国服饰史》）。即在布上挖一个洞，将它从头上套下来，然后用带子系住垂在两腋下的布，再配上类似于裙子之类的下装。其做法相当简单，但相当实用。一般认为，它是人类纺织产生后最初的服饰形式。

⑫赋：原抄本无，今据《后汉书·南蛮西南夷列传第七十六》补。

⑬凡：原抄本作"几"，但《后汉书·南蛮西南夷列传》中有"纯自为都尉、太守，十年卒官"之说，故改之。

⑭甲戌：原抄本作"甲戌"，今改。

⑮三章：即著名的《远夷乐德歌诗》、《远夷慕德歌诗》、《远夷怀德歌（诗）》，合称《白狼歌》，又称《白狼王歌》。其共有44句，每句4字，共176字。是现存反映藏缅语族语言

特点的最早的历史文献，对研究藏缅语族语言有较大的历史价值。《后汉书·南蛮西南夷列传第七十六》有载。

⑯傍：原抄本为"旁"，今据《后汉书·南蛮西南夷列传第七十六》改。

⑰莫延慕：原抄本无"延慕"二字，今据《后汉书·南蛮西南夷列传第七十六》补。

⑱掸国：缅甸境内的古国。亦称"擅国"，汉语古音"掸"为"擅"。故地在今缅甸东北掸邦一带。

⑲遣：原抄本无，今据《后汉书·南蛮西南夷列传第七十六》补。

⑳僬侥：或作"焦侥"，始见于《国语·鲁语》，其后《史记》、《后汉书》、《山海经》、《列子》、《括地志》诸书中有所记载，皆说其人身材矮小。《山海经·大荒南经》记载："有小人名曰僬侥之国。"《海外南经》所记略同。《史记·大宛列传第六十三》正义引《括地志》云："小人国在大秦南，人才三尺……即焦侥国"。方国瑜引证李长传《南洋史纲》说："小黑人，后印度（中印半岛）之原住民，人种学家名曰小黑人，属尼格罗系（Negritos）。身躯短小，肤色黝黑，在有史以前，居住半岛，自他族徙入，遂见式微。"认为永昌徼外僬侥夷，当即古之小黑人。参见方国瑜《中国西南历史地理考释》上册，第216页。

㉑种：原抄本无，今据《后汉书·南蛮西南夷列传第七十六》补。

㉒封牛：也叫"峰牛"、"犎牛"。一种颈上有肉隆起的牛。

㉓夷：原抄本无，今据《后汉书·南蛮西南夷列传第七十六》补。

㉔号：原抄本无，今据《后汉书·南蛮西南夷列传第七十六》补。

㉕夷：原抄本无，今据《后汉书·南蛮西南夷列传第七十六》补。

㉖赋敛烦数：原抄本作"赋欲繁数"，今据《后汉书·南蛮西南夷列传第七十六》改。

㉗元初四年丁巳十二月：《滇考校注·杨竦讨封离》中为"元

初四年十二月”，《滇史》卷二为“是年（元初四年）冬十二月”，它们所记载的时间与此处完全相同，但是，在《后汉书·南蛮西南夷列传第七十六》中，该时间则为“（元初）五年”。由于前面二书所记载的时间更为详细具体，作者似乎有充足的理由，故此处没有按《后汉书》将“四年”改为“五年”。

㉘ “永昌、益州及蜀郡夷皆叛应之”二句：对该事件发生的时间，《滇考校注·杨竦讨封离》所载与之相同，但《滇史》卷二中则说是发生在“元初五年”，《后汉书·南蛮西南夷列传第七十六》中更是为“元初六年（‘明年’）”。此处没有按《后汉书》改。

㉙ “元初五年”六句：《后汉书·南蛮西南夷列传第七十六》中并没有明确尹就讨伐一事的具体时间。虏，原抄本作“寇”，今据《后汉书》改。

㉚ 余：原抄本无，今据《后汉书·南蛮西南夷列传第七十六》补。

㉛ 四千余万：原抄本作“四十余万”，今据《后汉书·南蛮西南夷列传第七十六》改。

㉜ 千：原抄本作“十”，今据《后汉书·南蛮西南夷列传第七十六》改。

㉝ 大秦：古代中国对罗马帝国及近东地区的称呼。《后汉书·西域传》载：“大秦国，一名犁鞬，以在海西，亦云海西国。地方数千里，有四百余城。小国役属者数十。以石为城郭。列置邮亭，皆垩堊之。有松柏诸木百草。人俗力田作，多种树蚕桑。皆髡头而衣文绣，乘辎軿白盖小车，出入击鼓，建旌旗幡帜。”

㉞ 黎轩国：西域古国名。亦作犁靬、犁鞬、牦靬、骊靬，皆同音异字。首见于《史记·大宛列传第六十三》。其具体所指，学界多年来议论纷纭，有瑞克姆说、刺伽说、希尔尼亚说、叙利亚说，等等。

㉟ 日南：汉郡名。汉武帝时设立，在今越南中部。东汉末以后，为林邑国所有。

㊱ 永昌太守曹鸾上书请赦党人：《资治通鉴·卷第五十七》载：

“闰月，永昌太守曹鸾上书曰：‘夫党人者，或耆年渊德，或衣冠英贤，皆宜股肱王室，左右大猷者也；而久被禁锢，辱在涂泥。谋反大逆尚蒙赦宥，党人何罪，独不开恕乎！所以灾异屡见，水旱荐臻，皆由于斯。宜加沛然，以副天心。’”

㊲庞芝：原抄本作“庞之”，今据《后汉书·南蛮西南夷列传第七十六》改。

㊳板楯蛮：古族名。古代巴人的一支。又称白虎夷、白虎复夷、賨人和巴人。主要有罗、朴、督、鄂、度、夕、龚七姓。善弩射，长于狩猎。秦汉时分布在巴郡一带，沿今嘉陵江居住。因使用木板为楯，冲锋陷阵而得名。

后　汉

献帝末年，益州太守董和贡①俞元（今澄江府）李恢于蜀，未至，值先主自葭萌还，恢托名郡吏，北至绵竹迎谒。先主嘉之，遣至汉中交好马超。超来归，以恢为功曹，迁别驾从事。先主既定成都，以邓方为朱提太守、庲降都督。方轻财果毅，夷汉服其威信。

章武②元年（221 年），邓方卒，先主与李恢议代方者，恢自举，遂以恢为庲降都督，领交州刺史，驻平夷县③（今为卫），威名大振。

章武三年癸卯，先主崩于白帝城，南方骚动，益州耆帅雍闿恩信颇著，部下蛮孟获有勇略，闿恃之，因谋叛。

后主建兴元年癸卯（223 年），蜀郡从事常颀④方行部南入，知闿跋扈，以都护李严书晓谕之，前后八纸皆不省，惟答一纸，词甚桀骜。⑤颀至牂牁，闻郡丞朱褒有异志，收郡主簿考讯，杀之。褒怒，攻杀颀，诬以谋反。雍闿闻之，亦杀太守正昂⑥，而诈言昂病卒，又使孟获煽诱诸夷，牂牁、越嶲皆叛。丞相孔明以新遭大丧，未遑征讨，务农殖谷，民安食足，然后用之。

建兴三年，汉以张裔为益州太守，雍闿执之，缚送于吴，复给诸蛮叟曰：“官欲得乌狗三百头⑦，膺前⑧尽黑，螨脑⑨三斗，斲木⑩构三丈者三千枚，汝能办⑪否？”夷信为然，遂从闿反。复结越嶲夷⑫王及牂牁丞朱褒同叛。吴遥署闿为永昌太守。功曹吕凯（不韦后）、郡臣王伉率厉士民，闭境拒守。闿不能进，移檄招之。凯答书劝其改图，⑬闿不听。是时，昆明、东川、武定、乌撒、沾蒙，尽为闿、获占据，地方数千里，惟永昌不下。闿遣孟获屡攻之，凯、伉坚守不能克。

建兴三年三月，诸葛丞相率众南征。参军马谡郊饯，[14]丞相询服蛮良规，谡言愿服其心，丞相深然之。议分兵三路入：遣马忠为牂牁太守，攻朱褒；李恢向益州；丞相亲率步骑入越嶲。恢得檄，趋益州，诸县皆获党，纠合围恢于昆明。时恢众少，以计绐南人，围稍懈，[15]督兵出击，大破之，追至盘江，令人报马忠，与丞相大师声势相连矣！牂牁酋长火济[16]亦率其诸部，为汉兵刊山通道，聚粮以供军。丞相悦，命为水西帅，从征。越嶲高定闻大兵将至，保境自守。丞相用间，使其部曲杀雍闿于建宁，孟获收余众，代闿为主以拒汉。五月，丞相渡泸水，进益州，师次白崖，闻孟获为蛮汉所服，募生致之，遂擒获，使观营阵，纵去。[17]获引所部至银坑獴狗洞（在邓川东），拒险自守。丞相进兵攻击，破之，再擒获，复纵之。获退保佛光寨，恃险坚壁。汉军不得入，乃潜师由漾濞川而北，遇毒泉，得药苗解之。绕出获寨后，贼众惊以为神，遂三擒获，仍纵去。丞相驻师点苍山之麓，登览形势，获北徙浪渠（今澜沧卫），有山虎形，常出为祟。丞相祭祷，令众断其山为三，已而进兵，遇获，一鼓擒之，遣人传语曰："吾无面目见尔！"命释之。获因南走庆甸，甸本名百濮，获之宗党所居。丞相追之，道险远，无饷，饥困，[18]会髳州夷蛮从赕北运养、荻至，赖以济军。庆甸人谓："丞相仁德远被，逆天不祥"，于是开壁纳我师，获又就擒。丞相曰："此亲戚叛之也。"复纵之。获欲入哀牢，纠合诸蛮，而庆甸既下，永昌道通，大军俱渡江，与吕凯等会，树旗台，按八门，休养军士，教夷蛮以牛代刀耕，人心大悦。获计穷，复入骠国[19]，驱象来战。汉兵预备狮、虎状蒙之，用火攻，象皆反奔，贼众大败，追至怒江，六擒之，犹纵之去。获至是无所投，遂携重赂入缅夷、木鹿等国，借安都鲁兵，皆藤帽藤甲，不畏刀剑。汉兵与战，少却，见夷兵渡水以甲胄为筏，丞相知其不利于火，来日与战，诱入山谷中，举火焚之，蛮无噍类[20]焉！军士擒获至，丞相仍遣去。获止，叩首曰："丞相天威也，南人不复反。"乃于普坎[21]立南征碑纪绩。班师至永昌，断九隆山脉，以泄王气。回驻白崖，立铁柱镇诸蛮，与誓曰："碑若仆，蛮为汉奴。"又遣副将略定兴古、朱提等地，南中悉平。于是，改益州为建宁郡[22]，分建宁、永昌置云南郡[23]，又分建宁、牂牁置兴古郡[24]，并越嶲、朱提，共为七郡，皆即其渠帅[25]而用之。求仁果十五[26]世孙龙佑[27]那以为建宁酋长，赐姓张氏。表吕凯、王伉之功，以凯为云南太守，以伉为永昌太守，马忠、李恢分领牂牁、建宁，别将王平、张翼、句扶等皆封亭侯。汉寿亭侯少子关索以骁勇前驱，功亦著，南人至今祀之，史失其名。是役也，李恢之功为最，孰谓天南无人哉！

建兴十一年，张翼为庲降都督，持法严，不得夷汉之欢心。耆帅㉘刘㉙胄背叛㉚，翼率兵讨之，未能克。南中宿将为诸蛮所畏服者，惟李恢、马忠。是时，恢已卒，丞相以忠为都督代翼，且征翼入蜀。人谓翼宜急还，翼不听，运粮积谷，为灭贼资，代至乃发。马忠遂因其资，遣将军张嶷等进讨，斩刘胄。忠以功加奋威将军㉛，封博阳亭侯，嶷、翼升赏有差。其后，牂柯、兴古獠种复反，忠令嶷讨降之。

延熙三年庚申（240年），以张嶷为越巂太守。越巂自雍闿乱后，诸蛮数反，杀太守龚禄、焦璜，其后太守不敢之任，离郡八百里，住安定县，久失土地，惟拥虚名。嶷有智略果勇，既受命，即领所部之旧郡，以恩信诱诸蛮。北徼捉马骁劲，不承节度，嶷与马忠谋，亲自往讨，生缚其帅魏狼㉜，蛮尽降服。嶷又诛斯都帅李求承㉝，戮定莋㉞帅豪狼岑㉟，杀苏祁㊱邑君冬逢而宥其妻，使劝谕牦羊，以通成都旧道。凡在郡十九年，加抚戎将军、关内侯。自嶷守越巂，而永昌、云南、建定诸郡使臣，络绎如履坦道，与马忠俱以功名终，祠祀其地。

延熙㊲中，永昌夷叛。命副都督霍弋率偏师讨之，斩其豪帅，先后领永昌、建宁太守，加安南将军，其为夷人畏服如忠、嶷云。自魏灭后汉，迄于六朝，中国多故，南中郡县不过羁縻而已。

【注释】①贡：推荐，荐举。

②章武：刘备的年号。高奣映在后汉这部分采用的是蜀汉的年号，表明他和许多人一样，奉蜀汉政权为正宗。

③平夷县：原抄本无"夷"，今据《三国志·蜀书十三·李恢传》增。

④常颀：《三国志·蜀书三·后主传》裴《注》引《魏氏春秋》作"常房"。

⑤"惟答一纸"二句：《华阳国志校注·南中志·总序》载："闿答曰：'愚闻天无二日，土无二王。今天下派分，正朔有三，远人惶惑，不知所归。'其傲慢如此。"

⑥正昂：原抄本为"成昂"，《滇考校注·诸葛武乡侯南征》为"郑昂"，今据《三国志·蜀书十三·马忠传》改。

⑦头：原抄本无，但后文皆有"斗"、"枚"等量词，为统一，

故据《华阳国志校注·南中志·总序》增。

⑧膺前：胸前。原抄本无"前"字，今据《华阳国志校注·南中志·总序》增。

⑨蟎脑：其义不明。刘琳《华阳国志校注》认为或是"玛瑙"之谓；曹学佺《蜀中广记》卷五引此作"鳖"，谓即左思《蜀都赋》中"鳖蜻山栖"之"鳖蜻"，刘逵注："鸟名也，如今之所谓山鸡，其雄色斑，雌色黑"；《滇考校注》则直接将"蟎"解释为"一种动物，体积甚小"。

⑩斯（zhuó）木：一种质地坚硬，长得弯曲的树木，最高的不超过二丈。

⑪办：原抄本作"辩"，今据《华阳国志校注·南中志·总序》改。

⑫夷：《滇考校注·诸葛武乡侯南征》为"彝"。

⑬凯答书劝其改图：答，原抄本为"谷"，今改。《三国志·蜀书十三·吕凯传》载："凯答檄曰：'天降丧乱，奸雄乘衅，天下切齿，万国悲悼，臣妾大小，莫不思竭筋力，肝脑涂地，以除国难。伏惟将军世受汉恩，以为当躬聚党众，率先启行，上以报国家，下不负先人，书功竹帛，遗名千载。何期臣仆吴越，背本就末乎？昔舜勤民事，陨于苍梧，书籍嘉之，流声无穷。崩于江浦，何足可悲！文、武受命，成王乃平。先帝龙兴，海内望风，宰臣聪睿，自天降康。而将军不睹盛衰之纪，成败之符。譬如野火在原，蹈覆河冰，火灭水泮，将何所依附？曩者将军先君雍侯，造怨而封，窦融知兴，归志世祖，皆流名后叶，世歌其美。今诸葛丞相英才挺出，深睹未萌，受遗托孤，翊赞季兴，与众无忌，录功忘瑕。将军若能翻然改图，易迹更步，古人不难追，鄙土何足宰哉！盖闻楚国不恭，齐桓是责，夫差僭号，晋人不长。况臣与非主，谁肯归之邪？窃惟古义，臣无越境之交，是以前后有来无往。重承告示，发愤忘食，故略陈所怀，惟将军察焉。'"

⑭参军马谡郊饯：《滇考校注·诸葛武乡侯南征》作"后主亲饯于郊"，《三国志·蜀书十三·马谡传》裴《注》引《襄阳记》："建兴三年，亮征南中，谡送之数十里"。《资治通鉴·卷第七十》载："汉诸葛亮率众讨雍闿等，参军马谡送

滇鉴

之数十里。"它们都没有说或者没有明确地说马谡郊饯诸葛亮，不知高氏所据何处。饯，原抄本作"钱"，不通，今改。

⑮"时恢众少"三句：《三国志·蜀书十三·李恢传》载："时恢众少敌倍，又未得亮声息，绐谓南人曰：'官军粮尽，欲规退还，吾中间久斥乡里，乃今得旋，不能复北，欲还与汝等同计谋，故以诚相告。'南人信之，故围守怠缓。"

⑯火济：彝族酋长，又称火阿济、济火、济济火，彝名妥阿哲（则、者），官称闽君。

⑰"使观营阵"二句：《三国志·蜀书五·诸葛亮传》裴《注》引《汉晋春秋》载："既得，使观于营陈之间，问曰：'此军何如？'获对曰：'向者不知虚实，故败。今蒙赐观看营陈，若只如此，即定易胜耳。'亮笑，纵使更战七纵七禽，而亮犹遣获。"

⑱饥困：原抄本作"几因"，不通，今据《滇考校注·诸葛武乡侯南征》改。

⑲骠国：古国名。公元三世纪，缅甸境内的骠族在伊洛瓦底江流域建立，都城室利差呾罗，在今卑谬附近。

⑳噍（jiào）类：尚生存之人。

㉑普坎：《读史方舆纪要·卷一百十九·云南七》载："普坎，《志》云：在缅甸司西三百里，旁通蒲甘。"

㉒建宁郡：《华阳国志校注·南中志·建宁郡》载："建宁郡，治故庲降都督屯也，南人谓之'屯下'。属县（十七），（后）分为益州、平乐二郡，（分后属）县十三。户万。去洛五千六百三十九里。有五部都尉，四姓及霍家部曲。"

㉓云南郡：《华阳国志校注·南中志·云南郡》载："云南郡，蜀建兴三年置，属县七。户万。去洛六千三百四十三里。本云山地。有熊仓山，上有神鹿，一身两头，食毒草。有上方、下方夷。亦出（桐）华布。孔雀常以二月来翔，月余而去。土地有稻田、蓄牧，但不蚕桑。"

㉔兴古郡：《华阳国志校注·南中志·云南郡》载："兴古郡，建兴三年置，属县（七）。户四万。去洛五千八百九十里。多鸠僚、濮。特有瘴气。自梁水、兴古、西平三郡少谷，有桄榔木，可以作面，以牛酥酪食之，人民资以为粮。欲取其

木，先当祠祀。"

㉕帅：原抄本误作"师"，今改。

㉖五：原抄本作"七"，今据胡蔚《南诏野史》上卷改。

㉗佑：原抄本作"诺"，今据胡蔚《南诏野史》上卷改。

㉘帅：原抄本误作"师"，今改。

㉙刘：原抄本缺，今据《三国志·蜀书十三·马忠传》、《滇考校注·马忠、张嶷讨刘胄》补。

㉚原抄本"背叛"二字前多一"叛"字，显系赘字，故删之。

㉛奋威将军：原抄本作"夺威将军"，今据《三国志·蜀书十三·马忠传》、《滇考校注·马忠、张嶷讨刘胄》改。

㉜狼：原抄本误作"狠"，今据《三国志·蜀书十三·张嶷传》、《滇考校注·马忠、张嶷讨刘胄》改。

㉝李求承：原抄本作"李成求"，今据《三国志·蜀书十三·张嶷传》、《滇考校注·马忠、张嶷讨刘胄》改。

㉞定莋（zuó）：原抄本作"定筰"，今据《三国志·蜀书十三·张嶷传》、《滇考校注·马忠、张嶷讨刘胄》改。

㉟豪狼岑：狼，原抄本误作"狠"，岑，原抄本缺，今据《三国志·蜀书十三·张嶷传》、《滇考校注·马忠、张嶷讨刘胄》增改。

㊱苏祁：原抄本作"苏新"，今据《三国志·蜀志十三·张嶷传》改。《四川通志·兴地·古迹引·大明一统志》记载："苏祁，在今西昌县北的礼州。"

㊲延熙：原抄本为"景熙"，蜀汉无此年号，只有延熙（238年—257年）、景耀（258年—262年）之说。《三国志·蜀书十一·霍弋传》载有霍弋讨伐永昌叛夷一事，却未明确此事发生于何时，只说霍弋时为"参军庲降屯副贰都督"。据《华阳国志校注·南中志·总序》载，当时的庲降都督为阎宇（"表后，以南郡阎宇为都督，南郡霍弋为参军"），又据《三国志·蜀书十三·马忠传》载，马忠于延熙十二年死于任上，张表、阎宇先后继任庲降都督，而阎宇"于景耀元年离任庲降都督"（《略论蜀汉庲降都督》）。由此可推知，霍弋讨永昌一事是发生在延熙时期，故改。

西　晋

武帝泰始七年辛卯（271年），以益州地广，分建宁、兴古、云南、永昌四郡为宁州，以鲜于婴为剌史。

太康五年甲辰（284年），又罢宁州入益州，以李毅为南夷①校尉，持节统兵护之，监五十八部夷②族。

惠帝太安③元年壬戌（302年），建宁太守杜俊、朱提太守雍约抚垂方④。八月，建宁大姓毛诜、李睿逐俊，朱提李猛逐约，叛应蜀寇李特。南夷校尉李毅讨斩毛诜，睿走依五苓夷⑤。李猛以笺降，毅恶其言不逊，诱杀之⑥。冬十一月，永昌⑦从事孙辩请复置宁州，以李毅为剌史，分建宁以西七县，别立益州郡。

太安二年，五苓酋帅于陵承诣毅，请恕睿罪，毅许诺。及至，杀之⑧，诸蛮遂反，奉建宁太守马恢⑨为剌史，毅收杀恢。

光熙元年丙寅（306年），五苓夷围宁州，毅病不能督战，上书请救，会晋室多故，不得达。毅卒，众无主。毅女秀，明达有父风，众推领州事。秀⑩奖励战士，婴城固守。粮尽，炙鼠、拔草食之，俟⑪蛮稍怠，辄出击之，孤城获全。及毅子钊自洛来州，众遂奉钊为主，遣治中毛孟诣京师，求剌史告急。⑫久不见省，毛孟泣涕陈言，乞赐死。⑬朝廷悯之，乃以魏兴王逊为剌史。逊至州，表李钊为朱提太守⑭，驻南广⑮。

怀帝永嘉四年庚午（310年），宁州剌史至，逊灭五苓蛮。宁州自李毅卒后，外逼于李雄⑯，内多蛮寇。逊在州，恶衣草⑰食，召集离散，劳来不倦，数年之间，州境复安，乃诛豪右不奉法者十余家。欲讨五苓蛮，会已款服，问罪无辞，因其发夜郎庄王墓，遂讨灭之。又讨恶獠刚蛮，俘馘⑱千计，威震南方。但诛戮太过，诸蛮皆有叛志，复请分牂牁为平夷郡，分朱提为南广郡⑲，分建宁为夜郎郡，分永昌为梁水郡⑳，改益州郡为晋宁郡。帝从之。

愍帝建兴四年丙子（316年）五月，平夷太守雷炤杀南广太守孟桓，以二郡叛，降李雄，夷王冲归、建宁爨量㉑皆降，惟宁州不附。

【注释】①夷：《滇考校注·宁州剌史》为"彝"。

②夷：《滇考校注·宁州刺史》为"彝"。

③太安：原抄本误作"大安"，今改。

④方：原抄本在此字前似脱漏了一个数词（"一"？"四"？）。

⑤五苓夷：《华阳国志校注·南中志·总序》为"五茶夷"，今从《资治通鉴·卷第八十五》，未改。

⑥"李猛以笺降"三句：《华阳国志校注·南中志·总序》载："猛笺降曰：'生长遐荒，不达礼教，徒与李雄和光合势。虽不能营师五丈，略地渭滨；犹冀北断褒斜，东据永安。退考灵符，晋德长久，诚非狂夫所能干。辄表革面，归罪有司。'毅恶其言，遂诱杀之。"

⑦原抄本在"永昌"一词前有一"以"字，不通，故删。

⑧"及至"二句：《华阳国志校注·南中志·总序》载："叡至，群下以为诜、叡破乱州土，必杀之，毅不得已，许诺。"

⑨马恢：《三国志·蜀书十三·马忠传》："子脩嗣。"裴注："脩弟恢。恢子义，晋建宁太守。"按裴注之说，"马恢"应为"马义"。

⑩秀：原抄本无，今从《资治通鉴·卷第八十六》增。

⑪伺：原抄本作"俟"，今据《华阳国志校注·南中志·总序》、《资治通鉴·卷第八十六》等改之。

⑫"遣治中毛孟诣京师"二句：按《晋书·列传第五十一·王逊传》记载，此事是发生在怀帝永嘉四年（310 年），而非光熙元年（306 年）。《资治通鉴·卷第八十六》则说是发生于怀帝永嘉元年（307 年）。

⑬"毛孟泣涕陈言"二句：《晋书·列传第五十一·王逊传》载："孟固陈曰：'君亡亲丧，幽闭穷城，万里诉哀，不垂愍救。既惭包胥无哭秦之感，又愧梁妻无崩城之验，存不若亡，乞赐臣死。'"

⑭朱提太守：《华阳国志校注·南中志·总序》、《资治通鉴·卷第八十七》同，但《晋书·列传第五十一·王逊传》为"越巂太守"。

⑮南广：原抄本为"南康"，今据《华阳国志校注·南中志·总序》改。

⑯李雄：即成武帝，十六国时期成国的建立者。306 年－334

年在位。豪强领袖李特第三子，巴氐族人。巴西宕渠（今四川渠县东北）人，后迁略阳（今甘肃天水秦安县）。在位期间，史称"为国无威仪，官无禄秩，班序不别，君子小人服章不殊"，但虚己爱人，授用皆得其才，并兴文教，立学官，简行约法，政治较为清明，注意发展生产。

⑰草：《华阳国志校注·南中志·总序》、《资治通鉴·卷第八十七》为"菜"。

⑱馘（guó）：古代战争中割取敌人的左耳以计数献功："俘二百五十人，馘百人"。

⑲南广郡：原抄本为"南康郡"，今据《晋书·列传第五十一·王逊传》改。《华阳国志校注·南中志·南广郡》载："南广郡，蜀延熙中置，以蜀郡常竺为太守。……属县四。户千。……土地无稻田、蚕桑，多蛇、蛭、虎、狼。俗妖巫，惑禁忌，多神祠。"

⑳梁水郡：《华阳国志校注·南中志·南广郡》载："刺史王逊分〔兴古〕置，在兴古之盘南。"属梁水、贲古、西随三县。

㉑爨畺：《滇考·宁州刺史》为"爨量"。

东 晋

元帝大兴四年辛巳（321 年），建宁太守孟才骄暴无恩，郡民王清、危朗逐出之。

明帝太宁元年癸未正月（323 年），李钊以郡叛，降李雄。四月，蜀寇李骧率兵破越嶲，攻台登县。宁州刺史王逊使督护姚岳①拒骧于螳螂②。逊指授岳，令诱敌深入，欲生致骧。岳一战而胜，追至泸水，贼赴水死者千余，人不获骧而还。逊怒，鞭岳，岳裂冠而卒，时人冤之，为立庙。是年，逊卒。州人以逊有遗爱，推立逊子坚，诏以王坚为宁州刺史。

太宁二年，梁水太守爨亮③、益州太守李遏④以兴古叛，降李雄。

太宁三年，陶侃以王坚懦弱，不能御寇，表零陵太守尹奉（一作凤）为宁州刺史，征坚还。奉至，杀爨亮，降李遏，夷境乃安。

成帝咸和二年丁亥（327 年），宁州秀才庞遗起义兵，攻李雄将任回、李谦等，雄遣罗恒、费黑来救。刺史尹奉遣朱提太守杨术援遗，战于台登，术兵败，死之。八年，李雄遣李寿破朱提，又遣任回征木落，分宁州援，为必取之计。尹奉力不能支，遂与建宁太守霍彪皆降，李雄尽有南中之地，惟牂牁谢恕励众保境，不为雄用，官至抚夷中郎将，加宁州刺史。平夷傅宝亦不服雄，与恕为南中人杰。九年，李雄分宁州，置交州，以霍彪为宁州刺史，爨深⑤为交州刺史。初，爨氏东、西、黑、白四种，传为楚令尹之后。西汉末，白爨据曲州、靖州、昆州、安州等处，黑爨据昆阳、新兴、宁州、威楚等处，自为君长。至晋时，深为兴古太守，兵败，降雄。是年，蜀李雄死，子班即位，其弟期杀班而自立。

咸康二年丙申（336年）十月，广州刺史邓岳遣督护王随击夜郎，新昌太守陶协击兴古，并克之。

咸康四年，蜀李寿弑其主期而自立，改国号汉，南中仍属之。八月，分宁州置安州，后复罢安州归宁州。

五年己亥，邓岳率兵伐蜀，建宁人孟彦执霍彪以降。

穆帝建元三年⑥（347年），桓温伐蜀，伪汉主李势降，封为归义侯。宁州复归于晋。

孝武帝太元五年庚辰（380年），秦苻坚以姜宇为宁州刺史，南中属秦。自晋迄陈，南北分争，宁州道绝，授官虽有宁、益之号，仅属空名。

【注释】①姚岳：《晋书·列传第五十一·王逊传》为"姚崇"，今从《华阳国志校注·南中志·总序》、《晋书·载记第二十一·李雄》、《资治通鉴·卷第九十二》，未改。

②螳螂：原抄本作"螳螂川"，《滇考·宁州刺史》同，而《华阳国志校注·南中志·总序》作"堂螂县"，《晋书·列传第五十一·王逊传》和《晋书·帝纪第六·明帝》为"堂狼"，《资治通鉴·卷第九十二》为"螗良"。按《华阳国志校注·南中志·朱提郡》载："堂螂县，因山得名也。"而据乾隆《东川府志·山川志》记载："堂狼山在巧家米粮坝，晋宁州刺史王逊遣将军姚岳败李骧兵处，北距牛栏江边昭通府界百余里。"今天学界多认为，堂狼县即在今天滇西巧家县老店镇境内，位于金沙江（即泸水）附近，距离晋时的越巂较近，而螳螂川在今滇中的安宁市，距离金沙江（即泸水）和越巂较远。从文中的意思来看，"螳螂（即堂狼、

滇鉴

107

堂螂、螗良）"应该更为准确，故改。

③梁水太守爨亮：《华阳国志校注·南中志·总序》作"建宁爨量"，并且说梁水太守为"董憕"，《资治通鉴·卷第九十三》作"梁水太守爨量"，《晋书·帝纪第六·明帝》作"梁水太守爨亮"。

④益州太守李遏：《华阳国志校注·南中志·总序》同，《晋书·帝纪第六·明帝》作"盗窃州太守李遏"，《资治通鉴·卷第九十三》作"益州太守李逖"。

⑤爨深：又作"爨琛"。三国末期人。著名的东晋时期云南爨氏政权的创建者。

⑥穆帝永和三年（347年）：原抄本为"穆帝建元三年"，显系错误，因东晋穆帝并没有用"建元"作过年号，其前的康帝倒是用"建元"作过年号，但只有两年即止，并且据《晋书·载记第二十一·李势传》可知，成（汉）李势降东晋一事是发生在"伪嘉宁二年三月十七日"，即穆帝永和三年三月十七日。

宋

文帝元嘉十八辛巳（441年）十二月，晋宁太守爨松子①反，宁州刺史徐循讨平之。其后，有爨龙颜仕宋，为龙骧将军，封邛都侯。又有爨云仕魏，为骠骑大将军，封同乐郡侯。

【注释】①子：原抄本无，今据《南史·卷二·宋本纪中第二》、《资治通鉴·卷第一百二十三》增。

梁

武帝太清三年己巳①（549年），侯景陷台城，②宁州刺史徐文盛率兵入讨，爨瓒因据有牂牁、兴古等郡，朝廷不得已，授瓒宁州刺史。瓒死，子震嗣。

简文帝大宝元年庚午（550 年），徐文盛大败侯景兵于贝矶。

【注释】①己巳：原抄本误作"己巳"，今改。
　　　　②侯景陷台城：指侯景于寿阳起兵反叛南梁，奇袭建康攻陷台
　　　　　城一事。侯景，字万景，朔方人，或云雁门人。初为东魏高
　　　　　欢权臣，后叛魏降梁，随后又发动著名的侯景之乱。台城，
　　　　　指六朝时的禁城（宫城），又称"苑城"，是当时皇帝用于
　　　　　办公居住的场所。一说故址在今南京玄武湖南岸、鸡鸣寺
　　　　　之后。

隋

文帝开皇（581—600 年）初年，梁睿讨蜀王谦，平之，蛮獠莫不归附，惟爨震负固不服。睿上疏请开南宁州，①帝不许，惟置益州总管以经理之。

开皇十六年，南宁蛮爨翫来降，以为昆州刺史。十七年丁巳二月，爨翫反，遣太平公左领军②史万岁讨之。由越巂进兵，自蜻蛉川过弄栋，入大、小勃弄。贼前后据要害，万岁皆破之。行千余里③，过诸葛亮④纪功碑，碑阴铭曰："万岁之后，胜我者过此。"遂命左右仆之，下复有字："开皇十九年，史万岁过此，复立吾碑。"万岁惶恐，再拜，复立其碑。进渡西弥河⑤，入渠滥川，破其三十余部，掳男女二万口。诸夷大惧，爨翫遣人请降，献明珠径寸，于是勒石，颂美隋德。奏捷，请以爨翫入朝，帝许之。翫疑不欲行，复以金宝赂万岁，遂舍之而还。蜀王秀知其事，遣使往索，万岁闻悉，以所得沉于江，蜀王一无所获。至京，论功晋位柱国，督晋府军事。既而爨翫复反，蜀王秀奏史万岁受赂纵贼，致生边患。帝怒，命斩之，高颎、元旻等皆谏，于是除名。⑥翫惧见讨，更入朝，帝戮之，其子弘达⑦等没入为奴。

【注释】①睿上疏请开南宁州：《资治通鉴·卷第一百七十八》载："睿
　　　　　上疏，以为：'南宁州，汉世牂柯之地，户口殷众，金宝富
　　　　　饶。梁南宁州刺史徐文盛为湘东王征赴荆州，属东夏尚阻，

未遑远略，土民爨瓒遂窃据一方，国家遥授刺史，其子震相
承至今。而震臣礼多亏，贡赋不入，乞因平蜀之众，略定
南宁。'"

②军：原抄本无，今据《隋书·列传第十八·史万岁》增。

③千余里：《隋书·列传第十八·史万岁》为"数百里"。

④亮：原抄本无，今据《隋书·列传第十八·史万岁》增。

⑤西弥河：《隋书·列传第十八·史万岁》为"西二河"，《资
治通鉴·卷第一百七十八》为"西洱河"。一般称作"西洱
河"，它贯穿于今大理市区东西，古称叶榆水、叶榆河、海
尾河，俗称洱河。

⑥"高颎、元旻等皆谏"二句：《隋书·列传第十八·史万
岁》载："左仆射高颎、左卫大将军元旻等进曰：'史万岁雄
略过人，每行兵用师之处，未尝不身先士卒，尤善抚御，将
士乐为致力，虽古名将未能过也。'上意少解，于是除名
为民。"

⑦弘达：原抄本作"洪达"，为与下文统一，今据《新唐书·
列传第一百四十七下·南蛮下》改。

唐

滇自中国多故，诸蛮自为君长，如建宁以东则有东爨乌蛮、西爨白蛮，
又其东有东谢蛮、南谢蛮，东谢之南有西赵蛮，皆在牂牁、兴古之间。其西
为昆弥，即汉之昆明，以西弥河为境，名号不一，有徒莫抵蛮①、俭望蛮、
白水蛮②、西洱蛮、永昌蛮。其在越嶲者，有松外诸蛮。其豪帅则有杨氏、
张氏、蒙氏，各居一方，不相统属。

高祖武德元年戊寅（618 年），释南宁爨翫之子弘达归，以为昆州（今
昆明县）刺史。于是，益州刺史段纶因遣使俞大施，治共范川③，招谕其部
落，两爨始纳贡于朝。

武德三年，牂牁谢龙羽入朝，其后复遣使来④朝，遂以其地为牂州，拜
龙羽为刺史。自是谢、赵诸蛮，渐知向风。

武德四年，嶲州治中吉弘伟⑤谕昆弥⑥，使内附⑦，因遣使朝贡，岁与

牂牁使俱来。西弥河一带，复通于中国。

武德七年甲申闰七月，高祖命韦仁寿为检校南宁州都督。仁寿性宽厚，有识度，初为蜀郡司法书佐，决狱公平。既受命，寄治越嶲，遂将兵五百人至西弥河，周历数千里，蛮夷望风归附。仁寿承制，置七州、十五县，各以其豪帅为刺史、县令，法令清肃，人人安悦。仁寿将还，诸酋长泣留之，相率为筑城，立廨舍⑧。仁寿实告以不得擅留。诸蛮悲啼祖行，各遣子弟随贡方物⑨，帝大悦。仁寿请徙治南宁州，假兵遂抚定。诏可，敕益州刺史窦轨给兵护送。轨疾其功，言山獠方叛，未可以远略。岁余，仁寿卒，功用弗成。维时，建宁酋长张乐进求，遣使随仁寿入朝，因以进求为首领大将军。

太宗贞观（627年—649年）初，以南宁大姓爨归王为夷众所服，使代仁寿为南宁州都督，居石城（今曲靖府）。阅三年，东谢蛮谢元深、南谢蛮谢强皆入朝。西赵蛮赵酋⑩摩⑪亦为黔州豪帅田康所讽，率所部万余户内附。因以东谢地为应州，南谢地为庄州，西谢地为明州，皆即授其酋帅为刺史，绘《王会图》以示后人。

贞观二十年丙午，嶲州大都督刘伯英上言："松外诸蛮夷暂服，亟叛，请击之。"帝从其言，遣右武侯⑫将军梁（一作王）建方，发蜀十二州兵进讨。其酋长⑬双舍拒战，败走，杀获十余万⑭。群蛮震骇，走保山谷。建方遣使诣西洱河，谕其帅杨威等，归附者七十余部⑮，户十万九千，署其首领蒙和等为县令。复遣奇兵⑯自嶲州道千五百里掩西弥河，蛮帅杨盛大骇，遣首领十人纳款军门，建方振旅而还。于是，西弥河大首领杨同外⑰、东弥河大首领杨敛、松外首领蒙羽等俱请入朝，授官职。

贞观二十三年己酉，太宗复遣将击西爨蛮，开蜻蛉、弄栋，其西徒莫祗蛮、俭望蛮皆来内属，以其地置傍、望、览⑱、求、丘五州，隶郎州⑲都督府⑳。

高宗永徽（650年—655年）初年，蜻蛉、弄栋之西，白水蛮与大、小勃弄蛮酋颇相诱为乱。都督任怀玉招之，不从。乃以左领军将军赵孝祖为郎州道行军总管，同怀玉讨之，至罗仵侯山㉑，其酋秃磨蒲与大鬼主都干㉒拒战，不胜，弃城走。追至州㉓，大酋俭弥于㉔、鬼主董朴㉕濒水为阵㉖。孝祖击斩弥于、秃磨蒲等。会大雪，蛮冻馁死亡略尽。孝祖因屡捷之师，请讨大、小勃弄诸蛮，诏许之。明年㉗，孝祖兵西入小勃弄，酋长殁盛屯白旗城，孝祖击斩其首。进至大勃弄，酋帅杨承颠婴城固守，大兵进攻，破擒之。余屯皆降。遂改云南县为匡州，领勃弄、匡州㉘二县。是年，罢郎州都督，更隶戎州。㉙

永徽四年癸丑，建宁大首领张乐进求逊位于蒙诏细奴逻。张氏自仁果至进求，凡三十三世，始汉武元封壬申，终唐高宗永徽癸丑，计七百六十二年。蒙氏细奴逻者，九隆五族蒙苴笃之三十六世孙也。父曰舍龙㉚，亦名龙迦独，世居哀牢山，生细奴逻，一名独逻。因避仇，舍龙与子同至蒙诏，耕于巍山之麓。细奴逻数有神异，挚牧繁息，部众日盛。时张乐进求为云南大首领，因诸葛武侯铁柱岁久剥泐，进求重铸之。既成，合蛮长九人祭天于柱，细奴逻与焉。有鸟㉛五色，集于柱上，久之，飞憩细奴逻左肩。众以为异，戒勿惊，寝食惟谨，阅十八日，鸟乃去。于是，众心归细奴逻，进求逊位焉。细奴逻不敢当，相让至再，因拨刀斫石，曰："如我当为王，剑入此石。"遂入石三寸，乃受众推立为王。始筑城巃屿图山上，㉜周围四百余丈，称蒙舍诏，地居诸诏之南，又曰南诏。其时，有郭郡矣者为武臣，波罗旁者为文臣，又有杨波远者，号神明大士，骑青牛，能知盐泉，开诸盐井，国以富贵。

永徽五年，西洱蛮蒙俭、和舍诱其党诺没弄、杨虔柳等七部皆反。诏李义为姚州道总管，率众讨之，斩诺没弄、杨虔柳等。蒙和等遁，复集余众，令健将夸干率之转战。义等复诛夸干，乘胜逐北，斩首七千余极，获马五千匹。和舍力屈，面缚请降，蒙俭亦听招抚。

永徽六年，㉝蒙诏细奴逻遣子逻盛炎㉞入朝，高宗㉟授细奴逻为巍州（今蒙化府）刺史，赐锦袍。

显庆元年丙辰（656年），逻盛炎复入朝谢赐命。西弥河杨栋附显㊱等闻蒙诏见宠于唐，因与显和蛮㊲酋长王罗祁，郎、昆、黎、盘四州酋长王伽冲，俱率所部内附。

麟德元年甲子（664年），从武陵主簿石子仁之请，置姚州都督府于昆明之弄栋川（今姚安府）。

总章二年㊳己巳㊴（669年），置禄州、汤望州㊵。又析昆明之地为殷州、摠州、敦州，以安辑诸蛮。其后，又置盘、麻等四十一州，皆以首领为刺史。㊶

咸亨三年壬申（672年），永昌蛮叛，杀姚州长史李孝让、辛文协，行军总管梁积寿㊷讨平之。南宁州爨归王亦袭杀东爨首领盖聘及其子盖启。

上元元年甲戌（674年），蒙诏细奴逻死（在位二十二年，伪谥高祖），子逻盛炎立。

仪凤二年丁丑（677年），吐蕃始通弥蛮。

调露元年己卯（679年），永昌蛮复叛，命李义征之，败绩，郎将刘惠基^㊽战死。于是废姚州。

垂拱四年（688 年），复设，未几，州掾李棱^㊹复为蛮所杀。

武后垂拱四年^㊺戊子，蒙诏逻盛炎身自入朝。盛炎先已生子炎阁，及临行又生盛逻皮。盛炎喜曰："我又有子，虽死唐地足矣！"既至京师，赐金带、锦袍归国。

神功元年^㊻（697 年），蜀州刺史张柬之请罢姚州，于泸北置关，百姓非使入蕃不许，交通往来不报。^㊼

中宗神龙元年乙巳^㊽（705 年），吐蕃及姚州蛮寇边，以铁絙跨漾、濞二水为桥，以通西弥蛮，筑城戍之。讨击使^㊾唐九徵受命往讨，自越嶲入永昌，屡战皆捷，尽刊其城垒，毁絙焚桥，命管记吕丘均^㊿勒石纪功于剑川，俘其渠帅而还，而爵赏久湮，论者惜之。

睿宗景云元年庚戌^⑤（710 年），御使^⑤李知古击姚、嶲蛮。既降，又请筑城，分置州县，加赋一倍，因诛其豪嶲，掠子女为奴婢。逻盛炎^⑤因众怨，引吐蕃攻知古，杀之。

太极元年壬子（712 年），盛炎死（立三十九年，伪号世宗），子炎阁嗣。死，弟盛逻皮立。

玄宗开元（713 年—741 年）初，盛逻皮始建孔子庙于国中，筑柘东龟城。是时，姚、嶲诸蛮屡叛，杀都督，而盛逻皮犹奉正朔，遣张建成入觐，受浮屠像并佛言^⑤以归。请唐大匠^⑤恭韬、徽义^⑤至国，建崇圣、弘圣等寺，并作浮屠以镇水患。帝封盛逻皮为台登郡王。

开元十五年丁卯，盛逻皮死（在位十六年，伪号太宗，谥威成），子皮逻阁立，遂逐河蛮，取太和城，使其子阁逻凤居之。又袭守大厘城^⑤，因城龙口，蒙氏由此日盛。

开元十七年，皮逻阁使清平官张罗皮从嶲州都督张审素击诸蛮，拔昆明及盐城，帝以功封逻阁为永昌郡都督，赐名归义。

开元十九年十二月，杀嶲州都督张审素，以其藏污也。^⑤

开元二十六年戊寅，是时，五诏衰微，南诏日渐强盛，归义以厚利啖^⑤剑南节度使王昱，求合六诏为一。昱力请于朝，许之。皮逻阁乃建松明楼，诱五诏同至祭祖，于六月二十四日设宴于楼，与火焚之。皮逻阁为此计无人知者，惟邓睒诏妻慈善，劝其夫勿行，夫不从。慈善以验铁钏，得夫死尸归。皮逻阁闻其贤智，欲娶之。慈善佯诺，候葬夫百日乃嫁。葬毕，遂闭城自固，曰："某非忘夫事仇者！"南诏围之三月，食尽，盛衣冠，自缚于座，竟已饿死。南诏旌其城曰"德源城"，慈善一^⑥称"宁北妃"。德源城在今邓川州州治之东。

五诏者：一曰蒙嶲诏。最大，古越嶲地（今四川行都司）。其王嶲辅首据之，传至照原，丧明，子原逻立。蒙归义使人杀照原[61]，逐原逻，并其地。

一曰越析诏（即今丽江），又名摩些。地甚广，蛮波冲据之，东南百五十里，石壁上有色斑斓类花马，因又号花马国。波冲有妻，美而淫，与豪酋张寻求私通，寻求因弑波冲。剑南节度使王昱召寻求至姚州，杀之。部落无长，地遂归于南诏。波冲兄子于赠东北[62]渡泸，邑于龙佉河[63]，才百里。阁逻凤击破其部，酋杨堕，于赠[64]投泸死。

一曰邓睒[65]诏（今邓川州）。其王丰咩，初据邓睒，为御史李知古所杀，子咩罗皮自为邓川州刺史，治大釐城，蒙归义袭破之，复入邓睒与浪穹、施浪合，拒归义。既战，大败[66]，归义遂夺邓睒，咩罗皮走保野共川[67]。死，子皮罗邓[68]立。皮罗邓死（或云焚死于松明楼），子邓罗颠[69]立。邓罗颠死，子颠文托[70]立，为南诏所掳，徙永昌。

一曰浪穹诏（今浪穹县）。其王丰时死，子罗铎立。罗铎死，子铎罗望立。为浪穹州刺史，与南诏战，不胜，走保剑川，更称[71]剑浪。铎罗望死（或云焚死于松明楼），子望偏立。望偏死，子偏罗矣立。偏罗矣死，子罗君立。贞元中，南诏击破剑川，掳罗君，徙永昌。

一曰施浪诏。其王施望欠与邓睒咩罗皮合攻南诏，不胜。归义以兵胁降其部，望欠[72]以族走永昌，献其女遗南诏丐和，归义许之。望欠渡兰江[73]死，弟望千走吐蕃，吐蕃立为诏，纳之剑川。望千死（或云焚死于松明楼），子千旁罗颠立。南诏破剑川，罗颠[74]走泸北。三浪悉灭，地归蒙氏，唯千旁罗颠及矣川罗识子孙在吐蕃。六诏之外，又有时旁诏、矣川罗识[75]诏，皆哀牢杂种，九十九部之后。

归义既并五诏，更陷辽川、永昌、石鼓、沙追睒、龙怯睒等处，云南以西之地尽为所有。又与御史严正诲谋击吐蕃，自统军打石桥城，令子阁逻凤[76]攻石和。子大破吐蕃，渐骄大。入朝，天子亦为加礼。又以破渳蛮功，驰遣中人册为云南王，赐锦袍、金钿[77]七事。于是徙治大和城，立上、下二关，曰龙首、龙尾。

天宝元年壬午（742年），置姚州、邓川守捉使。

天宝二年，越嶲都督竹灵倩置府东爨，通安南，因开步头[78]，筑安宁城，赋役繁重，群蛮震骚。于是，南宁州都督爨归王、昆州刺史爨日进、黎州刺史爨祺[79]、求州爨守懿、悺山[80]大鬼主爨彦昌、南宁大鬼主爨崇道等攻杀竹灵倩并筑城使者，破安宁。事闻，唐遣中使孙希庄、御史韩洽、都督李宓等，委蒙归义讨之。归义遣大将段俭魏与李宓等赴安宁。爨归王及崇道等惧，率兄弟千余人泥首谢罪，赦之。李宓欲乘此以灭东爨，激崇道杀日进㉛及归王。东爨诸酋并起问罪。归王妻阿姹，乌蛮女也，走父部乞兵，遣使诣归义求杀夫者。归义为请于朝，以归王子守隅仍为南宁州都督。归义以女妻之，又以一女妻崇道子辅朝，以和解，而崇道、守隅仍相攻不置。阿姹请归义为兴师，乃协同诸爨逐崇道，走黎州，遂掳其族并㉜辅朝，收还其女，崇道寻㉝亦被杀。于是诸爨日弱，南诏益强，云南以东之地渐入版图。其西缅、暹罗㉞、大秦，其南交趾、八百㉟、真腊㊱、占城㊲、老挝诸国，皆岁贡奇珍焉。

天宝五年㊳，蒙归义遣其孙凤迦异入宿卫，拜鸿胪卿，恩赐甚厚。

天宝七载，蒙归义卒（在位二十年㊴），子逻凤立，袭封云南王，以其子凤迦异为阳瓜州（今蒙北府）刺史。初，安宁城有五盐井，人得煮鬻自给。玄宗诏特进何履光㊵，以兵定南诏境，取安宁城及井，复立马援铜柱，乃还。

是时，鲜于仲通为剑南节度使，卞忿少方略。故事㊶，南诏谒都督，尝携妻子同行。阁逻凤过云南，太守张虔陀私其妻，多所求丐，阁逻凤不应。虔陀数诟靳㊷之，阴表其罪。由是阁逻凤忿怨，反，发兵攻虔陀，杀之，遂取姚州及小夷州，凡三十二处，进兵至安宁。

天宝八年己丑㊸，仲通自将出戎、巂州，分二道进次曲州、靖州。阁逻凤使王克昭再申己冤，克昭不允㊹，因复攻安宁，陷之。既闻大兵已至，意颇惧，遣使谢罪，请还所虏，得自新，且城姚州；如不听，则归命吐蕃，恐云南非唐有矣！仲通怒，囚使者，进薄白厓城，遣将王天运㊺绕出点苍山后。逻凤遣子迦异、将段俭魏迎击山后师，自统重兵战于洱河。唐师大败，士卒死者六万余人，仲通仅以身免，王天运亦为段俭魏所杀。阁逻凤敛战胔㊻，筑京观，遣使赍金宝赴吐蕃告捷，遂臣之。吐蕃以为弟，夷谓弟"钟"，故称"赞普钟"，给金印，号"东帝"，阁逻凤遂改正朔，僭㊼号大蒙国，以段俭魏为清平官，赐名忠国。复揭碑国门，明不得已而叛唐。

天宝十二载，复置姚州，南诏复陷之。

天宝十三载甲午，杨国忠以剑南节度使当国，乃调天下兵凡十万，使侍御史李宓讨之，辇饷者不计。涉海而疫死者相踵于道。大兵既至滇，阁逻凤诱之深入，直抵太和城。宓粮尽，欲引还，适吐蕃兵至，内外夹击，宓沉江死，全军尽没。杨国忠隐其败，更以捷闻，益发中国兵讨之，前后死者凡㊽

二十万人，无敢言者。会安禄山反，阁逻凤因[99]之取巂州、会同军，据清溪关，以破越析，枭于赠，西而降寻传[100]、骠诸国。越巂既破，唐复置之，明年复陷之。

肃宗上元元年庚子（760 年），阁逻凤引兵东伐，置俗富、河阳、长州、石城等郡，迁西爨户二十余万于永昌。

代宗广德二年（764 年），阁逻凤筑柘东城，畏武侯誓，常以石搭其碑。[101]

大历元年丙午（766 年），阁逻凤筑羊苴咩城于太和之北，名大理国，改元长寿。

大历十四年己未九月，阁逻凤死（僭位三十二年），伪谥神武，子凤迦异[102]早死，孙异牟寻袭位。

牟寻既立，悉众二十万，与吐蕃并力入寇，分三路进兵：一趋茂州，逾文川[103]，扰灌口；一趋扶、文，掠方维、白坝；一侵黎、雅，叩邛郲关。先是，崔宁为西川节度，恣为淫侈，贡赋不入。是年，崔宁入朝，杨炎请留之，更使他帅，将兵击蛮寇，事平，授[104]节度使，则千里沃壤复为国有。德宗从之，遂发禁卫兵四千，遣神策都督李晟将之，又发邠、陇、范阳兵五千，[105]命将军曲环为帅，与东川、山南兵合击南诏、吐蕃，大破之，斩首六千级，擒生捕伤数众，颠踣[106]崖峭且十万[107]。吐蕃怒，杀诱导使来者。异牟寻惧，更徙苴咩城，筑袤十五里，吐蕃封为日东王。乃改元上元，封境内山川为五岳[108]、四渎[109]，并建祠及三皇庙，春秋致祭。设[110]官分职：在内为九爽、三托，[111]在外为二都督[112]、六节度[113]、十睑[114]（即州）。其地东至于铜柱、铁桥、蟠桃、玉榆，东南至于交趾，南至于骠国木落山[115]，西至于太石，西北至于吐蕃，北至于神川[116]，东北至于黔巫，纵横数千里，国富兵强。每苦吐蕃责赋重数，悉夺其险立营，岁征兵防守。于是，异牟寻始有内附之意，改元二：曰见龙，曰上元。

德宗贞元四年戊辰（788 年），南诏清平官郑回劝异牟寻复归唐。郑回者，先为唐西泸令，住巂州，为南诏所掳。阁逻凤重其惇儒，号"蛮利"，俾教子弟，得箠榜[117]，故国中无不惮。后为清平官，说异牟寻曰："中国有礼义，少求责，非若吐蕃惏刻[118]无极也。今乘之复归唐，无远戍劳，利莫大此。"异牟寻然之。会李泌亦劝德宗招云南，以断吐蕃右臂，乃命韦皋为剑南节度使。皋抚诸蛮有威惠，诸蛮颇得异牟寻语，白于皋。皋遣谍者遗南诏书，吐蕃疑之，因责大臣子为质，异牟寻益怨。是秋，吐蕃发兵十万，将寇西川，征兵云南。异牟寻虽欲归唐，犹未敢明绝吐蕃，亦即发兵数万屯泸北。吐蕃觉其与皋通，遣兵屯会川，塞其迎蜀之路。异牟寻怒，归唐之志益坚。吐蕃始弱，皋遣兵击破于清溪关外。

贞元九年癸酉，异牟寻遣使者三人，异道同趋成都，遗韦皋帛书，内有四忍[119]及四难忍[120]之说，且赠皋黄金、丹砂。皋[121]护送使者至京师，德宗嘉之，赐以诏书，且命皋遣谍者往觇。皋令其属崔佐时至羊苴咩城。时吐蕃使者多在，阴戒佐时衣牂牁使者服以入。佐时曰："我乃唐使者，安可从小夷服？"异牟寻夜迎之，设位陈燎[122]，佐时即宣天子意。异牟寻内畏吐蕃，顾左右失色，流涕再拜受命。使其子寻诺劝[123]及清平官与佐时盟点苍山，载书四[124]：一藏神祠石室，一沈西洱水，一置祖庙，一以进天子。乃发兵攻杀吐蕃使者，刻金契以献于唐，遣曹长段南罗、赵迦宽随佐时入朝。

贞元十年，吐蕃征南诏兵万人击回鹘复仇。异牟寻欲袭吐蕃，阳示寡弱。正月，遣兵五千[125]人先行，即自将数万踵后，昼夜前进，大破吐蕃于神川，遂断铁桥，蕃众溺死以万计，俘其五王。乃遣其弟凑罗栋、清平官尹仇宽等二十七人入献地图、方物，请复号南诏。帝赐赉有加，拜仇宽左散骑常侍，封高溪郡王。

明年[126]夏六月，册异牟寻为南诏王。以祠部郎中袁滋领使，成都少尹庞颀副之，崔佐时、刘幽岩[127]为判官，俱文珍为宣慰使，赐黄金印，文曰"贞元册南诏印"。滋等至太和城，异牟寻盛陈卤簿迎之。诘旦，[128]授册，导牟寻率官属北面稽首，再拜受之。因大会其下，享使者，出天宝时所赐盘匜、乐伎以示滋等。酒行，异牟寻奉觞于滋，滋受之曰："南诏当深思祖考成业，抱忠竭诚，永为西南藩屏"。异牟寻拜曰："敢不承使者所命。"滋等还朝，复遣清平官尹辅酋等七人谢天子，献铎鞘（出丽水，状如残刃，有孔旁达，饰以金，所击[129]无不洞）、郁刃[130]（一名浪剑，出三浪，铸时以毒药并治，十年乃成，伤人即死，王所佩者，已传七世）、瑟瑟[131]、牛黄、琥珀、氍[132]、纺丝、象、犀、越睒统伦马。朝廷赐赉甚厚，前后使者皆授官有差。

异牟寻攻吐蕃，以食盐池。又破施蛮[133]、顺蛮[134]，并掳其王，置白崖城；因定摩些蛮，隶昆山西爨故地；破茫蛮[135]，掠弄栋蛮[136]、汉裳蛮[137]，以实云南东北[138]。

贞元十五年己卯，异牟寻谋击吐蕃，以邆川、宁北等城当寇路，乃峭山深堑修战备，帝许出兵助之。又请以大臣子弟质于皋，皋辞，固请，乃尽舍成都，咸遣就学。

贞元十六年，吐蕃大臣以岁在辰，兵宜出，谋袭南诏，攻巂州。异牟寻闻于皋，皋遣将分屯要害，防御吐蕃。将多来降，虏气衰，军不振，无功而还。

十七年春，吐蕃发兵屯三泸水。南诏与韦皋将杜毗罗夜绝泸，大破之，虏保鹿危山。毗罗设伏，又败之，虏大奔。于时，康、黑衣大食等[139]兵及吐蕃大酋皆降，获甲二万首。是时，回鹘、太原、邠宁、泾原兵猎其北，剑南东川、山南兵震其东，凤翔军当其西；蜀与南诏深入，克城七，焚堡百五十所，斩首万级，获铠械十五万。南诏攻其腹心，俘获尤多。进攻昆明、维州不克，乃班师。吐蕃盛屯昆明、神川、纳川自守。帝遣中人尹偕慰[140]劳异牟寻。自是南诏比年遣使者，贡方物，天子礼之。

十八年，骠国王摩罗思那遣其子悉利移，因南诏入贡[141]。

宪宗元和三年戊子（808年）冬，南诏王异牟寻卒（在位三十年），帝闻，辍朝三日，诏太常卿武少仪持节吊祭，册其子寻阁劝为南诏王，改赐元和新印。其国人私谥异牟寻曰"孝恒"，上寻阁劝尊号曰"骠信[142]"（君也），以善阐为东京，太和为西京，改元应道。

元和四年，寻阁劝卒（立一年），伪谥孝惠王，子劝龙晟立（后伪[143]谥幽，改元龙兴）。

元和十一年丙申，劝龙晟淫肆不道，上下怨疾，弄栋节度使王嵯巅杀之，立其弟劝利，诏少府少监李铣为册立吊祭祭使。劝利德嵯巅，赐氏蒙，封"大容"，蛮谓兄为"容"，僭改元全义（劝利，一作劝利晟）。

穆宗长庆三年癸卯（823年），始遣使颁赐劝利印。是岁，劝利死（立八年，伪谥靖），弟丰祐立（一作子非）。丰祐趫[144]敢，善用其下，仰慕中国，不肯连父名。穆宗使京兆少尹韦审规临册。丰佑遣洪成酋、赵龙些、杨定奇入谢天子。其后，亦屡遣使来朝。

文宗初，杜元颖为西川节度使，以文雅自高，不晓军事，障候弛沓，专务蓄积，减前士卒衣粮，戍卒皆入蛮境，钞盗自给。蛮人反以衣食资之，由是蛮得知成都虚实，始谋入寇，屡告警，颖不信。

太和三年己酉（829年），嵯巅以蜀卒为向导，悉众陷嶲、戎、邛三州。诏近镇兵救之。嵯巅径抵成都，止西郛[145]十日，谕赉居人，市不扰肆。将还，乃掠金、帛及子女、工伎数万引而南，人惧自杀者不可胜计。救兵逐之，嵯巅身自为殿，至大渡河，谓华人曰："此吾南境，尔去国，当哭！"众号恸，赴水死者十三。自是南诏工文织，与中国埒。明年，嵯巅上表谢罪，请诛元颖。诏贬元颖为循州司马。

太和四年，以李德裕为西川节度使。蜀自南诏入寇，一方残弊。德裕既至，作筹边楼，图蜀地形，南暨南诏，西达吐蕃，日召习边事[146]者，访求险要，未踰月，皆若身尝涉历。乃练士卒，葺堡障，积粮储以备边，蜀人粗安。因索南诏所掠百姓，得四千人。又请甲人于安定，弓人河中，弩人浙西，由是，蜀之器械皆犀锐。率户二百取一人习战，谓之"雄边子弟"，总十一军。筑仗义城[147]，以制大渡、清溪关之阻。又作御辱、柔远二城，复邛崃关，徙嶲州治台登，以夺蛮险。于是，南诏浸惧，不敢寇边。五年，又遣使贡方物。

六年，南诏掠骠国民三千，徙之柘东。

开成（836年—840年）中，南诏王丰祐遣使入贡。

武宗会昌二年（842年），南诏遣使来朝。

会昌六年丙寅九月，南诏寇安南，经略使裴元裕死之（或作"贬之"）。

宣宗大中十年丙子（856年），南诏建五华楼于东京，以会西南夷十六国国君长。楼方广五里，高百尺，上可容万人。又树碑金马山，以记方物（丰祐改元二：曰保和，曰天启）。

大中十二年，李琢为安南经略史，苟墨自私，以斗盐易一牛。夷人不堪，结南诏将段酋迁陷安南都护府，号"白衣没命军"。南诏发朱弩佉苴三千助守。然朝贡犹岁至，从者多。杜悰自川西入朝，表无多内蛮僳。丰祐怒，即慢言索质子，谋叛唐[148]。

大中十三年己卯八月，宣宗崩，遣史告哀于南诏。是时，丰祐亦死（在位三十七年）于东京，子坦绰（官名）酋隆立（隆字犯庙讳，《唐书》改为龙），恚朝廷不吊恤；又诏书乃赐故王，以草具进使者而遣。遂僭称皇帝，自号大礼国，建元建极，谥丰祐曰昭成，改西京为中都，东京为上都。

懿宗咸通元年（860年），以酋龙名犯玄宗，[149]绝其朝贡。酋龙遂陷播州。安南都护李鄠屯武州，蛮攻之，弃州走。天子斥鄠，以王宽代之。

咸通二年，南诏攻邕管，经略使李弘源兵少不能拒，奔峦州[150]。南诏亦引去。时杜悰当国，请帝遣使吊祭示恩信，并诏骠信，易名乃得封。乃命左司郎中孟穆持节往，会南诏陷嶲州，穆止不行。

咸通三年壬午，以湖南观察使蔡袭代王宽为安南都护，发诸道兵二万屯守，南诏惮畏不敢出。会诏左庶子蔡京节制岭南，忌袭成功，乃言："南方无虞，聚兵耗馈运，请撤还。"袭执不可，乞留五千防边，累表不敢报。京还奏，得意甚，又请析广州为岭南东道，邕州为西道。帝授京为西道节度使。京褊忮[151]贪克[152]，峻条令，为炮熏[153]剺斯[154]法，为众所逐，贬死崖州。既而南诏攻交州，进略安南，发湖、荆、桂兵五千屯邕州。复诏袭按兵海门。酋将杨思缙[155]、麻光高引兵六千，薄城而屯。袭尽力坚守，竟以兵寡不能支。

咸通四年正月，蛮兵攻城益急，袭录异牟寻铭言⑮，射入其营，不答。俄⑮而城陷，袭宗死者七十⑮人。幕府樊绰取袭印走渡江。荆南兵苦战，斩蛮军二千级。是夜，蛮遂屠城。有诏诸军保岭南，更以秦州经略使高骈为安南都护（南诏屠城，杀掳十五万人，使杨思缙以兵二万屯龙州，窥内地）。

五年，南诏回掠嶲州，西川节度使萧邺率属蛮鬼主，邀击于大度河⑮，败之。四月，南诏复寇邕州，官军陷没者五万人。节度康承训不知所为。有小校率勇士三百人，夜缒城出，烧其营。贼大惊，解围去。承训奏捷，加检校右仆射，而小校不迁，军士怨愤。

六年，南诏复攻嶲州。刺史喻士珍贪狯，阴掠两林东蛮口缚卖之，以易蛮金，故开门降。蛮兵尽杀戍卒，士珍遂臣于蛮。

是时，安南久屯，两河锐士死瘴毒者十七，宰相杨收议罢北军，以江西为镇南军，募强弩二万建节度，地便近，易调⑯发。诏可。夏侯孜亦以容管经略使张茵懦，不足事，悉以兵授高骈。骈以选士五千渡⑯江，败林邑兵于邕州，击南诏龙州屯，蛮酋烧赍畜走。酋龙⑯遣杨绪思助酋迁共守安南，以范脆些为安南都统，赵诺眉为扶邪都统。

咸通七年戌丙三月，以刘潼为西川节度使。初，酋龙使清平官董成等十九人诣成都，节度使李福将廷见之，成辞欲以敌国礼见福，不许。导译五返，议不决。福怒，命武士捽辱之，械系于馆。至是七年而潼代福，初至即挺其系，表纵还。有诏召成等至京师，见别殿，赐物良厚，慰遣还国。

明年，酋龙遣杨酋庆等入朝谢。六月，高骈率师次交州，战数胜，士酣斗，一以当百。蛮将张诠被戮，李溠龙举众万人降，杨绪思出战败还。唐军乘胜超堞入城，斩酋迁、脆些、诺眉，上首三万级，安南平。方骈破龙州屯，监军李维周忌其功，匿捷书不上。帝问状，反言骈玩寇不进。帝忧之，命王晏权代骈，维周遽檄骈回。适骈已平安南，遣王惠赞⑯传酋迁首献捷京师。天子大悦，进骈检校刑部尚书，静海军节度使，仍镇安南。骈荐其从孙浔⑯为都护，因凿开五道，通漕运，修广大罗城。南诏畏之，不敢东侵⑯。

咸通十年己丑五月，南诏酋龙倾国大举入寇。初，李师望建言，请析蜀、嘉、眉、黎、雅、邛、嶲七州为定边军，制机事。帝从之。即诏师望为节度使，治邛州。邛去嶲千余里，缓急不相副，而师望利专制，讳不言。而贪婪无厌，私赂以百万计。又欲激蛮怒，幸有功，乃杀蛮使杨酋庆。戍士皆愤怒，谋醢师望以逞，会召还，以窦滂代之⑯。滂耆冒尤不法，苛纤甚师望。酋龙怨杀其使，乃入寇，以兵缀清溪关，密引众伐木开道，径雪岅，盛夏，卒冻死者二千人。出沐源，窥嘉州。滂遣兖海兵五百往战，全没。酋龙自将众五万侵嶲州，攻清溪关。屯将杜再荣绝大渡河走，诸屯皆退保北涯。蛮攻黎州，诡服汉衣，济江。杨忞屯军江上，御之。蛮不得进，乃由上流潜渡，杀忠武将颜庆师，忞力战九日，力竭败绩，走成都，州遂陷。

十一年正月，蛮攻杜再荣，滂自勒兵战。蛮遣使十辈，诈请和。滂信之，语未半，蛮桴争岸，噪而进。滂将自杀，武宁将苗全绪止之，殊死战，蛮稍却，滂乃遁。黎州遂陷，人走匿山谷，蛮掠金、帛不胜负。遂入邛崃关，围雅州，旁掠眉州。酋龙进攻成都，西川节度使庐耽[167]以援兵未集，屡遣使约和，更遣史飞奏，请遣大使通好，以纾其深入。懿宗驰遣太仆卿支详为和蛮使。蛮本无谋，不能乘机会鼓行亟驱，乃贪图卤剽小利，处处留屯，故蜀孺老得扶携悉入成都。阛里皆满，户所占地不得过一床，雨则冒箕盎自庇。城中井为竭，则共饮摩诃池，至争捽溺死者。故泸州刺史杨庆复为耽治守城器具。又选悍士三千，号"突将"，持长刀、巨挝斧，左右番[168]休，巡守城堞。酋龙自双流徐行。蛮稍前，传外郭。于是，游奕使王昼督援兵三千屯毗桥。窦滂亦以其军自导江来，屯广汉。自以失定边，觊成都陷，得薄其罪。战殊不力。耽部李自孝与叛人喻士珍善，潜约为内应。事觉，耽斩自孝[169]以徇。

二月，蛮以云梁、鹅车四面攻城，耽投膏炬焚之，箱间蛮卒尽死。又遣李璠[170]、张察率突将战城下，俘[171]斩蛮首二千级。蛮又彻[172]民郛落[173]为蓬笼，冒冲车处。蛮于内推以穴堵。杨忞贮粪沈泼蛮以破之。蛮益治攻具斧斤，昼夜有声，将攻锦楼，众失色。耽遣将出，三面苦战，蛮稍引却。蛮夜来攻，城上旋铁笼千炬，贼不敢近。

和蛮使者支详遗牒赴蛮营，约好，蛮犹搏战不解。判官陈克裕[174]以北门兵二千[175]乘之，蛮乃走。支详欲会酋龙议和，或止之。蛮复围成都，夜穿西北隅，黎旦乃觉，即颓焚火[176]于墙[177]，蛮皆死穴中。

是时，东川节度使颜庆复兵次新都，博野将曾元裕败蛮兵，斩二千级。南诏骑数万晨压官军以骋，大将宋威以忠武兵战，斩首五千，获马四百尾。蛮退屯星宿山，威进戍沱江。酋龙遣酋望至支详所请和，详不许。耽遣锐将趣蛮壁烧攻具，杀二千人，为蛮所蹑，却而溃。[178]蛮闻凤翔、山南军且来，乃迎战毗桥，不胜，趋沱江，为伏士所击，又败。城中出突将，夜火蛮营。后三日，王师夺升迁梁[179]，蛮大败。酋龙知不敌，夜撤[180]营南奔，至双流，江无梁，计穷，将赴水死，或止之，伪请和。三日梁成而济，即断梁，徐行。黎州刺史严师本[181]收散卒保邛州，酋龙围二日，不能克而去。酋龙年少，嗜杀戮，亲戚、异己者皆斩，兵出无宁岁[⑫]，众国因之虚耗。蜀寇之后，男子十五以下悉发，妇耕以饷军。南诏由是亦渐弱矣！

十四年癸巳，酋龙复遣坦绰寇黎州，絚舟大度河以济，刺史黄景复击之。蛮夜循河桴上流，夹攻濒水诸屯，景复败，走还黎州。蛮蹑追景复与战，败之。蛮仆息旗鼓，诈称"上书天子白冤"[⑬]。梁成而济，黎州陷。遂攻雅州，击定边军，溃卒入邛州。成都大震。坦绰遣王成保等四十人赍骠信书遗节度使牛丛，欲假道入朝，请憩蜀王故殿。刺史杨庆谏，还书数其罪，切责之。坦绰至新津而还，遂寇黔中，陷播州，[⑭]招讨使杨端攻复之，世有其地（传至杨应龙）。

会僖宗立，遣金吾将军韩重往使。俄攻黎州，黄景复击走之。

【注释】①徒莫抵蛮：也写作"徒莫祇蛮"，《新唐书·列传第一百四十七下·南蛮下》又写作"徒莫只蛮"。

②蛮：原抄本无，今增。

③共范川：南宁城在府西平川中，地名三岔，旧名共范川。

④来：原抄本无，今据文意补。

⑤伟：原抄本作"纬"，今据《通典·卷一百八十七·边防三》改。

⑥昆弥：即汉之昆明。

⑦附：原抄本无，今据文意补。

⑧廨（xiè）舍：官署，旧时官吏办公处所的通称。

⑨"仁寿实告以不得擅留"三句：《新唐书·循吏传·韦仁寿》载："仁寿乃告以实曰：'吾奉诏第抚循，庸敢擅留？'夷夏父老乃悲啼祖行，遣子弟随贡方物。"祖行，指饯行。

⑩酋：原抄本无，今据《新唐书·列传第一百四十七下·南蛮下》补。

⑪原抄本"摩"字后有一"率"字，应为衍文，故删。

⑫右武侯：原抄本为"右武卫"，今据《新唐书·列传第一百四十七下·南蛮下》、《资治通鉴·卷第一百九十九》改。

⑬酋长：《新唐书·列传第一百四十七下·南蛮下》为"酋帅"，《资治通鉴·卷第一百九十九》为"蛮酋"。

⑭十余万：《滇考校注·唐初经理滇中》同，《新唐书·列传第一百四十七下·南蛮下》为"十余"，《资治通鉴·卷第一

百九十九》为"千余人"。考虑到讨伐的对象人数众多
（"松外诸蛮夷"），影响巨大（"群蛮震骇，走保山谷"），故
杀获"十余万"是可能的，只是杀获"千余人"，应该不会
有如此大的影响。

⑮部：原抄本为"城"，今据《新唐书·列传第一百四十七
下·南蛮下》改。

⑯兵：原抄本为"岳"，今据《新唐书·列传第一百四十七
下·南蛮下》改。

⑰杨同外：原抄本为"杨栋"，今据《新唐书·列传第一百四
十七下·南蛮下》改。

⑱览：原抄本作"监"，今据《新唐书·列传第一百四十七
下·南蛮下》改。

⑲郎州：原抄本作"邛州"，多书皆同，今据《新唐书·列传
第一百四十七下·南蛮下》改。

⑳都督府：原抄本作"都督"，今据《新唐书·列传第一百四
十七下·南蛮下》补。

㉑罗仵侯山：在云南马龙县西。原抄本作"罗仵山"，今据
《新唐书·列传第一百四十七下·南蛮下》增改。

㉒都干：原抄本作"都千"，今据《新唐书·列传第一百四十
七下·南蛮下》改。

㉓追至州：《滇考校注·唐初经理滇中》四库本作"追至周"，
《新唐书·列传第一百四十七下·南蛮下》作"逐北至周近
水"。

㉔俭弥于：原抄本作"俭弥千"，《滇考校注·唐初经理滇中》
作"俭弥干"，今据《新唐书·列传第一百四十七下·南蛮
下》改。下同。

㉕董朴：原抄本为"董扑"，今据《滇考校注·唐初经理滇
中》、《新唐书·列传第一百四十七下·南蛮下》改。

㉖阵：《新唐书·列传第一百四十七下·南蛮下》作"栅"。

㉗明年：在胡蔚《南诏野史》上卷中，则说下文之事发生在永
徽四年（653 年）。

㉘匡川：原抄本为"匡州"，今据《旧唐书·志第二十一·地
理四》、《新唐书·志第三十三下·地理七下》改。

㉙更隶戎州：《新唐书·列传第一百四十七下·南蛮下》为"更置戎州都督"。

㉚舍龙（máng）：多写作"舍龙"

㉛关于此鸟，《僰古通纪浅述校注》记作"布谷"，胡蔚《南诏野史》上卷记作"金镂鸟"。

㉜始筑城巄屿图山上：胡蔚《南诏野史》上卷说此事发生在永徽元年（公元650年）。巄屿图山，又写作"垅圩图山"，位于云南省巍山彝族回族自治县西北庙街镇西北，距县城约20公里。图，原抄本为"团"，今改。

㉝永徽六年：胡蔚《南诏野史》上卷则说此事发生在永徽四年（653年）。

㉞逻盛炎：《记古滇说集》为"乐诚"，《滇考校注·南诏始兴》四库本作"罗炎"，《僰古通纪浅述校注》为"罗晟"，现多写作"罗盛"。

㉟高宗：原抄本误作"高祖"，今改。

㊱杨栋附显：原抄本作"杨栋"，《资治通鉴·卷第二百》为"杨栋附"，今据《新唐书·列传第一百四十七下·南蛮下》、《文献通考·卷三百三十·四裔考七》改。

㊲显和蛮：《资治通鉴·卷第二百》同，《新唐书·列传第一百四十七下·南蛮下》、《文献通考·卷三百三十·四裔考七》则皆作"和蛮"。

㊳总章二年：《新唐书·列传第一百四十七下·南蛮下》中是"总章三年"，但《辞海》的《中国历史纪年表》之《唐纪年表》中只有"总章二年"，并无"总章三年"，故此处未按《新唐书》改。

㊴己巳：原抄本误作"己巳"，今改。

㊵汤望州：原抄本作"望州"，今据《新唐书·列传第一百四十七下·南蛮下》增补。

㊶"又析昆明之地为殷州、捴州、敦州"五句：在《新唐书·列传第一百四十七下·南蛮下》中，此两件事发生在咸亨三年（公元672年）。

㊷梁积寿：原抄本为"姚积寿"，今据《新唐书·本卷第三·高宗》、《资治通鉴·卷第二百二》改。

㊸刘惠基：原抄本为"刘惠"，今据《新唐书·列传第四十五·五王》增改。

㊹州掾李棱：原抄本为"参军李漆"，今据《新唐书·列传第四十五·五王》改。

㊺四年：原抄本为"五年"，显系错误，因为武后以垂拱作年号，只采用了四年，故改。

㊻神功元年：在《资治通鉴·卷第二百六》中，下文之事发生于"圣历二年（699年）"。

㊼"蜀州刺史张柬之请罢姚州"四句：《资治通鉴·卷第二百六》载："蜀州每岁遣兵五百人戍姚州，路险远，死亡者多。蜀州刺史张柬之上言，以为：姚州本哀牢之国，荒外绝域，山高水深。国家开以为州，未尝得其盐布之税，甲兵之用，而空竭府库，驱率平人，受役蛮夷，肝脑涂地，臣窃为国家惜之。请废姚州以隶嶲州，岁时朝觐，同之蕃国。泸南诸镇亦皆废省，于泸北置关，百姓非奉使，无得交通往来。'疏奏，不纳。"更详细的内容，见《新唐书·列传第四十五·五王》。

㊽乙巳：原抄本误作"己巳"，今改。

㊾讨击使：原抄本作"击讨使"，今据《新唐书·本卷第四·中宗》、《新唐书·列传第一百四十一上·吐蕃上》改。

㊿吕丘均：《大唐新语·卷十一·褒锡第二十四》为"间丘均"。间丘均，益州成都人，以文章著称，与陈子昂、杜审言齐名，武后时罢官流寓南中。约唐中宗景龙三年（709年）前后在世。

51庚戌：原抄本误作"庚戍"，今改。

52御史：原抄本作"节度使"，《旧唐书·列传第一百四十六上·吐蕃上》、《资治通鉴·卷第二百一十》为"摄监察御史"，《新唐书·列传第一百二十四·儒学中》为"监察御史"，而《新唐书·列传第一百四十七中·南蛮中》之"遝睒诏"条、胡蔚《南诏野史》上卷"罗盛炎"条则作"御史"，本书下文"邓睒诏"部分也如是，故改。

53逻盛炎：原抄本作"罗盛炎"，为与上文统一，并遵循父子联名制的特点，今据《新唐书·列传第一百四十七上·南蛮上》改。下文南诏帝王中的“罗”字，皆遵循父子联名制的特点统一改为“逻”，一般不再一一出注。

(54)佛言：《滇史》卷四、《滇考校注·南诏始兴》为“佛书”。

(55)大匠：原抄本误作“大匹”，今改。

(56)在《滇史》卷四、《滇考校注·南诏始兴》中，“徽义”后有一“等”字。

(57)大厘城：在今云南大理市喜洲。《新唐书·列传第一百四十七上·南蛮上》作“大厘”。

(58)“杀巂州都督张审素”二句：《资治通鉴·卷第二百一十三》载：“或告巂州都督解人张审素赃污，制遣监察御史杨汪按之。总管董元礼将兵七百围汪，杀告者，谓汪曰：‘善奏审素则生，不然则死。’会救兵至，击斩之。汪奏审素谋反，十二月，癸未，审素坐斩，籍没其家。”

(59)啖（dàn）：引诱。

(60)原抄本“一”后有一“归”字，根据文意，应为衍文，故删。

(61)照原：原抄本缺“原”字，今据前文，并据《新唐书·列传第一百四十七中·南蛮中》补。

(62)东北：原抄本缺“东”字，今据《蛮书·六诏》、《新唐书·列传第一百四十七中·南蛮中》补。

(63)龙佉河：即今天的云南永胜县程海，它位于该县中部，南北长20千米，东西均宽4千米，平均水深25.9米，面积77.2平方千米，是云南省八大高原湖泊之一。原抄本为“龙怯河”，今据《新唐书·列传第一百四十七中·南蛮中》改。

(64)原抄本“于赠”后有一“授”字，应为衍文，故删。

(65)邓睒：《蛮书·六诏》、《滇史》卷四中作“邆赕”，而《新唐书·列传第一百四十七中·南蛮中》中作“邆睒”，此处“睒”字从《新唐书》未改，“邓”字则为与下文“皮罗邓”相一致，而未依《新唐书》改。

(66)原抄本“大战”后有“咩罗皮走保野共川”一句，根据下文文意并据《新唐书·列传第一百四十七中·南蛮中》可知是赘句，故删。

(67)野共川：今鹤庆一带。原抄本作“野共州”，今据《新唐书·列传第一百四十七中·南蛮中》改。

○68 皮罗邓:《蛮书·六诏》作"皮罗邆"。

○69 邓罗颠:《蛮书·六诏》作"邆罗颠"。

○70 颠文托:原抄本为"颠文託",《蛮书·六诏》作"颠之托"。今据《新唐书·列传第一百四十七中·南蛮中》改。

○71 原抄本"称"字后还有一"称"字,今据《新唐书·列传第一百四十七中·南蛮中》删。

○72 望欠:《新唐书·列传第一百四十七中·南蛮中》作"施望欠"。

○73 兰江:澜沧江。

○74 罗颠:《新唐书·列传第一百四十七中·南蛮中》作"千旁罗颠"。

○75 矣川罗识:原抄本为"川罗识",《蛮书·六诏》作"剑川矣罗识"。今据《新唐书·列传第一百四十七中·南蛮中》增改。

○76 阁逻凤:原抄本作"阁罗凤",为与前文相统一,故改。下同。

○77 《新唐书·列传第一百四十七上·南蛮上》于"金钿"后有一"带"字。

○78 步头:今云南建水,又说是今云南元江。

○79 原抄本在"昆州刺史"与"爨祺"之间脱漏"爨日进、黎州刺史",今据《南诏德化碑》补之。

○80 㟖山:《南诏德化碑》、《滇史》卷五皆作"螺山"。

○81 日进:原抄本作"爨暹",《南诏德化碑》则无,今据《新唐书·列传第一百四十七下·南蛮下》、《滇史》卷五等改。

○82 并:《新唐书·列传第一百四十七下·南蛮下》作"杀"。

○83 寻:《新唐书·列传第一百四十七下·南蛮下》作"俄"。

○84 暹(xiān)罗:古国名。位于今泰国宋家洛一带,为泰族速古台王朝所建。

○85 八百:应指八百媳妇国。相传其酋长有妻八百,各领一寨,故名。旧址在今缅甸掸邦东部萨尔温江以东,湄公河以西地区。

○86 真腊:中南半岛古国名。亦称扶南、真腊、贞腊、占婆。

706 年，曾分为二国：北部多山，称陆真腊；南部近海，称水真腊，又称文单国。在中国历史上，汉代称为扶南，隋代称吉蔑，唐代称真腊，元代称甘孛智，明代称柬埔寨。

⑧⑦占城：古国名，亦称占婆，旧址在今越南中南部。公元192年（一说137年）建立，17世纪末亡于广南阮氏。

⑧⑧五年：胡蔚《南诏野史》上卷同，《滇考校注·南诏始兴》则作"四年"。

⑧⑨二十年：原抄本作"二十二年"，今据胡蔚《南诏野史》上卷和《僰古通纪浅述校注》改。

⑨⑩何履光：唐代珠崖郡（即唐崖州，治所在舍城县，今琼山县旧州镇）人。唐玄宗、肃宗朝先后历任都督（地方高级武政长官）、特进（唐代文散官之第二阶，为正二品）、左武卫大将军（禁军的高级军官）和岭南节度使等职。玄宗天宝年间，曾率十道兵平定南诏，取安宁城（即今云南省安宁县）及盐井，复立东汉马援铜柱。时人称之"有谋赞之能，明恤之量"。原抄本作"河履光"，今据《新唐书·列传第一百四十七上·南蛮上》改。

⑨①故事：按照旧例。

⑨②诟訾：辱骂，叱责。

⑨③八年己丑：原抄本作"十载辛卯"，《滇考校注·南诏叛杀张虔陀、李宓等》作"九年"，今据《新唐书·列传第一百四十七上·南蛮上》和《旧唐书·列传第一百四十七下·南蛮、西南蛮》改。

⑨④允：原抄本作"久"，今据文意并按《滇考校注·南诏叛杀张虔陀、李宓等》改。

⑨⑤王天运：原抄本作"王大运"，今据《南诏德化碑》、《滇考校注·南诏叛杀张虔陀、李宓等》改。

⑨⑥战胔（zì）：阵亡的尸体。胔，带有腐肉的尸骨，也指整个尸体。

⑨⑦僭（jiàn）：超越本分。

⑨⑧凡：原抄本和《滇史》卷五皆作"几"，今据文意改。

⑨⑨因：原抄本作"囚"，今据文意改。

⑩寻传：今澜沧江上游以西至缅甸克钦邦境内祁鲜山以东

地区。

⑩"畏武侯誓"二句：《新唐书·列传第一百四十七上·南蛮上》载："广德初，凤迦异筑柘东城，诸葛亮石刻故在，文曰：'碑即仆，蛮为汉奴。'夷畏誓，常以石搘捂。"搘（zhī），古同"支"，支撑。

⑩凤迦异：原抄本作"凤伽异"，为与前文相统一，故改。

⑩文川：《滇史》卷五作"汶川"，现一般也写作"汶川"。

⑩原抄本在"授"字前有一"别"字，今删。

⑩发邠、陇、范阳兵五千：赵心愚认为，应标点为"发邠、陇、范阳兵五千"。详见其文《〈资治通鉴〉及新、旧〈唐书〉有关记载标点订误五则》，载《民族研究》2010年2期。此处仍按中华书局标点本标注，未依赵说。

⑩颠踣：跌倒。

⑩十万：原抄本作"千万"字，显然过于夸张，今据《新唐书·列传第一百四十七上·南蛮上》改。

⑩五岳：东岳乌蒙山、南岳无量山、西岳高黎贡山、北岳玉龙雪山、中岳点苍山。

⑩四渎：澜沧江、黑惠江、怒江、金沙江。

⑩设：原抄本作"该"，今据《滇史》卷五和《滇考校注·南诏异牟寻复归唐》改。

⑪九爽、三托：南诏政治制度深受中原影响，初期官制有六曹，即兵曹、户曹、客曹、法曹、士曹和仓曹，基本是沿袭唐朝地方官制。后期改六曹为九爽、三托。九爽是幕爽，主兵；琮爽，主户籍；慈爽，主礼；罚爽，主刑；劝爽，主官人；厥爽，主工作（程）；万爽，主财用；引爽，主宾客；禾爽，主商贾。三托是乞托，主马；禄托，主牛；巨托，主仓。

⑪二都督：指会川都督（今四川会理）、通海都督（今通海）。

⑪六节度：弄栋节度（今姚安）、永昌节度（今保山）、银生节度（今景东县）、剑川节度（今剑川）、拓东节度（今昆明）、丽水节度（今缅甸境内）。另外还设过安南节度、铁桥节度，后废除。又有七节度之说。

⑪十睒：云南睒（今祥云云南驿）、白崖睒（又称勃弄睒，今

弥渡)、品澹睒（今祥云）、邓川睒（今洱源邓川）、蒙舍睒（今巍山、南涧及弥渡西部）、大理睒（又称史睑，今大理喜洲）、苴咩睒（今大理古城）、蒙秦睒（今巍山北部及漾濞大部）、矣和睒（今洱源）和赵州睒（今大理凤仪）。

⑪⑤木落山：原抄本作"落木山"，今据胡蔚《南诏野史》上卷和《滇考校注·南诏异牟寻复归唐》改。

⑪⑥神川：今丽江北部。原抄本作"神州"，现据胡蔚《南诏野史》上卷和《滇考校注·南诏异牟寻复归唐》改。

⑪⑦箠（chuí）榜：用戒尺一类击打。相传郑回的教育非常严厉，即使是贵为帝王的凤迦异和异牟寻，都要受他的箠打。箠，通"棰"。《新唐书·列传第一百四十七上·南蛮上》作"棰榜"。

⑪⑧惏（lán）刻：贪残刻薄。

⑪⑨四忍：《新唐书·列传第一百四十七上·南蛮上》云："异牟寻世为唐臣，曩缘张虔陀志在吞侮，中使者至，不为澄雪，举部惶窘，得生异计。鲜于仲通比年举兵，故自新无繇。代祖弃背，二蕃欺孤背约。神川都督论讷舌使浪人利罗式眩惑部姓，发兵无时，今十二年。此一忍也。天祸蕃廷，降衅萧墙，太子弟兄流窜，近臣横污，皆尚结赞阴计，以行屠害，平日功臣，无一二在。讷舌等皆册封王；小国奏请，不令上达。此二忍也。又遣讷舌逼城于鄙，弊邑不堪。利罗式私取重赏，部落皆惊。此三忍也。又利罗式骂使者曰：'灭子之将，非我其谁？子所富当为我有。'此四忍也。"

⑫⑩四难忍：《新唐书·列传第一百四十七上·南蛮上》云："今吐蕃委利罗式甲士六十侍卫，因知怀恶不谬。此一难忍也。吐蕃阴毒野心，辄怀搏噬。有如媮生，实污辱先人，辜负部落。此二难忍也。往退浑王为吐蕃所害，孤遗受欺；西山女王，见夺其位；拓拔首领，并蒙诛刈；仆固志忠，身亦丧亡。每虏一朝亦被此祸。此三难忍也。往朝廷降使招抚，情心无二，诏函信节，皆送蕃廷。虽知中夏至仁，业为蕃臣，吞声无诉。此四难忍也。"

⑫①皋：原抄本无，为使句子含义明晰，今据《新唐书·列传第一百四十七上·南蛮上》补。

⑫燎：燃起火炬。

⑫寻诺劝：通称"寻阁劝"。

⑫载书四：原抄本为"为载书"，不太通畅，故据《新唐书·列传第一百四十七上·南蛮上》改。

⑫五千：原抄本作"三千"，今据《新唐书·列传第一百四十七上·南蛮上》和《滇考校注·南诏异牟寻复归唐》改。

⑫明年：原抄本无，今据《新唐书·列传第一百四十七上·南蛮上》增之。

⑫刘幽岩：原抄本作"刘幽永"，今据《新唐书·列传第一百四十七上·南蛮上》改。

⑫诘旦：次日早晨。

⑫原抄本在"击"字后有一"乐"字，据《新唐书·列传第一百四十七上·南蛮上》，显系衍文，故删。

⑬郁刃：诸书写法不一，《新唐书·列传第一百四十七上·南蛮上》、《滇考校注·南诏异牟寻复归唐》为"郁刃"，《滇史》卷六、胡蔚《南诏野史》上卷作"郁刀"。《新唐书》中直接说"郁刃，……浪人所铸，故亦名浪剑"，《滇史》、《南诏野史》中的注释也采此说，《滇考校注》提到这两件利器，但未说它们相同。

⑬瑟瑟：碧珠。

⑬氎（dié）：细绵布。《新唐书·列传第一百四十七下·南蛮下》载："古贝，草也，缉其花为布，粗曰贝，精曰氎。"

⑬施蛮：据《新唐书·列传第一百四十七上·南蛮上》载："施蛮者，在铁桥西北，居大施睒、敛寻睒。男子衣缯布；女分发直额，为一髻垂后，跣而衣皮。"

⑬顺蛮：据《新唐书·列传第一百四十七上·南蛮上》载："顺蛮本与施蛮杂居剑、共诸川。咩罗皮、铎罗望既失遵川、浪穹，夺剑、共地，由是徙铁桥，在剑睒西北四百里，号剑羌。"

⑬茫蛮：据《新唐书·列传第一百四十七上·南蛮上》载："茫蛮本关南种，茫，其君号也，或呼茫诏。永昌之南有茫天连、茫吐薅、大睒、茫昌、茫鲊、茫施，大抵皆其种。楼居，无城郭。或漆齿，或金齿。衣青布短裤，露骭，以缯布

滇鉴

131

缭腰，出其余垂后为饰。妇人披五色娑罗笼。象才如牛，养以耕。"

⑯弄栋蛮：据《新唐书·列传第一百四十七上·南蛮上》载："弄栋蛮，白蛮种也。其部本居弄栋县鄙地，昔为褒州，有首领为刺史，误杀其参军，挈族北走。后散居磨些江侧，故剑、共诸川亦有之。"

⑰汉裳蛮：据《新唐书·列传第一百四十七上·南蛮上》载："汉裳蛮，本汉人部种，在铁桥。惟以朝霞缠头，余尚同汉服。"原抄本作"裳蛮"，今增改。

⑱该句原抄本无，为了在句式上与前文"置白崖城"、"隶昆山西爨故地"相对应，今据《新唐书·列传第一百四十七上·南蛮上》增。

⑲等：原抄本缺，今《新唐书·列传第一百四十七·南蛮上》增。

⑭慰：《新唐书·列传第一百四十七·南蛮上》为"尉"。

⑭"十八年"三句：此事各书记载不一，《旧唐书·列传第一百四十七上·南蛮、西南蛮》为"（骠国）古未尝通中国。贞元中，其王（摩罗惹）闻南诏异牟寻归附，心慕之。八年，乃遣其弟悉利移因南诏重译来朝，又献其国乐凡十曲，与乐工三十五人俱。"《唐会要·卷一百》为："贞元十八年春正月，南诏使来朝，骠国王始遣其弟悉利移来朝。"《资治通鉴·卷第二百三十六》是"（贞元十八年）春，正月，骠己摩罗思那遣其子悉利移入贡。骠国在南诏西南六千八百里，闻南诏内附而慕之。因南诏入见，仍献其乐。"原抄本有两个"因"字，今删去其一。

⑭骠信：《新唐书·列传第一百四十七中·南蛮中》作"膘信"，"夷语君也"。

⑭伪：原抄本作"为"，今改。

⑭趫（qiáo）：行动敏捷。

⑭西郛（fú）：西边的外城。郛，古代城池外围的大城。

⑭边事：原抄本作"边使"，今据《资治通鉴·卷第二百四十四》和《滇考校注·南诏王嵯巅入寇》改。

⑭仗义城：原抄本作"伏义城"，今据《资治通鉴·卷第二百

四十四》和《滇考校注·南诏王嵯巅入寇》改。

⑭⑧"然朝贡犹岁至"七句：《资治通鉴·卷第二百四十九》云："初，韦皋在西川，开青溪道以通群蛮，使由蜀入贡。又选群蛮子弟聚之成都，教以书数，欲以慰悦羁縻之。业成则去，复以他子弟继之。如是五十年，群蛮子弟学于成都者殆以千数，军府颇厌于禀给。又，蛮使入贡，利于赐与，所从傔人浸多，杜悰为西川节度使，奏请节减其数，诏从之。南诏丰祐怒，其贺冬使者留表付巂州而还。又索习学子弟，移牒不逊，自是入贡不时，颇扰边境。"内，通"纳"。傔，侍从。

⑭⑨以酋龙名犯玄宗：因酋龙的真名叫"酋隆"，它犯了唐玄宗李隆基的名讳，故有此说。

⑮⓪峦州：在今广西横县一带。原抄本作"蛮州"，今据《新唐书·列传第一百四十七中·南蛮中》改。

⑮①褊忮（biǎnzhì）：褊狭嫉恨。褊，心胸狭隘，气量小。忮，忌恨，嫉妒。原抄本作"肢"，今据《新唐书·列传第一百四十七下·南蛮中》改。

⑮②克：原抄本为"刻"，今据《新唐书·列传第一百四十七中·南蛮中》改。

⑮③炮熏：原抄本为"炮薰"，今据《新唐书·列传第一百四十七中·南蛮中》改。

⑮④刳斫（kūzhuó）：犹斩杀。刳，剖开。斫，斩，砍。

⑮⑤杨思僭：原抄本作"杨思楷"，今据《新唐书·列传第一百四十七中·南蛮中》改。下同。

⑮⑥铭言：《新唐书·列传第一百四十七中·南蛮中》作"盟言"。

⑮⑦俄：原抄本作"低"，今据《新唐书·列传第一百四十七中·南蛮中》改。

⑮⑧七十：原抄本作"七千"，今据《新唐书·列传第一百四十七中·南蛮中》和《滇考校注·南诏世隆僭号》改。

⑮⑨大度河：现写作"大渡河"。

⑯⓪调：原抄本无，今据《新唐书·列传第一百四十七中·南蛮中》增。

⑯渡：原抄本作"度"，今改。

⑯酋龙：原抄本作"龙酋"，今改。

⑯王惠赞：原抄本作"王应赞"，今据《新唐书·列传第一百四十九下·叛臣下》、《滇考校注·南诏世隆僭号》改。

⑯孙浔：原抄本作"孙鄩"，今据《新唐书·列传第一百四十九下·叛臣下》改。

⑯侵：原抄本作"京"，不通，今据《滇考校注·南诏世隆僭号》改。

⑯代之：原抄本作"沓冒"，今据《新唐书·列传第一百四十七中·南蛮中》改。

⑯庐耽：原抄本为"卢耽"，今据《新唐书·列传第一百四十七中·南蛮中》改。

⑯番：原抄本为"悉"，今据《新唐书·列传第一百四十七中·南蛮中》改。

⑯自孝：原抄本作"孝忠"，不符文意，故改。

⑰李琦：原抄本脱漏"李"字，今据《新唐书·列传第一百四十七中·南蛮中》增。

⑰俘：原抄本无，今据《新唐书·列传第一百四十七中·南蛮中》增。

⑰彻：原抄本作"撤"字，今据《新唐书·列传第一百四十七中·南蛮中》改。

⑰郭落：篱笆之类的屏障。原抄本作"障落"，今据《新唐书·列传第一百四十七中·南蛮中》改。

⑰程克裕：原抄本作"陈克裕"，今据《新唐书·列传第一百四十七中·南蛮中》改。

⑰二千：原抄本为"三千"，今据《新唐书·列传第一百四十七中·南蛮中》改。

⑰茭火：原抄本作"艾火"，今据《新唐书·列传第一百四十七中·南蛮中》改。

⑰壖（ruán）：通"堧"，此指城墙外的田地。

⑰却而溃：原抄本作"溃而却"，今据《新唐书·列传第一百四十七中·南蛮中》改。

⑰升迁梁：原抄本作"升仙梁"，今据《新唐书·列传第一百

四十七中·南蛮中》改。

⑱撤：《新唐书·列传第一百四十七中·南蛮中》为"彻"。

⑱严师本：原抄本作"颜师本"，今据《新唐书·列传第一百四十七中·南蛮中》改。

⑱原抄本在"岁"字后有一"众"字，应为衍文，故删。

⑱上书天子白冤：《新唐书·列传第一百四十七中·南蛮中》为"坦绰欲上书天子白冤事"。

⑱陷播州：《新唐书·列传第一百四十七中·南蛮中》中无此记载。

迪　　　　孙

凡　例

一、谓曰《迪孙》，时因其质而互论之，自不可以年代之先后次，更不可以品汇之分别门矣。惟随论即为随书，随时便听，随编披阅之，大人先生幸相谅焉。

二、心之所触，纵口成文统，便吾迪吾孙而已，初无心欲为书，况敢思传乎？无伦无此，宜乎若泮涣之莫归也。

三、初举名数气象，山泉石火，字义名实诸类，亦非有心冠其书端也，要之迪诸孙，不知其梦梦焉何自而及是耳，今既为书矣，则又宜次之于首。

四、间有齐谐滑谑，非欲指咎于古人，亦非欲导谩于今人也，要欲规之于至善焉已耳。长夏集遥，读者庶几快目。

五、搜之笥中，又已有二百七十八则，可得两卷矣。此时意在先镂吾《诗范》二十卷，故且少须后，暇时有论，随即令孙辈书之。俟《诗范》卒业，则又必得四卷书，淫如渴鹿，聊此说妄，阅者必嗤其老之强项也。

璘山卧叟高乔映识

迪
孙

序

　　诸孙绵葛竹立，吾不敢望之为中人以上人，然分甘娱目，愿如王右军教养，使敦厚退让，戒不轻薄而已。^①课艺之余，迪其各阅紫阳《纲目》^②及君实《通鉴》^③，伺其渐壮，便于读《二十二史》诸书耳。学无猎等，且须开其意志，时坐花文酒^④，时耽山晏息。每于茂对清宁之次，听各论《纲》与《鉴》中事实，其言触于心，即以余心之所得，以开其臆识。不论古人一事一语，或援一人二人，或三数人之异同，援其类以会通之，俾于印版书外，别发思机。庶闻此可以通彼，不向三家村^⑤里师冬烘学究已耳。闲尝谓诸孙曰：圣贤之书，统之教人诚孝格忠，慎言敏行，检迹立身，以扬^⑥名百世尔，无非使此心为仁者之域，无非使凡行入义者之门。兹说鉴，非巧其异同于穿合也，非竞华轨以贯清言也，要无非仁此心、义此行而后止也。盖不善读书，必为书缚，缚之则自苦矣；善读书，必超乎其书，超之则自乐矣。吾愿汝曹日日得乐，不致为书所缚，惟欲充识以践高朗之胜地乎！

　　昔孟子当战国时，其时如白圭^⑦、杨^⑧、墨^⑨、陈仲子^⑩、许行^⑪之徒，初皆有意为圣贤，初亦为苦心以立其志者也，其如几希之一间不存，而遂不能察识于名理。故孟氏为圣学心传立见，以力挽之，而不得不夷许行^⑫、貉白圭^⑬、蚓仲子^⑭，而禽兽其杨、墨，^⑮此非深为世道计耶？兹汝辈几希之获存于忠乎？名理之果别于目乎？而吾孔子博文约礼^⑯之旨，果能仰观俯察以通神明之德乎？又能文鸟兽、会地宜，以类万物之情乎？此皆存夫几希之精鉴，始能别名理以博约之耳。倘不剔开上下千秋之目力，则安知不累百年虚寄之一身哉？《诗·大雅》曰："贻厥生谋，以燕翼子"，^⑰言谋及其孙，则子可无事也。《鲁颂》又曰："君子有穀^⑱，诒^⑲孙子"，言力于为善，则自孙以往，享无疆之休也。夫启迪之义，欲使汝曹顺而蹈善，进之则处仁，迁之则协义已焉。《书》之《皋陶谟》又^⑳曰："允迪厥德"，^㉑《周官》曰："训迪厥官"，^㉒言慎君子之思，不出于其位，则厥德之修明而厥官之均娴，其法教也；《康诰》又谓："矧^㉓今民罔迪，不适"，谓民无导之不从者，况祖父之训乎？

　　积日以卒岁，今汇之始有二卷，遂名其书曰《迪孙》。过此，凡参论古事，以为之迪训者，均汇之于其后，又不知能获若干卷。吾期之非所能及也，宁自忘吾老之不逮何欤？然而元方将车，季方执杖，孙孝先、长文坐车中，叔慈应门，慈明行酒，余六龙下食，而文若以幼坐膝上，^㉔祖父尚宽尚肃，子孙不骄不惰，一段和淑气象。吾望汝辈敬而似之，以此娱老，岂不谓之天乐？则嗣是数卷之续，固未可知也。冢孙厚德捐梓成，乞余而为此序。

古庐陵璘山逸隐高嵩映雪君偶识于通志堂

【注释】①"然分甘娱目"四句：《晋书·列传第五十·王羲之》载，王羲之东游时，与吏部郎谢万书云："顷东游还，修植桑果，今盛敷荣，率诸子，抱弱孙，游观其间，有一味之甘，割而分之，以娱目前。虽植德无殊邈，犹欲教养子孙以敦厚退让。或以轻薄，庶令举策数马，仿佛万石之风。"

②《纲目》：指《通鉴纲目》。朱熹撰著。五十九卷，序例一卷。乃朱熹与其门人赵师渊等，据司马光《资治通鉴》、《举要历》和胡安国《举要补遗》等书，本儒家纲常名教，简化内容，编为纲目而成。

③《通鉴》：指《资治通鉴》。

④文酒：谓饮酒赋诗。

⑤三家村：指偏远的地方。

⑥扬：原书为"杨"，今据文义改。

⑦白圭：著名经济谋略家和理财家。名丹。战国时东周洛阳人。曾为魏相，后经商。被誉为为"商圣"。

⑧杨：指杨朱。战国初期著名思想家。字子居。又称杨子、阳子居或阳生。魏国人。主张"贵生"、"重己"等。

⑨墨：指墨翟。战国初期著名思想家，墨家学派创始人。通常称墨子。鲁国人。主张"兼爱"、"非攻"等。

⑩陈仲子：战国时期著名思想家、隐士。亦称陈仲、田仲、於陵中子等。本名陈定，字子终。齐国（山东邹平）人。提倡廉洁自律，以整顿世风，纯洁社会。

⑪许行：战国时期著名农学家、思想家。楚国（都城江陵纪南城）人。

⑫夷许行：《孟子·滕文公上》载，许行认为"贤者与民并耕而食，饔飧而治。……仓廪府库，则是厉民而以自养也"。

孟子认为，许行的观点并不可行，"（天下）有大人之事，有小人之事。且一人之身，而百工之所为备，如必自为而后用之，是率天下而路也。故曰，或劳心，或劳力；劳心者治人，劳力者治于人；治于人者食人，治人者食于人，天下之通义也"，"从许子之道，相率而为伪者也，恶能治国家？"

⑬貉白圭：《孟子·告子下》载，孟子与白圭论什一税，"白圭曰：'吾欲二十而取一，何如？'孟子曰：'子之道，貉道也。万室之国，一人陶，则可乎？'曰：'不可，器不足用也。'曰：'夫貉，五谷不生，惟黍生之；无城郭、宫室、宗庙、祭祀之礼，无诸侯币帛饔飧，无百官有司，故二十取一而足也。今居中国，去人伦，无君子，如之何其可也？陶以寡，且不可以为国，况无君子乎？欲轻之于尧舜之道者，大貉小貉也；欲重之于尧舜之道者，大桀小桀也。'"貉（mò），同"貊"，此指古代北方的一个小国。

⑭蚓仲子：《孟子·滕文公下》载，陈仲子是齐国著名的"廉士"，"居于陵，三日不食，耳无闻，目无见也。井上有李，螬食实者过半矣，匍匐往，将食之；三咽，然后耳有闻，目有见"，"兄戴，盖禄万钟，以兄之禄为不义之禄而不食也，以兄之室为不义之室而不居也，辟兄离母，处于於陵"。但孟子却认为他的作为并不能算是廉洁，不能提倡、推广他的作为，因为其所作所为做得太过分了，是一种走极端的行为，若要做到他那样，除非把人先变成蚯蚓，"夫蚓，上食槁壤，下饮黄泉"。

⑮而禽兽其杨、墨：《孟子·滕文公下》载："圣王不作，诸侯放恣，处士横议，杨朱、墨翟之言盈天下。天下之言不归杨，则归墨。杨氏为我，是无君也；墨氏兼爱，是无父也。无父无君，是禽兽也。"

⑯博文约礼：《论语·雍也》："君子博学于文，约之以礼，亦可以弗畔矣夫！"

⑰贻厥生谋，以燕翼子：意思是给子孙留下好的计谋，使他们平安幸福。《礼记·表记》引此诗，孔颖达疏："燕，安也；翼，助也。言武王能安助其子孙也。"

⑱穀：善。一说禄。

⑲原书"诒"字之后有一"之"字，今据《诗经·鲁颂·駉之什·有駜》删。

⑳又：原书为"不"，今据文意改。

㉑允迪厥德：孔传："言人君当信蹈行古人之德。"

㉒训迪厥官：教诲开导其官吏。

㉓矧（shěn）：况且。

㉔"然而元方将车"七句：《世说新语·德行》云："陈太丘诣荀朗陵，贫俭无仆役，乃使元方将车，季方持杖后从，长文尚小，载着车中。既至，荀使叔慈应门，慈明行酒，余六龙下食，文若亦小，坐着膝前。于时太史奏：'真人东行'。"元方，陈纪字，东汉颍川许昌（今河南许昌）人。季方，陈谌字，早夭。二人皆为陈仲弓之子。长文，陈纪之子，原书于其前有"孝先"一词，今据《世说新语·德行》删。叔慈，荀爽字。慈明，荀爽字。二人与六龙俱为荀淑之子，为当时八大名士。《史通·采撰篇》曰："颍川八龙，出于《荀氏家传》。"文若，指荀彧，乃荀绲之子，荀淑之孙。

家课八种约目①

第一种　日课指归

为学约目八则、检身约目八则、体道约目八则、归诚约目四则。各具空圈，便填硃墨，以记日课

第二种　六十戒

居家十戒：
戒逆，戒潜，戒纵，戒昵，戒邪，戒戾，戒傲，戒荡，戒慢，戒惰。
内省十戒：
戒杀，戒气，戒贪，戒奢，戒刻，戒薄，戒言，戒淫，戒赌，戒醉。

遵生十戒：

戒纵欲，戒劳思，戒抑郁，戒厚味，戒寒暑，戒豪谈，戒晨嗔，□□□，戒过饱，戒晚食。

当官十戒：

戒枉法，戒酷刑，戒诮虐，戒养奸，戒遗害，戒树私，戒滥讼，戒巧宦，戒更张，戒积牍。

惠吉十戒：

戒诽谤三教、对圣不恭敬，戒粗言恶语，戒凌辱孤寡、恣心怨尤，戒使人畜不矜恤，戒暗举恶心、妄想、邪念，戒造诨名、歌谣、恶言詈骂，戒取不义财物、久债愆期，戒毁成功、贪人物、丰衣食，戒坏桥路、花木、器物，戒集饮评议人阴私。

庆余十戒：

戒遗弃字纸，戒挑斗是非及面是背非，戒抛贱五谷、轻贱饮食，戒主谋害人及顺口赞助，戒出入欺骗、大小斗斛戥秤，戒见杀、闻杀、为己杀、无故杀、朔望生辰杀，戒游荡废业、伦常失序，戒结交匪人、耽懒自是、诽讪有德，戒放野火、绝流毒鱼、覆巢破卵，戒畜网罝鹰犬、射鸟逐兽、杀害虫蛇。各具空圈，便填硃墨，以记日课。

第三种　牙签省目

时习：

敬圣、晨课、临摩、午课、讲习、晚课

穷经：

诵习、精研、摘要、博文、约礼、□通

理学：

慎独、谨几、默识、自慊、诚明、乐圣

齐家：

稽闱、稽馈、稽厩、稽圃、稽籍、稽误

临莅：

平情、勤敏、公忠、慈惠、严肃、推施

三省：

思过、察行、辨真、审学、惩忿、窒慾

遥集：

研古、字学、论画、品人、考事、风会

游艺：

诗文、山水、花鸟、棋酒、香茗、论史

涵泳：

茂对、晏息、静观、清言、雅步、歌咏

阴骘：

怜贫、恤苦、敬老、慈幼、赈拔、立达

第四种　《理学集要》

以熊敬修②先生学统为准，更集周、程诸儒全集中要言。

第五种　《时事感言》

　　先集《孔子家语》、《颜氏家训》诸书切语冠其首，然后凡闻近今作善降祥，为恶降灾，目击显报者皆录之。其作恶者均隐其姓名，惟直书事实，以明鉴戒。

第六种　《感应篇合旨》

《感应篇》③、《功过格》④。

　　袁了凡分歀、⑤费健斋分类、⑥袁坤仪分例、⑦真西山分门、⑧李亦人参补。⑨各具空圈，便填硃墨，以稽日课

第七种　《就正录》

　　敬圣、理学工夫、传经、学古、纂书、晏息，凡六门，计六十八则。

　　颛蒙、洒扫、应对、读书、临帖、看书、孝弟、谨信、亲仁，凡六门，计五十二则。

　　志学、讲书、说鉴、雠样诗文、时艺、治务，凡六门，计八十八则。

　　清游、射义、壶义、歌咏、品茶酒并雅令遥集，凡六门，计二百八十六则。

　　为师课程，自颛蒙、已冠至成学，凡经义、书义、论古、说史、谈文，

以日为度，番而更之，凡六卷，论时艺、书窍为多。

第八种　《迪孙》

均论史为多。

【注释】①原书置于《序》之后，并且没有另行分页，今根据其内容，
　　　　　将它单独列出。

②熊敬修：即熊赐履，字敬修，一字青岳，号素九，别号愚
斋，湖北孝感人。明末清初理学名臣，累官至吏部尚书，武
英殿大学士，曾为康熙的汉学启蒙老师。师宗程朱理学，反
对王守仁之"心学"，着有《经义斋集》、《学统》、《闲道
录》，《学规》等。

③《感应篇》：道教书名。全名《太上感应篇》。一卷。作者不
详。宋《秘书省续编到四库阙书目》搜罗北宋亡书，子类道
家着录："《太上感应篇》一卷"。全书千余字，宣扬天人感
应，劝善惩恶。

④《功过格》：我国民间流传的善书中的一类。该类书书中分类
列举善恶之事的项目，卷末则记载年月及善恶的点数，然后
以点数计算个人行为的优劣。即将每日所行之事分为善恶两
类，就其善恶给予点数，或为一功（加一点）或为一过（减
一点），如此每日在就寝前自己计点，至月末小计，至年末
则作总计算，依此作为权衡鬼神赐福降祸的依准。

⑤袁了凡分欸：不详。袁了凡，即袁黄，明朝重要思想家。初
名表，后改名黄，字庆远，又字坤仪、仪甫，初号学海，后
改了凡，后人常以其号了凡称之。江苏吴江（因其祖入赘浙
江省嘉善县，亦为嘉善县）人。著述颇丰，其中《了凡四
训》，融会禅学与理学，劝人积善改过，强调从治心入手的
自我修养，提倡记功过格，流行甚广。

⑥费健斋分类：不详。费健斋，明朝大臣。名宏，字子充，号
健斋，又号鹅湖，晚年自号湖东野老。江西铅山人。官至首
辅。有《费文宪集选要》等。谥文宪。

⑦袁坤仪分例：不详。袁坤仪，不知是另有其人，还是即为袁

了凡。

⑧真西山分门：不详。真西山，南宋著名政治家、理学家。名德秀，字景元，后改景希、希元，号西山，后世称西山先生。福建浦城人。官至户部尚书、参知政事。著述丰富，主要有《四书集锦》、《清源文集》、《西山文集》、《大学衍义》等。谥文忠。

⑨李亦人参补：不详。

迪孙

147

【卷 上】

混 茫

　　混茫未判，天地之气象全乎理。既判，天地之化工存乎气，判而人有识其中。天地之事理通乎数，夫数也者，文字之始也。然则混茫未判，人且无有，文字何居？曰：混茫气象中，理者主焉。夫理者，文字之髓也。文字者，理之附毛耳。

山 水

　　山孕脉于昆仑，居高乃可以运下也。持瓶之水，倾之瓴间，情善下者，势则然耳。然合而终分者何也？盖静以动为用也。水归汇夫沧海，沧海纳污，斯以成大也。举丸泥塞乎关上，道必通者，渐所磨耳。然始分而终合者何也？盖动以静为体也。艮，止也，其脉流。坎，行也，其气止；坤以顺，故下焉。兑以悦，故众归焉。夫泽之利人大矣，水入池中，海亦泽也。是知坎子而坤母。

读 史

　　读书存乎用心，不在穷搜。如论三皇五帝①，何必探秦博士之异说、②孔安国之序书，③更不必尚异如唐小司马贞④，分三皇为九头、十一头、十二头，兄弟各一万八千岁也。夫芦灰止水，炼石补天，头触山崩，鳌足立极，存焉可也。宁如指近以求真，则如宰我之问帝德⑤，季康子之问五帝⑥互异。《易·系》之称庖牺没而神农作，递及黄帝、尧、舜之为确也。⑦刘恕之《外纪》⑧，金履祥之《前编》⑨，是不务近实而惑远荒者也。五柳不求甚解，⑩读史宜取为法。

【注释】 ①三皇五帝：中国在夏朝以前出现在传说中的"帝王"。具体何谓"三皇"，何谓"五帝"，众说不一。

②秦博士之异说：《史记·秦始皇本纪》载："臣（丞相绾、御史大夫劫、廷尉斯）等谨与博士议曰：'古有天皇，有地皇，有泰皇，泰皇最贵。'"《史记索隐》说："天皇、地皇之下即云泰皇，当人皇也。"

③孔安国之序书：相传为西汉孔安国所著的《尚书序》中说："伏羲、神农、黄帝之书谓之《三坟》，言大道也。少昊、颛顼、高辛、唐、虞之书谓之《五典》，言常道也"，主张"三皇"为伏羲、神农、黄帝，"五帝"为少昊、颛顼、高辛（帝喾）、唐（尧）、虞（舜）。

④司马贞：唐代著名史学家。字子正。河内（今河南省沁阳）人。官至朝散大夫，宏文馆学士等。世号"小司马"。编纂有《史记索隐》三十卷。其参考魏晋皇甫谧作《帝王世纪》、徐整作《三五历》，"采而集之，作《三皇本纪》"，认为"天地初立，有天皇氏，十二头。澹泊无所施为，而民俗自化。木德王，岁起摄提。兄弟十二人，立各一万八千岁。地皇十一头，火德王，姓十一人。兴于熊耳、龙门等山，亦合万八千岁。人皇九头，乘云车驾六羽，出旸口。兄弟九人，分长九州岛岛，各立城邑，凡一百五十世，合四万五千六百年。"

⑤宰我之问帝德：《史记·仲尼弟子列传》载："宰我问五帝之德，子曰：'予非其人也。'"

⑥季康子之问五帝：《孔子家语·五帝》："季康子问于孔子曰：'旧闻五帝之名，而不知其实，请问何谓五帝？'孔子曰：'昔丘也闻诸老聃曰：天有五行，水、火、金、木、土，分时化育，以成万物，其神谓之五帝。古之王者，易代而改号，取法五行，五行更王，终始相生，亦象其义，故其生为明王者，死而配五行。是以太暤配木，炎帝配火，黄帝配土，少暤配金，颛顼配水。'"

⑦"《易·系》称庖牺没而神农作"二句:《易·系辞传》载:"庖牺氏没,神农氏作……神农氏没,黄帝、尧、舜氏作,通其变,使民不倦,神而化之,使民宜之。"

⑧《外纪》:一般称作《通鉴外传》。北宋刘恕撰。十卷,又目录(年表)五卷。完成于神宗元丰元年(1078年)。是中国最早的记述商朝以前历史的传记。

⑨《前编》:一般称作《通鉴前编》。元代金履祥撰。十八卷,举要二卷,卷首一卷。据说,金氏嫌"刘恕《通鉴外纪》失之嗜博好奇,乃搜采经传,上起帝尧,下逮周威烈王",编成该书。

⑩五柳不求甚解:陶渊明《五柳先生传》:"先生不知何许人也,亦不详其姓字。宅边有五柳树,因以为号焉。闲静少言,不慕荣利。好读书,不求甚解;每有会意,便欣然忘食。"

五　行

木以水润,火以木光。金,则寒于水而热于火也;土,则烬于火而袭于水也。以知水火之互用,皆通乎木德,乃知金空可明而土实足信也。

诋　诡

卵何以有毛?①言包夫始者含其初也。鸡胡以有三足?以运两足者神行之也。山何出于口?以势动者从其谷也。轮何以不辗地?以环而无乎端绪也。龟胡能长于蛇?以圆者大而长者小也。虽白狗焉,目珠未免其黑也;虽黄马焉,口颊之必有黎糁者杂也。鸟负景,鱼蔽水,以言飞跃之无迹也。

【注释】①卵何以有毛:据《庄子·天下》载,它与下文的"鸡胡以有三足"、"山何出于口"、"轮何以不辗地"、"龟胡能长于蛇"

等，皆为惠施与他人辩论的议题："惠施以此为大，观于天下而晓辩者，天下之辩者相与乐之。卵有毛。鸡有三足。郢有天下。犬可以为羊。马有卵。丁子有尾。火不热。山出口。轮不蹍地。目不见。指不至，至不绝。龟长于蛇。矩不方，规不可以为圆。凿不围枘。飞鸟之景未尝动也。镞矢之疾，而有不行、不止之时。狗非犬。黄马骊牛三。白狗黑。孤驹未尝有母。一尺之棰，日取其半，万世不竭。辩者以此与惠施相应，终身无穷。"

矜 系

今之人第人，必称其门第世望自矜，亦必以其所系本之各门[1]。不思尧之咨四岳，惟曰："明明扬侧陋"，[2]是不侧陋薄夫人矣。四岳之举舜，亦惟曰"有鲧[3]在下"。子舆称舜，亦直谓"发于畎亩之中"。[4]是鲧贱不足累圣德称之，所以实者如此，宁若今之甄流品修夸誉哉！

【注释】①各门：似为"名门"之误。
　　　　②"不思尧之咨四岳"二句：《尚书·虞书·尧典》载："帝曰：'咨！四岳。朕在位七十载，汝能庸命，巽朕位？'岳曰：'否德忝帝位。'曰：'明明扬侧陋。'师锡帝曰：'有鲧在下，曰虞舜。'"四岳，相传为唐尧之臣，羲和的四子，为分管四方的诸侯，所以叫四岳。但也有学者（如汉代孔安国、宋代孔平仲、明代杨慎等）认为四岳为一人。明明，前一个"明"作动词，明察，后一个"明"作名词，指显贵的人。扬，推举。侧陋，指处在社会下层的浅陋者。
　　　　③鲧：据《吕氏春秋通诠·审分览·君守》载：鲧为夏禹之父，由四岳推举，奉尧命治水，九年未成，被殛于羽山。
　　　　④"子舆称舜"二句：《孟子·告子下》载："孟子曰：'舜发于畎亩之中，傅说举于版筑之间……'"子舆，即孟子。

逯孙

姓 义

　　古者，天子赐姓命氏，诸侯赐姓。盖姓统所自出，氏别其子孙，族而合之，所以亲近杀远也。或以地，如黄帝姓公孙，爰长姬水，即姓姬。①舜长姚墟，则姓姚。②推此者伙矣。嗣则帝系因封为姓，推此者愈伙矣。而又以其名为姓，如陈伯袁之后姓袁；③因官为姓，如司马子班之后姓司马；④又如仓氏、库氏，皆以其所掌姓。⑤其后又嗣，则建德纪功、避仇避难之，各以其所因而姓之。又如京房之推律，⑥陆羽之占筮，⑦指树之老子为李，⑧纫兰之孙嫄为兰，⑨如此纷焉，则愈又伙矣。降斯则以国为郭，知林宗之裔本于周；⑩借奚为稽，识叔夜之苗出之夏；⑪车中匿此先生，乃张禄前名范雎；⑫舟上泛尔鸱夷，而陶朱即是范蠡⑬。以别生而分类，以连属为从祖，论其同，歌声诗于《枤杜》⑭；明其异，晰宗盟于隐公（十一年也）。⑮以故四姓五姓⑯，有三公九卿，崔、卢、李、郑之相属；右姓⑰庶姓，有一等八等，王、范、高、赵之悬绝。又如郑季之子冒名而为青，⑱灌则舍人得幸姓以卫（舍人张孟子也）。⑲沙陀、鲜于，各以其种别氏，即称姓焉，下此，则姓为亘世不迁矣。夫古未有姓，姓自炎帝始，⑳于是有以别而亲其所本焉。庙之祀血也，攸赖矣。

　　【注释】 ①"如黄帝姓公孙"三句：司马贞《史记索隐》按："皇甫谧云'黄帝生于寿丘，长于姬水，因以为姓。居轩辕之丘，因以为名，又以为号'。是本姓公孙，长居姬水，因改姓姬。"爰长姬水，原书为"爰生姬水"，今改。姬水，所指不详，一说是关中中部武功县一带的漆水河，另一说位于关中北部黄陵县附近的沮河，两河均是渭河的支流。20世纪90年代以来，又有人说应指河南新郑县的溱水。

　　②"舜长姚墟"二句：《史记正义》："《括地志》云：'会稽旧记云舜上虞人，去虞三十里有姚丘，即舜所生也。周处风土记云舜东夷之人，生姚丘'。"《括地志》又云：'姚墟在濮州雷泽县东十三里。孝经援神契云舜生于姚墟。'"姚墟，在今山东菏泽东北。

③陈伯袁之后姓袁：据《名贤氏族言行类稿》、《唐书·宰相世系表》、《明方九灵序四明姓氏谱图》等所载，袁姓出自妫姓，乃帝舜之裔。舜的以妫为姓的后裔中，有一位周武王灭商后被封为陈侯（建都于宛丘，即今河南淮阳）的陈胡满。陈胡公妫满的十一世孙中有一个叫诸的，字伯爰，其孙涛涂，以祖父名字为姓。因古时"爰"、"袁"相同，故称为袁氏。又据《通志·氏族略·以名为氏》载："袁氏，亦作'辕'，亦作'爰'，妫姓，舜后陈胡公之裔。胡公生申公，申公生靖伯，十八世孙庄伯生诸，字伯爰。孙涛涂以王父字为氏。世为陈上卿。"陈伯袁，陈国始君，多写作"陈伯爰"。

④司马子班之后姓司马：不详。关于司马一姓的起源，《通志·氏族略·以官为氏》云："重黎之后，唐虞夏商，代掌天地。周宣王时裔孙程伯休父为司马，克平徐方，锡以官族，为司马氏。其后世或在卫，或在赵，或在秦。"

⑤"又如仓氏、库氏"二句：《汉书·何武王嘉师丹传第五十六·王嘉》载："孝文时，吏居官者或长子孙，以官为氏，仓氏、库氏则仓库吏之后也。"《风俗通义·姓氏下》云："库氏，古守库大夫之后，以官为氏。"

⑥京房之推律：《汉书·眭两夏侯京翼李传第四十五·京房》载："房本姓李，推律自定为京氏。"京房，西汉学者。本姓李，字君明。东郡顿丘（今河南清丰西南）人。

⑦陆羽之占筮：《新唐书·列传第一百二十一·陆羽》载："（陆羽）不知所生，或言有僧得诸水滨，畜之。既长，以《易》自筮，得《蹇》之《渐》，曰：'鸿渐于陆，其羽可用为仪。'乃以陆为氏，名而字之。"陆羽，字鸿渐，一名疾，字季疵，号竟陵子、桑苎翁、东冈子，唐复州竟陵（今湖北天门）人。一生嗜茶，精于茶道，以著有世界上第一部茶叶专著《茶经》闻名于世，被誉为"茶圣"，奉为"茶仙"，祀为"茶神"。

⑧指树之老子为李：晋葛洪《神仙传·老子》载，相传老子生于李树下，因以李为姓。

⑨纫兰之孙媛为兰：不详。纫兰，疑为"姬兰"之误。传说郑

穆公母亲生穆公时，梦见天使手执一株兰草，异常恭敬地赠予她，其时幽香扑鼻，醒来似乎余味无穷，不久产下一子，遂将其子取名为兰，叫姬兰，史称郑穆公。其支庶有的以王父之名为氏，称兰姓，尊姬兰为其得姓始祖。后来，郑为韩所灭，兰姓子孙纷纷外迁，流散四地。

⑩"以国为郭"二句：相传周武王时，封文王之弟虢叔于西虢，虢仲于东虢。周平王东迁，夺虢叔之地给郑武公，引起诸侯不满，楚庄王借机兴师问罪，谴责周平王灭虢。最终，周平王不得不将西虢叔的裔孙序封于阳曲作为补救。由此，号曰"虢公"。因虢、郭音同，又称"郭公"，其后代遂以郭为氏，虢叔为郭姓的受姓始祖。国，此指虢国。林宗，此指郭太。郭太，也称郭泰。东汉名士。字林宗，人称有道先生。太原介休人。

⑪"借奚为稽"二句：《晋书·列传第十九·嵇康》载："嵇康字叔夜，谯国铚人也。其先姓奚，会稽上虞人，以避怨，徙焉。铚有嵇山，家于其侧，因则命氏。"叔夜，此指嵇康。

⑫"车中匿此先生"二句：《史记·范雎蔡泽列传》载，魏人范雎受诬陷，遭重责，被羞辱，"魏人郑安平闻之，乃遂操范雎亡，伏匿，更名姓曰张禄"。范雎，一作范且，或误作范睢。战国魏人，字叔，善辩。官至秦相，封应侯。

⑬范蠡：春秋末期的政治家、军事家和经济学家。字少伯，又称范伯。楚国宛（今河南南阳）人。据《史记·越王句践世家》载，范蠡帮助越王勾践灭吴后，认为勾践"可与同患，难与处安"，便"浮海出齐，变姓名，自谓鸱夷子皮（即'皮袋子'之意）"，"致产数十万"。后来，又迁徙至陶（今山东定陶西北），经商积资又成巨富，自谓陶朱公。

⑭《杕杜》：《诗经》中的诗歌，共有两首，分别为《国风·唐·杕杜》《小雅·鹿鸣之什·杕杜》。《毛诗序》认为，前者是"刺时也。君不能亲其宗族，骨肉离散，独居而无兄弟，将为沃所并尔"，后者则是咏"劳还役也"。

⑮"明其异"二句：《左传·隐公十一年》载："十一年春，滕侯、薛侯来朝，争长。薛侯曰：'我先封。'滕侯曰：'我，周之卜正也。薛，庶姓也，我不可以后之。'公使羽父请于

薛侯曰：'君与滕君辱在寡人。周谚有之曰："山有木，工则度之；宾有礼，主则择之。"周之宗盟，异姓为后。寡人若朝于薛，不敢与诸任齿。君若辱贶寡人，则愿以滕君为请。'薛侯许之，乃长滕侯。"

⑯四姓五姓：四姓，指四个姓氏。自汉以来，历代多有以四个名门贵族的姓氏合称为四姓的。唐代指崔、卢、李、郑四姓。加上太原王氏，号五姓。见《新唐书·列传第一百二十四·柳冲》。

⑰右姓：世族大姓。指有权势的豪门大族。

⑱郑季之子冒名而为青：《史记·卫将军骠骑列传》载："大将军卫青者，平阳人也。其父郑季，为吏，给事平阳侯家，与侯妾卫媪通，生青。青同母兄卫长子，而姊卫子夫自平阳公主家得幸天子，故冒姓为卫氏。"

⑲灌则舍人得幸姓以卫：《史记·魏其武安侯列传》载："灌将军夫者，颍阴人也。夫父张孟，尝为颍阴侯婴舍人，得幸，因进之至二千石，故蒙灌氏姓为灌孟。"

⑳"夫古未有姓"二句：《新唐书·列传第五十·张说》载："（张）说曰：'古未有姓，若夷狄然。自炎帝之姜、黄帝之姬，始因所生地而为之姓。'"

名　义

　　生而不祥，弃之即名弃，①教民稼穑，以开周室八百之基，乃后稷也，岂若后世之实不足而名有余哉。溯古之所以名者，或以虞文在手，即名虞者；②以兵伐仇（穆公伐条也），即名仇者；③论曰名甲、乙、丁、癸者，因获名犀、虎、狸、豹者。④夫名以制义，义以成礼，而召乱渎祸焉，⑤于名也复何居乎？无若尼丘之生圣人，⑥翳柳而生贤子，⑦宁若依谦（《祀文》：舒命子弟名以玄脉、冲虚也）、敬容（梁何为子名也）、志远（李素立，孙鹏更名也）、以义（杨遗直四子，以春、夏、秋、冬为义也）之为得也。又陆景初之干父象贤而赐名以象先，⑧路剑客之绩考循良而赐名嗣恭，⑨不又欲顾名以彰美思、其厥终乎令名者耶？夫名之于人，盖器之也，顾不可不慎诸。

155

【注释】①"生而不祥"二句：《史记·周本纪》载："周后稷，名弃。其母有邰氏女，曰姜原。姜原为帝喾元妃。姜原出野，见巨人迹，心忻然说，欲践之，践之而身动如孕者。居期而生子，以为不祥，弃之隘巷，马牛过者皆辟不践；徙置之林中，适会山林多人，迁之；而弃渠中冰上，飞鸟以其翼覆荐之。姜原以为神，遂收养长之。初欲弃之，因名曰弃。"

②"或以虞文在手"二句：《史记·晋世家》载："晋唐叔虞者，周武王子而成王弟。初，武王与叔虞母会时，梦天谓武王曰：'余命女生子，名虞，余与之唐。'及生子，文在其手曰'虞'，故遂因命之曰虞。"

③"以兵伐仇"二句：《史记·晋世家》载："穆侯四年，取齐女姜氏为夫人。七年，伐条。生太子仇。十年，伐千亩，有功。生少子，名曰成师。晋人师服曰：'异哉，君之命子也！太子曰仇，仇者雠也。少子曰成师，成师大号，成之者也。名，自命也；物，自定也。今适庶名反逆，此后晋其能毋乱乎？'"后来，仇的子孙与成师及其后代果然长期争斗不断。

④"论曰名甲、乙、丁、癸者"二句：不详。

⑤"夫名以制义"三句：《左传·桓公二年》载："初，晋穆侯之夫人姜氏以条之役生太子，命之曰仇。其弟以千亩之战生，命之曰成师。师服曰：'异哉，君之名子也！夫名以制义，义以出礼，礼以体政，政以正民。是以政成而民听，易则生乱。嘉耦曰妃。怨耦曰仇，古之命也。今君命大子曰仇，弟曰成师，始兆乱矣，兄其替乎？'"召乱渎祸，此指由于命名不当，导致仇的子孙与成师及其后代争斗不断之事。

⑥尼丘之生圣人：《史记·孔子世家》载："纥与颜氏女野合而生孔子，祷于尼丘得孔子。"

⑦爨柳而生贤子：不详。

⑧陆景初之干父象贤而赐名以象先：《全唐诗·诗人小传·陆景初》载："陆景初，苏州吴人，宰相元方子。景云中，与崔湜同知政事，睿宗以其能绍先业，赐名象先。诗一首。"

⑨路剑客之绩考循良而赐名嗣恭：《新唐书·列传第六十三·路嗣恭》载："路嗣恭，字懿范，京兆三原人，始名剑客，

以世荫为邺尉。席豫黜陟河朔，表为萧关令，连徙神乌、姑臧二县，考绩为天下最。玄宗以为可嗣汉鲁恭，因赐名。"

均　同

　　曾参同杀人之曾参；[1]毛遂非坠井之毛遂；[2]孟公遂传惊坐，以其同此姓陈；[3]李益不让文章，而谁分太子庶子。[4]

【注释】　[1]曾参同杀人之曾参：《战国策·秦策二》载："昔者曾子处费，费人有与曾子同名族者而杀人。人告曾子母曰：'曾参杀人！'曾子之母曰：'吾子不杀人。'织自若。有顷焉，人又曰：'曾参杀人！'其母尚织自若也。顷之，一人又告之曰：'曾参杀人！'其母惧，投杼逾墙而走。夫以曾参之贤与母之信也，而三人疑之，则慈母不能信也。"曾参，字子舆，春秋末期鲁国南武城（今山东省平邑县）人，孔子的弟子，世称"曾子"。

　　[2]毛遂非坠井之毛遂：《西京杂记·卷六》载："赵有两毛遂……野人毛遂坠井而死，客以告平原君，平原君曰：'嗟乎！天丧予矣。'既而知野人毛遂，非平原君客也。"

　　[3]"孟公遂传惊坐"二句：《汉书·游侠传第六十二·陈遵》载："陈遵字孟公，杜陵人也……时列侯有与遵同姓字者，每至人门，曰陈孟公，坐中莫不震动，既至而非，因号其人曰陈惊坐云。"

　　[4]"李益不让文章"二句：《新唐书·列传第一百二十八·李益》载："李益，故宰相揆族子，于诗尤所长……大和初，以礼部尚书致仕，卒。时又有太子庶子李益同在朝，故世言'文章李益'以辨云。"

157

更　名

　　偃武念义，思蒋宪武之更名；^①疾馋向明，恶恭、显^②等而易讳。宁如司马慕蔺，而自名为相如；^③李纲慕张，^④亦欲埋轮^⑤当道。他如桓豁应谶，以石更二十子之名；^⑥刘岩易龙，以龑（音俨）傅三清宫之绘。^⑦

【注释】①"偃武念义"二句：不详。

②恭、显：分别指西汉宦官弘恭、石显。二人以擅权乱政知名。

③"宁如司马慕蔺"二句：《史记·司马相如列传》载："司马相如者，蜀郡成都人也，字长卿。少时好读书，学击剑，故其亲名之曰犬子。相如既学，慕蔺相如之为人，更名相如。"

④李纲慕张：《后唐书·列传第一十二·李纲》载："李纲，字文纪，观州蓨人也。祖元则，后魏清河太守。父制，周车骑大将军。纲少慷慨有志节，每以忠义自许。初名瑗，字子玉，读《后汉书·张纲传》，慕而改之。"李纲，隋代名臣。观州蓨（今河北景县）人。

⑤埋轮：指张纲埋轮一事。《后汉书·张王种陈列传第四十六·张纲》载，东汉顺帝时，大将军梁冀专权，朝政腐败。汉安元年（公元142年）选派张纲等八人巡视全国，纠察吏治。"余人皆受命之部，而纲独埋其车轮于洛阳都亭，曰：'豺狼当路，安问狐狸！'"遂上书弹劾梁冀，揭露其罪恶，京都为之震动。后以"埋轮"喻不畏权贵，直言正谏。

⑥"他如桓豁应谶"二句：《晋书·列传第四十四·桓豁》载："初，豁闻符坚国中有谣云：'谁谓尔坚石打碎。'有子二十人，皆以'石'为名以应之。唯石虔、石秀、石民、石生、石绥、石康知名。"桓豁，东晋将领，桓温三弟。字朗子。谯国龙亢（今安徽省怀远县西龙亢镇北）人。原书为"桓豁"，今据《晋书》和《资治通鉴》改。

⑦"刘岩易龙"二句：《新五代史·南汉世家第五·刘龑》载：

"（乾亨）九年（926 年），白龙（南汉高祖刘龑的年号，共计 4 年）见南宫三清殿，改元曰白龙，又更名龑，以应龙见之祥。有胡僧言：'谶书"灭刘氏者龑也。"'龑乃采《周易》'飞龙在天'之义为'龑'字，音'俨'，以名焉。"刘岩，通称为刘龑（yǎn），又名刘陟。五代十国时南汉开国之君。龑，原书为"龑"，今改。

同　名

伯喈识元叹之成名，遂以己名相赠，故蔡邕之有顾邕也。①同年知声称之亚，已遂令南北齐声，是张玄之武谢玄耳。②若夫高肇之御游肇，胡陋至此（游为廷尉尚书令，高肇欲令更名，而游以为孝文所赐，不从，遂御之）。③盛度之别丁度（旧学士入搭子，不著姓，以两度同名，无以别，遂令著姓以别之），创始传焉。④

【注释】①"伯喈识元叹之成名"三句：《三国志·吴书六·顾雍传》载："蔡伯喈从朔方还，尝避怨于吴，雍从学琴书。"裴松之注引晋虞溥《江表传》："雍从伯喈学，专一清静，敏而易教。伯喈贵异之，谓曰：'卿必成致，今以吾名与卿。'故雍与伯喈同名，由此也。"蔡邕，东汉文学家、书法家。字伯喈。陈留（今河南省开封市陈留镇）圉人。汉献帝时曾拜左中郎将，故后人也称他"蔡中郎"。顾邕，通常写作"顾雍"，三国孙吴丞相、政治家。字元叹，吴郡吴县（今江苏苏州）人。

②"同年知声称之亚"三句：《晋书·列传第四十九·谢玄》载："时吴兴太守晋宁侯张玄之亦以才学显，自吏部尚书与玄同年之郡，而玄之名亚于玄，时人称为'南北二玄'，论者美之。"谢玄，东晋名将。字幼度。陈郡阳夏（今河南太康）人。封康乐县公，谥号献武，即康乐献武公。追封车骑将军，是以又被称为"谢车骑"。

③"若夫高肇之御游肇"二句：《北史·列传第二十二·游肇》

159

载："尚书令高肇，宣武之舅，百僚慑惮，以肇名与己同，欲令改易。肇以孝文所赐，执志不许，高肇甚衔之，宣武嘉其刚梗。"

④"盛度之别丁度"二句：欧阳修《归田录》载："往时学士入搭子不著姓，但云'学士臣某'。先朝盛度、丁度并为学士，遂著姓以别之，其后遂皆著姓。"盛度，北宋著名的政治家、军事家、外交家。字公量。祖籍安徽铜陵县石洞者（今天门镇）人。徙居浙江余杭县。谥文肃。丁度，北宋文字训诂学家。字公稚。祥符（今河南开封）人。官至参知政事。

字　义

《仪礼》于《冠礼》祝辞有"昭告尔字"，又曰：某，父，"爰字孔嘉"。则男子冠而字，女子笄而字也。《仪礼》为周公①所作，未闻称周公字者。至《书》之《康诰》，始见康叔②之字。孔子作《春秋》，而邾何父首以字录，谓"仪父"，盖贵之也。③即犹尊孔子，咸称为仲尼，此得非字之所从始耶？吕后微时，尝字汉高曰季高，而汉高称张良④亦曰子房。故晋魏不讳字，及唐皆以字行。故曰：名者，正体也；字者，表德也。有号，则尊长之字，卑贱皆讳焉！

【注释】①周公：周公旦，姓姬，名旦，西周著名政治家。因采邑在周，称为周公，因谥号为文，又称为周文公。周武王之弟，亦称叔旦。武王死后，其子成王年幼，由他摄政当国。儒家尊为圣人。

②康叔：周代卫国的始祖。名封。周武王之弟。初封于康，故称康叔。

③"孔子作《春秋》"四句：《左传·隐公元年》载："三月，公及邾仪父盟于蔑，邾子克也。未王命，故不书爵。曰'仪父'，贵之也。"

④张良：刘邦最重要的谋臣。"汉初三杰"之一。城父（今安

徽亳州市）人。封为留侯，谥号文成。

讳　义

　　讳非古也，夫古讳死不讳生也，故礼卒，哭乃讳。《春秋》不讳嫌名，二名不偏讳。事父母，则讳王父母，不事则不讳也。君无所私讳，惟大夫所则有公讳。诗书不讳，临文不讳，谓讳则失事之正也。庙中不讳近以尊远，则无二尊也。君前不讳臣，父前不讳子，惟父讳不出门也。大功、小功不讳，以渐疏也。而左氏举申繻之说曰："周人以讳事神，名，终将讳之。"①夫终将讳之云者，以不必讳之为得也。

　　【注释】①"左氏举申繻（xū）之说曰"三句：《左传·桓公六年》载：
　　　　　　　　"公问名于申繻。对曰：'名有五，有信，有义，有象，有
　　　　　　　　假，有类。以名生为信，以德命为义，以类命为象，取于物
　　　　　　　　为假，取于父为类。不以国，不以官，不以山川，不以隐
　　　　　　　　疾，不以畜牲，不以器币。周人以讳事神，名，终将讳之。
　　　　　　　　故以国则废名，以官则废职，以山川则废主，以畜牲则废
　　　　　　　　祀，以器币则废礼。'"申繻，春秋时鲁国大夫。繻为其名，
　　　　　　　　申或为其氏。以睿智博学著称。终将讳之，原书为"将终讳
　　　　　　　　之"，今改，后文同。

字　广

　　男子冠而字，敬其名也，故字可为氏。古者，诸侯以字作谥，因以为族，故褒之以字矣，贵之亦以字矣。夫仪父者，邾娄之君也；仲孙者，齐之贤臣也。一见于隐公，①一见于闵公，②盖褒而贵之也。若夫赵岐③之字台卿，贾充④之字公间，均以生而志其所荣者也。（礼闱甄济⑤，爱官称著作之林；德器绍君，以贤夫大成于世。⑥）卿当称方谷，洵知李载义⑦之勋劳；小字宜冠军，孰非马侯孟之果勇。⑧乃若谢安⑨之字安石，姚崇⑩之字元之⑪，亦

犹郭子仪⑫之字子仪也。他如仅以一字行，又如学书花判之各以其所著，于是以地以人，而号又行矣。⑬至明，号之最多者，惟李卓吾⑭，今将似之者胪后：

原名：嵩映，⑮表字雪君，谱氏潜敬，号元廓，别号窥雪行甫；释名洪旷，法号忍严，别号问米铜卧叟；道名隆圭，道号晶阳，别号白裡；赠称孔昭先生（及门讲学者多，太守倪公顺五赠之以便门人称也）；寓号佩鹤子、浴云溪上闲人、休复先生、烟萝心史、雪香主人、璘山病隐、雪溪逸隐、明志居士、容中老人。

天地一寓器也，乾坤一强名耳。牛耶、马耶，呼之则应。夫物之为物，腐之蠹之，生之育之，则亦何常之有。二人谢世，读礼将得周，他日肆五岳之游，此身随寓，而名与俱迁，然不失其为真我者在。已得名者计二十有五，嗣是而寓而迁，又不知凡几矣。谨择知己，敢一表暴，庶扪石扶垣，不作暗中摸索耳。

【注释】
①一见于隐公：《左传·隐公元年》载："三月，公及邾仪父盟于蔑，邾子克也。未王命，故不书爵。曰'仪父'，贵之也。公摄位而欲求好于邾，故为蔑之盟。"

②一见于闵公：《左传·闵公元年》载："冬，齐仲孙湫来省难。书曰'仲孙'，亦嘉之也。"

③赵岐：《后汉书·吴延史卢赵列传第五十四·赵岐》载："赵岐字邠卿，京兆长陵人也。初名嘉，生于御史台，因字台卿，后避难，故自改名字，示不忘本土也。"

④贾充：《晋书·列传第十·贾充》载："贾充，字公闾，平阳襄陵人也。父逵，魏豫州刺史、阳里亭侯。逵晚始生充，言后当有充闾之庆，故以为名字焉。"

⑤甄济：字孟成。唐代定州无极人。"少孤，独好学，以文雅称。"安史之乱期间，忠贞守义，坚决不为安禄山效力。《新唐书·列传第一百一十九》和《旧唐书·列传第一百三十七》有传。

⑥"德器绍君"二句：不详。

⑦李载义：唐代大将。字方谷。唐朝宗室，藩镇割据时期任卢龙节度使，镇守幽州。逝世后追赠为太尉。

⑧"小字宜冠军"二句：不详。

⑨谢安：东晋著名政治家、军事家。字安石，号东山。浙江绍兴人，祖籍陈郡阳夏（今河南太康）人。世称谢太傅、谢安石、谢相、谢公。

⑩姚崇：唐朝前期杰出政治家。本名元崇，字元之，开元元年因避号讳，改名为崇。陕州硖石（今河南三门峡市）。人称"救时宰相。"谥文献。

⑪元之：原书为"崇之"，今据《新唐书·列传第四十八·姚崇》改。

⑫郭子仪：唐代著名军事家和政治家。字子仪。华州郑县（今陕西华县）人，祖籍山西汾阳。在平定安史之乱的过程中，战功赫赫，功居平乱之首。官至太尉、中书令，封汾阳郡王，赐号"尚父"。一生屡建奇功，"事上诚荩，临下宽厚"，"权倾天下而朝不忌，功盖一代而主不疑"。谥忠武。

⑬"又如学书花判之各以其所著"三句：不详。

⑭李卓吾：明代著名的思想家、史学家、文学家。名贽，号卓吾，又号笃吾、宏甫，别号温陵居士。福建晋江（今泉州）人。一生著述颇丰，主要有《焚书》6卷、《续焚书》5卷、《藏书》68卷、《续藏书》27卷、《李氏文集》20卷、《李氏丛书》12种等。

⑮蟜映：原书为"蟜胤"，未见于其它相关史籍，今据其通名而改之。

世　第

古者，上下有定，贵贱有等，虽嗣统与禅代之不同，率皆悉本帝裔。自秦以后，则纵匹夫之优为遂，公族废落于私门，而世第纷沦于子姓，此贱贵相陵，以开竞趋之始。

史　谬

史以尧为少昊曾孙，又以舜为颛顼六代孙，复以禹为颛顼四代孙，则是悉本黄帝裔也。由之以推，是舜乃尧之五代侄孙，禹乃舜二代之叔祖，何舍禹而举舜耶？况二女①为舜四代祖姑母，而可配为夫妇耶？何前人而不之论，是谬之宜辨者。

【注释】①二女：指娥皇、女英。传说是尧的女儿，同嫁给舜为妻。

友　爱

《诗·棠棣》①之篇曰："凡今之人，莫如兄弟。"止此八字，绝精一幅友爱图。谓尽世之人而亲切莫如兄弟，何等郑重，何等关切，又何等矜贵友爱！人视兄弟如此，便推此心，能不及凡今之人耶？

【注释】①《诗·棠棣》：《毛诗序》："《常棣》，燕兄弟也。闵管蔡之失道，故作常棣焉。"是一首申述兄弟应该互相友爱的诗作。棠棣，也作"常棣"，后常用以指兄弟。

有　后

禹曰："无若丹朱，用殄厥世。"①又作戒曰："惟彼陶唐，有此冀方，今失厥道，乱其纪纲，乃底于亡。"②人谓尧之嗣，当舜时已绝。夫圣德之至如尧，宜无嗣耶？即丹朱不肖，殆不能似尧耳，未闻其有过当之行。且尧固教之以艺矣，果有败德乎？如《书》所谓"用殄厥世"，非谓无子也，盖谓殄瘝尧之帝世、降等齐民尔，即由今失厥道，思之其乱纪纲者，乃底于亡国民也。谓尧而无后者，不仁，何以兴善人！

【注释】①"无若丹朱"二句：《尚书·虞书·益稷》云："无若丹朱
傲，惟漫游是好，傲虐是作。罔昼夜頟頟，罔水行舟，朋淫
于家，用殄厥世。"丹朱，相传是尧的儿子，因其不肖，尧
把帝位禅让给舜。
②"惟彼陶唐"五句：出自《尚书·夏书·五子之歌》。陶唐，
即唐尧。帝喾之子，姓伊祁，名放勋。初封于陶，后徙
于唐。

讽　言

追少康①始生之年，尚可为元岁，是予夏以正也。思刘禅迁洛阳之日，
故即以称魏，非弃汉腊②而夺统耶？

【注释】①少康：传说中的夏代国君。姒姓。夏王相的儿子，母亲为有
仍氏（今山东济宁东南）人。他曾在同姓部落与旧臣的帮助
下，攻灭篡位的寒浞，恢复了夏王朝的统治，使夏朝再度
兴盛。
②汉腊：汉代祭祀名。各代名称不一，夏曰嘉平，殷曰清祀，
周曰大蜡，汉改曰腊，故有此称。汉以戌日为腊，即农历冬
至后第三个戌日。见汉应劭《风俗通·祀典·腊》、《后汉
书·郭陈列传第三十六·陈宠》等。

傅　会

龙而且螯，夏亡岂关降庭之异？①鸡而名宝，秦霸宁在陈仓之奇？②

【注释】①"龙而且漦（chí）"二句：《史记·周本纪》载："昔自夏后氏之衰也，有二神龙止于夏帝庭而言曰：'余，褒之二君。'夏帝卜杀之与去之与止之，莫吉。卜请其漦而藏之，乃吉。于是布币而策告之，龙亡而漦在，椟而去之。夏亡，传此器殷。殷亡，又传此器周。比三代，莫敢发之，至厉王之末，发而观之。漦流于庭，不可除。厉王使妇人裸而噪之。漦化为玄鼋，以入王后宫。后宫之童妾既龀而遭之，既笄而孕，无夫而生子，惧而弃之。宣王之时童女谣曰：'檿弧箕服（《史记集解》云："韦昭曰：'山桑曰檿。弧，弓也。箕，木名。服，矢房也。'"），实亡周国。'于是宣王闻之，有夫妇卖是器者，宣王使执而戮之。逃于道，而见乡者后宫童妾所弃妖子出于路者，闻其夜啼，哀而收之，夫妇遂亡，胳于褒。褒人有罪，请入童妾所弃女子者于王以赎罪。弃女子出于褒，是为褒姒。当幽王三年，王之后宫见而爱之，生子伯服，竟废申后及太子，以褒姒为后，伯服为太子。太史伯阳曰：'祸成矣，无可奈何！'"漦，此指龙的涎沫，原书为"酨"，今改。

②"鸡而名宝"二句：《史记·秦本纪》载："（文公）十九年，得陈宝。"《史记索隐》按："《汉书·郊祀志》云'文公获若石云，于陈仓北阪城祠之，其神来，若雄雉，其声殷殷云，野鸡夜鸣，以一牢祠之，号曰陈宝'。"《史记正义》："《括地志》云'宝鸡在岐州陈仓县东二十里故陈仓城中'。《晋太康地志》云'秦文公时，陈仓人猎得兽，若彘，不知名，牵以献之。逢二童子，童子曰："此名为媦，常在地中，食死人脑。"即欲杀之，拍捶其首。媦亦语曰："二童子名陈宝，得雄者王，得雌者霸。"陈仓人乃逐二童子，化为雉，雌上陈仓北阪，为石，秦祠之'。"宝，指陈宝，古代传说中的神名。

迹 似

走马剑腾，饮酒见赋诗之公子，却知叔段①之未必无兄；煮豆箕燃，兴歌慨南山之有亩，以思曹丕则未必无弟。叔段与陈思②同夫才，异夫质，段以率意而勇，思以文饰而侩。学问则思胜于段，膂力则段胜于思，一优劣之间，毕竟段之天真为胜。

【注释】①叔段：春秋时期郑国人。姬姓，名段，后因奔共，故称共叔段，郑庄公弟。他在偏爱自己的母亲姜氏的支持下，图谋篡位，失败后自杀。
②陈思：指曹植。曹植，字子建，因封"陈王"，且谥号"思"，后世文章中常称"陈思王"、"陈王"。

贻 谋

礼义为邦，齐变必至于鲁；①仁惠作式，周衰而见于卫。斯之谓善始矣。无何而鹑奔鹊疆，②宣姜③之丑行于卫；雉鸣狐绥，④文姜⑤之秽播于鲁。皆本齐牝而祸及鲁、卫。益以思夫贻谋之难，爰以伤两国皆败于齐，由辩之不早辩也。

【注释】①齐变必至于鲁：《论语·雍也》云："子曰：'齐一变，至于鲁；鲁一变，至于道。'"
②鹑奔鹊疆：典自《诗经·国风·墉风·鹑之奔奔》："鹑之奔奔，鹊之疆疆。人之无良，我以为兄！鹊之疆疆，鹑之奔奔。人之无良，我以为君！"奔奔、疆疆，都是形容鹑鹊居有常匹，飞则相随的样子。《毛诗序》云："《鹑之奔奔》，刺卫宣姜也。卫人以为宣姜鹑鹊之不若也。"
③宣姜：春秋时代齐僖公之女，以美貌著名。原聘给卫宣公之

子伋子为妻，但为卫宣公冒娶。后与卫宣公另一子公子顽有私情。《列女传·孽嬖》云"卫之宣姜，谋危太子，欲立子寿，阴设力士，寿乃俱死，卫果危殆，五世不宁，乱由姜起。"

④雉鸣狐绥：雉鸣，典自《诗经·国风·邶风·匏有苦叶》："有弥济盈，有鷕雉鸣，济盈不濡轨，雉鸣求其牡。"《毛诗序》："《匏有苦叶》，刺卫宣公也。公与夫人并为淫乱。"狐绥，典自《诗经·国风·齐风·南山》："南山崔崔，雄狐绥绥。"《毛诗序》云："《南山》，刺襄公也。鸟兽之行，淫乎其妹，大夫遇是恶，作诗而去之。"

⑤文姜：春秋时代齐僖公之女，鲁桓公夫人，齐襄公之妹。出嫁前，即与齐襄公私通。后随鲁桓公至齐，又与齐襄公私通。被桓公发现后遭怒责。于是，襄公便设计把桓公灌醉，令大力士彭生将他害死。鲁桓公死后，文姜长期居住齐国，后归鲁，仍常与齐襄公相会。以淫乱著称。《列女传·孽嬖》云："文姜淫乱，配鲁桓公，与俱归齐，齐襄淫通，俾厥彭生，摧干拉胸，维女为乱，卒成祸凶。"

两　是

南巢可放，①黄生正人臣欲叛之心；②牧野绩成，③辕固④存天与受命之义。

【注释】①南巢可放：《尚书·商书·仲虺之诰》载："成汤放桀于南巢，惟有惭德。"南巢，在安徽巢县东北五里，即居巢故城。

②黄生正人臣欲叛之心：《史记·儒林列传》载："（辕固生）与黄生争论景帝前。黄生曰：'汤武非受命，乃弑也。'辕固生曰：'不然。夫桀纣虐乱，天下之心皆归汤武，汤武与天下之心而诛桀纣，桀纣之民不为之使而归汤武，汤武不得已而立，非受命为何？'黄生曰：'冠虽敝，必加于首；履虽新，必关于足。何者，上下之分也。今桀纣虽失道，然君上

也；汤武虽圣，臣下也。夫主有失行，臣下不能正言匡过以尊天子，反因过而诛之，代立践南面，非弑而何也？'辕固生曰：'必若所云，是高帝代秦即天子之位，非邪？'于是景帝曰：'食肉不食马肝，不为不知味；言学者无言汤武受命，不为愚。'遂罢。"黄生，西汉黄老学派代表人物之一。

③牧野绩成：商朝末期，周武王率军在牧野（今河南淇县南）以少胜多，大败商纣王，取得了决定性的胜利，为周王朝的建立奠定了牢固的基础。

④辕固：通称"辕固生"，西汉大儒。《史记·儒林列传》载："齐人也。以治诗，孝景时为博士……景帝以固为廉直，拜为清河王太傅。"

昭　格

夫冤妇胡以召旱，怨毒深衔，郁之则烦懑上炎。①孽臣致霜，志气专一，结之则阴凝下固。②彼贱庶且然，况如武丁③、西伯④，而不以昭格来感耶？

【注释】①"夫冤妇胡以召旱"三句：《汉书·隽疏于薛平彭传第四十一·于定国》载："东海有孝妇，少寡，亡子，养姑甚谨，姑欲嫁之，终不肯。姑谓邻人曰：'孝妇事我勤苦，哀其亡子守寡。我老，久累丁壮，奈何？'其后姑自经死，姑女告吏：'妇杀我母'。吏捕孝妇，孝妇辞不杀姑。吏验治，孝妇自诬服。具狱上府，于公以为此妇养姑十余年，以孝闻，必不杀也。太守不听，于公争之，弗能得，乃抱其具狱，哭于府上，因辞疾去。太守竟论杀孝妇。郡中枯旱三年。后太守至，卜筮其故，于公曰：'孝妇不当死，前太守强断之，咎党在是乎？'于是太守杀牛自祭孝妇冢，因表其墓，天立大雨，岁孰。"旱，原书为"早"，今改。

②"孽臣致霜"三句：《后汉书·杜栾刘李刘谢列传第四十七·刘瑜》引《淮南子》说："邹衍事燕惠王，尽忠。左右谮之，王系之，（衍）仰天而哭，五月为之下霜。"后来，这起

冤案终于得到昭雪。

③武丁：商朝国君。子姓，名昭。商王小乙之子。相传少年时期遵父命行役于外，与平民一同劳作，得以了解民众疾苦和稼穑艰辛。继位后，勤于政事，任用贤人，励精图治，使商朝得到空前的发展。谥高宗。

④西伯：即周文王，商纣王时为西伯侯，是三公之一。姓姬，名昌，又称周侯、西伯、伯昌、姬伯，文王为其死后追尊之号。西周王朝的开创者。《史记·周本纪》载："崇侯虎谮西伯于殷纣曰：'西伯积善累德，诸侯皆乡之，将不利于帝。'帝纣乃囚西伯于羑里。"

地　利

河患当避，因地利，斯所以得人心，故殷六迁①而更兴。狄侵乃东，失地利，斯所以涣人心，故周一迁以寝衰。

【注释】①殷六迁：自汤以后，商王朝历十七代三十一王。由于洪水灾患和内部倾轧，商六迁其都城，在盘庚迁殷之后，国家方才渐渐稳固，"殷商"之称即始于此时。

证　诞

《生民》之诗曰："履帝武敏歆。"①盖姜嫄②从高辛郊天③，天帝歆焉而生后稷，非履巨人迹也。④《玄鸟》之诗曰："天命玄鸟"。狄祈高禖而生契，⑤非食堕卵也⑥（女以蚕作首，春祀燕巢，爱阳回以报气，其祭名高禖）。

【注释】①履帝武敏歆：指姜嫄踩天帝脚趾印而生后稷。武，足迹。敏，通"拇"，脚拇指。武敏，足迹的拇指处。歆，心有所感的样子。

②姜嫄：相传为炎帝后代有邰氏之女，黄帝曾孙高辛氏（帝喾）元妃，后稷的母亲。又作"高原"。

③郊天：在郊外祭祀天地，是古代的一种重要信仰习俗。

④非履巨人迹也：《史记·周本纪》载："周后稷，名弃，其母有邰氏女，曰姜原。姜原为帝喾元妃。姜原出野，见巨人迹，心忻然说。欲践之，践之而身动如孕者。"

⑤狄祈高祺而生契：《容斋随笔·卷七·姜嫄简狄》云："毛公注《玄鸟》诗：'天命玄鸟，降而生商'之句，曰：'春分玄鸟降，简狄配高辛帝，帝与之祈于郊祺而生契，故本其为天所命，以玄鸟至而生焉。'"简狄，传说中商始祖契（火神阏伯）之母，一作简易、简逷，因是有娀氏（在今山西永济西）女，又称娀简。高祺，即高禖，又称郊禖，为管理婚姻和生育之神。祭祀高祺，是古代的一种习俗。

⑥非食堕卵也：《史记·殷本纪》载："殷契，母曰简狄，有娀氏之女，为帝喾次妃。三人行浴，见玄鸟堕其卵，简狄吞之，因孕，生契。"

让 国

泰伯①知兴，吴季②知废，皆先几以让其国，一以隐垂德，一以高称贤。然泰伯之所全，全乎天伦；吴季之所高，高于立身。

【注释】①泰伯：又称太伯。古代著名贤人之一。《史记·吴太伯世家》载："吴太伯，太伯弟仲雍，皆周太王之子，而王季历之兄也。季历贤，而有圣子昌，太王欲立季历以及昌，于是太伯、仲雍二人乃奔荆蛮，文身断发，示不可用，以避季历。季历果立，是为王季，而昌为文王。太伯之奔荆蛮，自号勾吴。荆蛮义之，从而归之千余家，立为吴太伯。"

②吴季：即季札，又称公子札。因受封于延陵一带，又称延陵季子。春秋时吴王寿梦少子，三次辞让君位，以贤德著称。

逃 名

一皮裘耳，在钓台则传；一竿纶耳，就后车则王。两皆逃名者也。姜牙之逃名以来名，子陵名虽至而不以名其心。以牙遇者文王，则为圣人之所致，故牙之品胜于陵；以陵遇者光武，则虽天子之所友，故陵之迹劣于牙。以心则陵之隐也真，牙之雄也骛，此逃名得名之所以异。

识 练

张魏公对刺客曰：取吾头去。①是听死转不吾死。崔子玮对梁冀，且耕乃且咏。②是弃患而愈不我患也。夫才生识，识生胆。学者必融乎识，心果能大公焉，而后乃能无我。无我者，总是识练，然学不至，识亦难能到。

【注释】①"张魏公对刺客曰"二句：《剑侠传·秀州刺客》载："苗刘之乱，张魏公在秀州，议举勤王之师。一夕独坐，从者皆寝。忽一人持刀立烛后。公知为刺客，徐问曰：'岂非苗傅、刘正彦遣汝来杀我乎？'曰：'然。'公曰：'若是，则取吾首以去可也。'曰：'我亦知书，岂肯为贼用？况公忠义如此，何忍害公，恐防闲不严。有继至者，故来相告耳。'公问：'欲金帛乎？'笑曰：'杀公何患无财？''然则留事我乎？'曰：'有老母在河北，未可留也。'问其姓名，俯而不答，蹑衣跃而登屋，屋瓦无声，时方月明，去如飞。"另外，宋代罗大经《鹤林玉露》中也有相同的记载。张魏公，指南宋大臣、抗金将领张浚，字德远。汉州绵竹（今属四川）人。原书为"韩魏公"，今改。
②"崔子玮对梁冀"二句：《后汉书·文苑列传第七十上·崔琦》载，崔琦得罪了梁冀，"冀遂令刺客阴求杀之。客见琦

耕于陌上，怀书一卷，息辄偃而咏之。客哀其志，以实告琦，曰：'将军令吾要子，今见君贤者，情怀忍忍。可亟自逃，吾亦于此亡矣。'琦得脱走，冀后竟捕杀之。"崔子玮，指东汉文士崔琦。崔琦，"字子玮，涿郡安平人，济北相瑗之宗也。少游学京师，以文章博通称。"梁冀，东汉著名外戚。字伯卓。安定（今甘肃泾川）人。以结党营私，专擅朝政著称。

内　助

人知称齐桓伯，不知称十九年前杀蚕妾，与子犯醉遣之一人，[①]真女中霸主耳。若简狄、姜嫄真德成其夫，而名乃因乎子而已。其武王之乱臣，邑姜在焉，[②]可与文公之齐妻对。惜为霸主助，而竟不以乱称，不获等之诸贤臣列。

【注释】①"不知称十九年前杀蚕妾"二句：《列女传·晋文齐姜》载："齐姜，齐桓公之宗女，晋文公之夫人也。初文公父献公，纳骊姬，谮杀太子申生。文公号公子重耳，与舅犯奔狄。适齐，齐桓公以宗女妻之，遇之甚善，有马二十乘，将死于齐，曰：'人生安乐而已，谁知其他。'子犯知文公之安齐也，欲行而患之，与从者谋于桑下，蚕妾在焉。妾告姜氏，姜杀之，而言于公子曰：'从者将以子行，闻者吾已除之矣。公子必从，不可以贰，贰无成命。自子去晋，晋无宁岁。天未亡晋，有晋国者，非子而谁，子其勉之！上帝临子，贰必有咎。'公子曰：'吾不动，必死于此矣。'姜曰：'不可。周诗曰："莘莘征夫，每怀靡及。"夙夜征行，犹恐无及，况欲怀安，将何及矣！人不求及，其能及乎！乱不长世，公子必有晋。'公子不听。姜与舅犯谋，醉，载之以行，酒醒，公子以戈逐舅犯曰：'若事有济则可，无所济，吾食舅氏之肉岂有餍哉！'遂行，过曹宋郑楚而入秦。秦穆公乃以兵内之于晋，晋人杀怀公而立公子重耳，是为文公。迎齐姜以为夫人。遂霸天下，为诸侯盟主。君子谓齐姜洁而不渎，能育君子于善。诗曰：'彼美孟姜，可与寤言。'此之谓也。"事又见《史记·晋世家》。

②"其武王之乱臣"二句：相传周武王有"乱臣十人"，其中有一位为女性，即邑姜。乱臣，治国之臣。乱，《说文》："乱，治也。"邑姜，中国历史上第一个有文字记载的女政治家。为姜太公之女，周武王之妻，成王姬诵和唐叔虞之生母。

诚　伪

周公，圣人也。武王有疾，自谓多材多艺，能事鬼神，请命三王，愿以身代。①周公虽圣人，其事近于腐。王莽，奸贼也。中椒酒以毒乎帝，亦藏书于殿，愿以身代。②王莽为奸贼，而其事涉于伪。然伪者小人之常，而腐者岂圣人之变欤？一《金縢》③也，诚伪之情，洞乎其中，惟腐出乎至性之无能已耶？吾于周公尚未解。

【注释】①"武王有疾"五句：典自《尚书·周书·金縢》。三王，指太王、王季、文王。

②"中椒酒以毒乎帝"三句：《汉书·平帝纪第十二》中颜师古的注云："汉注云帝春秋益壮，以母卫太后故怨不悦。莽自知益疏，篡杀之谋由是生，因到腊日上椒酒，置药酒中，故翟义移书云'莽鸩杀孝平皇帝'。"《汉书·王莽传第六十九上》载："平帝疾，莽作策，请命于泰畤，戴璧秉圭，愿以身代。藏策金縢，置于前殿，敕诸公勿敢言。"

③《金縢》：武王胜商后二年，得了重病。当时天下尚未安定，殷民心怀不服。武王一身关系天下的安危，于是周公亲自请于太王、王季和文王，求以自己代替武王去死。祝告的册书收藏在金属束着的柜中。后人将该册书名曰《金縢》。

女 惑

庭龙何以降？柜漦胡为藏？^①须思六百年前，二十八代后，其主何如去？乃必有所以致之。吁！狐媚鸡鸣之乱，能作凶于尧、舜、禹、汤之朝哉？

【注释】①"庭龙何以降"二句：见前文《傅会》注释一。

畏 天

思夫一旅可以兴夏，^①三户亦可以亡秦。由兹而思，天道好生，仁者必有其国；天道恶盈，暴者决不令终。天道复忌巧也，以思孟尝绝胤于薛，^②吕韦^③饮鸩于秦矣。古人有言曰：阴谋不善厥后，过实必败前声，有以夫！

【注释】①一旅可以兴夏：《左传·哀公元年》载：夏王相统治末期，寒浞发动叛乱，杀相，篡夺王位。相的妻子后缗逃回娘家有仍氏，生下遗腹子少康。少康长大后为有仍氏牧正，又逃至有虞氏（今河南虞城南）任庖正，在虞娶妻，"有田一成（方10里），有众一旅（500人），能布其德而兆其谋，以收夏众，抚其官职。"后在同姓部落斟灌与斟鄩的帮助下，与旧臣靡等人合力，攻灭寒浞，恢复了夏王朝的统治，使夏朝再度兴盛，史称"少康中兴"。

②孟尝绝胤于薛：《史记·孟尝君列传》载："齐襄王立，而孟尝君中立于诸侯，无所属。齐襄王新立，畏孟尝君，与连和，复亲薛公。文卒，谥为孟尝君。诸子争立，而齐魏共灭薛。孟尝绝嗣无后也。"孟尝，即孟尝君，齐国宗室大臣。妫姓，田氏，名文，战国时著名的四公子之一。其父靖郭君田婴封于薛（今山东滕州东南官桥张汪一带）。田婴死后，其子田文继位于薛，是为孟尝君，以广招宾客，食客三千

闻名。

③吕韦，即吕不韦，战国后期著名政治家和商贾。卫国濮阳
（今河南濮阳）人，担任秦相国十三年，为秦最后统一六国
奠定了基础。门下食客众多，曾命他们编著《吕氏春秋》一
书。封文信侯。秦王嬴政称其为"亚父"。

应　变

　　霸业捷雄心，忆伪僵于小白；①图谋须冷识，思诈病于晋懿。②若汉高之伪伤指，③王允之醒作睡，④一以伺密，一以缓机，不此之为，端难去祸。故英雄应变，即诈不伤其诈、伪不害其伪者，以智先吾戡济之机故也。故孔子亦曰：妖盟者，神所不受，彼硁硁然者，乌知此。

【注释】①小白，即齐桓公，春秋时齐国国君。姜姓，吕氏。齐襄公之
　　　　　弟。春秋五霸之首。
　　　　②晋懿，指建立西晋王朝的司马懿，三国时期魏国著名的政治
　　　　　家、军事家，西晋王朝的奠基人。字仲达，河内温（今河南
　　　　　温县）人。
　　　　③汉高之伪伤指：《史记·高祖本纪》载，楚汉相争时，"（项
　　　　　羽）伏弩射中汉王。汉王伤匈（胸），乃扪足曰：'虏中吾
　　　　　指！'汉王病创卧，张良强请汉王起行劳军，以安士卒，毋
　　　　　令楚乘胜于汉。"
　　　　④王允之醒作睡：《晋书·列传第四十六·王允之》载："（王
　　　　　允之）从伯（王）敦谓为似己，恒以自随，出则同舆，入则
　　　　　共寝。敦尝夜饮，允之辞醉先卧。敦与钱凤谋为逆，允之已
　　　　　醒，悉闻其言，虑敦或疑己，便于卧处大吐，衣面并污。凤
　　　　　既出，敦果照视，见允之卧吐中，以为大醉，不复疑之。时
　　　　　父舒始拜廷尉，允之求还定省，敦许之。至都，以敦、凤谋
　　　　　议事白舒，舒即与导俱启明帝。"王允之，晋代大臣、书法
　　　　　家。字深猷，舒子。琅邪临沂（今山东临沂）人。

卫 异

施伯知管仲才也，①公叔知卫鞅亦才也，②此则以授尸请，彼则以必杀诤，其如庄公、惠王之不听何？今之人莫不知贤仲而恶鞅也，莫不忠施伯、公叔而慨其不智也。然于公叔也，莫不欲惠王之束缚管仲以予齐，惟恐庄公之听而见杀也。此其故何耶？盖管仲有治天下术，卫鞅怀乱天下技耳。

【注释】 ①施伯知管仲才也：《国语·齐语》载，小白作了齐国国君后，想让鲍叔牙做太宰（类似宰相）。鲍叔牙说自己只是一个平庸的臣子，竭力向小白推荐逃到鲁国的管仲，"桓公曰：'施伯，鲁君之谋臣也，夫知吾将用之，必不予我矣。若之何？'鲍子对曰：'使人请诸鲁曰："寡君有不令之臣在君之国，欲以戮之于群臣，故请之。"'则予我矣。'桓公使请诸鲁，如鲍叔之言。庄公以问施伯，施伯对曰："此非欲戮之也，欲用其政也。夫管子，天下之才也，所在之国，则必得志于天下。庄公曰：'若何？'施伯对曰：'杀而以其尸授之。'庄公将杀管仲，齐使者请曰：'寡君欲亲以为戮，若不生得以戮于群臣，犹未得请也。请生之。'于是庄公使束缚以予齐使，齐使受之而退。"管仲，春秋时期齐国著名的政治家、军事家。名夷吾，又名敬仲，字仲。齐国颍上（今安徽颍上）人。谥号敬，史称管子。

②公叔知卫鞅亦才也：《史记·商君列传》载："（商鞅）少好刑名之学，事魏相公叔座为中庶子。公叔座知其贤，未及进。会座病，魏惠王亲往问病，曰：'公叔病有如不可讳，将奈社稷何？'公叔曰：'座之中庶子公孙鞅，年虽少，有奇才，原王举国而听之。'王嘿然。王且去，座屏人言曰：'王即不听用鞅，必杀之，无令出境。'王许诺而去。公叔座召鞅谢曰：'今者王问可以为相者，我言若，王色不许我。我方先君後臣，因谓王即弗用鞅，当杀之。王许我。汝可疾去矣，且见禽。'鞅曰：'彼王不能用君之言任臣，又安能用君

之言杀臣乎?'卒不去。"卫鞅，即商鞅，战国时期政治家，著名法家代表人物。

知　人

　　士贵自知，又知及于人，知而服膺之者，慕悦人之善，而兴思齐之心焉者也。知而以我为不及，必憾心生焉，遂至于嫉而忌矣。惜庞涓自谓不及孙膑矣，一泄其所忌，则以两足刖。①天道好还，施则必报，不观二足之为刖乎，要操刀之一割尽之矣，故意其一身之为窦，报之以万箭焉!②吁! 怨毒之于人甚矣，因以思鲍子之知我也。管仲卒用于国，及仲终，荐隰朋，盖知鲍之疾恶太严，惧御易牙辈，转有反噬之患耳。③仲之知鲍，以此报鲍者，亦可谓厚甚。后鲍卒，以身全于家，谓扬善，而无迪惠其来裔乎?

【注释】①"惜庞涓自谓不及孙膑矣"三句：《史记·孙子吴起列传》载："孙膑尝与庞涓俱学兵法。庞涓既事魏，得为惠王将军，而自以为能不及孙膑，乃阴使召孙膑。膑至，庞涓恐其贤于己，疾之，则以法刑断其两足而黥之，欲隐勿见。"庞涓，战国时期魏国大将，相传与孙膑同拜于鬼谷子门下。孙膑，战国时期齐国著名军事家。本名不传（另有一说：其本名孙宾），因受过膑刑（剔去膝盖骨），故名孙膑。生于齐国阿鄄之间（今山东省的阳谷县阿城镇，鄄城县北一带）。为孙武后人。

②"不观二足之为刖乎"四句：《史记·孙子吴起列传》载，马陵之战中，孙膑利用庞涓骄傲轻敌的心理，诱敌深入，"孙子度其行，暮当至马陵。马陵道陕，而旁多阻隘，可伏兵，乃斫大树白而书之曰'庞涓死于此树之下'。于是令齐军善射者万弩，夹道而伏，期曰'暮见火举而俱发'。庞涓果夜至斫木下，见白书，乃钻火烛之。读其书未毕，齐军万弩俱发，魏军大乱相失。庞涓自知智穷兵败，乃自刭，曰：'遂成竖子之名！'齐因乘胜尽破其军，虏魏太子申以归。"

③"管仲卒用于国"六句：《管子·戒第二十六》载，管仲病

逝前，齐桓公询问接替者。管仲认为，鲍叔牙是个正人君子，但过于善恶分明，没有人能容忍得了，不能适任；隰朋不耻下问，过家门而不忘国事，是很好的人选；至于易牙、竖刁、开方三人，罔顾人伦，居心叵测，"君必去之！"隰（xí）朋，春秋时期齐国著名大夫，"桓管五杰之一"。

熏　心

西巴释麑，犯军法矣；①乐羊杀子，成军功矣。②文侯薨，托孤之命不及乐羊，而转以西巴，③何哉？即其言曰："彼子尚忍，况我子乎？麑子尚爱，况少君乎？"如吴起杀妻求将，④功名热于中，以忍为借迳。君子仁其心，而于伦常间，乃有是事哉！

【注释】①"西巴释麑"二句：《说苑·卷五·贵德》载："孟孙猎得麑，使秦西巴持归，其母随而鸣，秦西巴不忍，纵而与之，孟孙怒逐秦西巴，居一年召以为太子侍，左右曰：'夫秦巴有罪于君，今以为太子傅，何也？'孟孙曰：'夫以一麑而不忍，又将能忍吾子乎？'"事又见《韩非子·说林上》、《淮南子·人间训》等。西巴，姓秦，战国时期鲁国大臣。麑（ní），幼鹿。

②"乐羊杀子"二句：《说苑·卷五·贵德》载："乐羊为魏将，以攻中山，其子在中山，中山县其子示乐羊，乐羊不为衰志，攻之愈急，中山因烹其子而遗之，乐羊食之尽一杯，中山见其诚也，不忍与之战，果下之，遂为魏文侯开地，文侯赏其功而疑其心。"事又见《韩非子·说林上》、《战国策·魏一》等。乐羊，战国时期魏国大将。中山国人。

③"文侯薨"三句：出处不详。

④吴起杀妻求将：《史记·孙子吴起列传》载："吴起者，卫人也，好用兵。尝学于曾子，事鲁君。齐人攻鲁，鲁欲将吴起，吴起取齐女为妻，而鲁疑之。吴起于是欲就名，遂杀其妻，以明不与齐也。鲁卒以为将。将而攻齐，大破之。"吴

起，战国初期著名政治改革家、卓越的军事家和军事改革家。卫国左氏（今山东定陶，一说山东曹县）人。曾学于曾子，先后仕于鲁、魏、楚。

不　解

　　仲父得志于桓公，所优固已久矣，乃不于居位时去易牙、竖刁、卫公子启方，乃却于临死始言之。①夫仲父佐霸，一匡之才也，抑有假于君侧之金壬②，以阴助其言之人乎？抑不欲批逆鳞，端以图全其所大乎？何不于居位时而摧枯拉朽之也。乃至临死方言，吾于管仲之才之识，真有所不解。

　　【注释】①"仲父得志于桓公"四句：参见前文《知人》注释三。易牙，雍人名巫，所以也叫雍巫，春秋时期齐国人。齐桓公曾说未曾食过婴儿的肉，易牙就煮了儿子给齐桓公吃。竖刁，又名竖刀，春秋时齐国宦官。他为了表示对齐桓公的忠心，自行阉割侍君。启方，通称开方，为了表示自己忠心侍候齐桓公，父亲去世都不回去奔丧。管仲逝世前，对齐桓公说这几个人置人之常情于不顾，还有什么事情会做不出来呢？请一定不能重用。齐桓公答应了管仲，在管仲死后就把他们全部逐出宫。但三年后又把他们招回宫。一年后，这几人趁齐桓公有病，发动叛乱，齐国损失惨重。齐桓公悔之晚矣。
②金壬：小人，奸人。

成　竹

　　哲明于机先，故先事以自待者必不浅。鄌侯①相曹参②，独自立以矫企。始何曰："何参之不我知也？"转思必谓曰："同者多貌，而异者必有衡于其心矣。"则他日请代者，舍参奚何？③故参之识先于何，及代，又知才之不能过，则惟清靖以守之，④此参之自衡者果熟也。故何死，参便佯装，将诣丞相府，⑤其衡定而自信者如此其确也。盖参之不用才，遂为酂侯重，故用识以自异，岂不为酂侯信哉？萧乃曰："代我，必不乱我法。"此曹参胸中之竹成之久矣，谓参不知何耶？

【注释】①酂侯：萧何的爵号。萧何，西汉初年著名政治家。徐州小沛（今中江苏省沛县）人。"汉初三杰"之一。西汉建立后，刘邦论功行赏，定萧何为首功，封他为酂侯。谥文终侯。

②曹参：字敬伯。江苏沛县人。西汉开国功臣，名将，是继萧何后的汉代第二位相国。谥懿侯。

③"则他日请代者"二句：《史记·萧相国世家》载："何素不与曹参相能，及何病，孝惠自临视相国病，因问曰：'君即百岁後，谁可代君者？'对曰：'知臣莫如主。'孝惠曰：'曹参何如？'何顿首曰：'帝得之矣！臣死不恨矣！'"

④"及代"三句：《史记·曹相国世家》载，曹参为相国时，极力主张清净无为，自认才能不及萧何，萧规曹随。

⑤"故何死"三句：《史记·曹相国世家》载："惠帝二年，萧何卒。参闻之，告舍人趣治行，'吾将入相'。居无何，使者果召参。"俶（chù）装，整理行装。

气　应

势多成于气，气多发于真。一真确，则神明召来矣！曹沫，一剑夫耳，挥兵逼好，而桓公不之怒，汶阳之田归。①虽伯者，须信以信天下。然气缘真迫，此诚感则势应也。如孔子历阶一揖，安详于言语，整暇夫容止，一以褫莱兵之魄，一以愧优施之心，全是一团太和元气，而汶阳之田亦归。②嘻！柯之盟似此祝其之会，默形其浅深，令后世知圣人气象者，然要皆真气之所发。夫气存乎养，大而化之，则神和；发之以诚，则气定；激而怒焉，则势动；要之真，则感之必应矣！樽俎折冲，总要悟得一气字。

【注释】①"曹沫"五句：《史记·刺客列传》载："曹沫者，鲁人也，以勇力事鲁庄公。庄公好力。曹沫为鲁将，与齐战，三败北。鲁庄公惧，乃献遂邑之地以和。犹复以为将。齐桓公许与鲁会于柯而盟。桓公与庄公既盟于坛上，曹沫执匕首劫齐桓公，桓公左右莫敢动，而问曰：'子将何欲？'曹沫曰：'齐强鲁弱，而大国侵鲁亦甚矣。今鲁城坏即压齐境，君其图之。'桓公乃许尽归鲁之侵地。既已言，曹沫投其匕首，下坛，北面就群臣之位，颜色不变，辞令如故。桓公怒，欲倍其约。管仲曰：'不可。夫贪小利以自快，弃信于诸侯，失天下之援，不如与之。'于是桓公乃遂割鲁侵地，曹沫三战所亡地尽复予鲁。"曹沫，一说和曹刿是同一个人。

②"如孔子历阶一揖"七句：《史记·孔子世家》载，鲁定公十年（前500年）夏，齐国担心任用孔子的鲁国强大起来，便约定公在夹谷会晤。孔子知道齐国心居叵测，也随定公前往。会晤之后，"献酬之礼毕，齐有司趋而进曰：'请奏四方之乐。'景公曰：'诺。'于是旍旄羽被矛戟剑拨鼓噪而至。孔子趋而进，历阶而登，不尽一等，举袂而言曰：'吾两君为好会，夷狄之乐何为于此！请命有司！'有司却之，不去，则左右视晏子与景公。景公心怍，麾而去之。有顷，齐有司趋而进曰：'请奏宫中之乐。'景公曰：'诺。'优倡侏儒为戏而前。孔子趋而进，历阶而登，不尽一等，曰：'匹夫而营惑。诸侯者罪当诛！请命有司！'有司加法焉，手足异处。景公惧而动，知义不若，归而大恐，告其群臣曰：'鲁以君子之道辅其君，而子独以夷狄之道教寡人，使得罪于鲁君，为之奈何？'有司进对曰：'君子有过则谢以质，小人有过则谢以文。君若悼之，则谢以质。'于是齐侯乃归所侵鲁之郓、汶阳、龟阴之田以谢过。"又参见《左传·定公十年》。

卜 占

疑以诚通，故卜之龟筮焉，示其不自专，退听以安夫命，以求召于神明。斯神道设教之义，圣人之微权也。后世星数之学，各竞其所长，而愚人为之惑，圣人之义泯，而圣人之迹猎矣。如晋献公卜骊姬，龟不吉而筮吉。

卜人解曰：筮短龟长。①趋择仅此二者，则犹可以遵循也。至汉武占娶，而五行家为可，堪舆家则否，历家为小凶，天人家曰小吉。②聚而腾讼，胡准以适从哉！夫《洪范》，凡七，卜五，占用二，衍忒。③盖天道难知，多稽疑于时变而已，不及徼福也，要以大同为吉也。斯静吉作凶之义，亦可谓彰彰然，存夫人之所感为何如耳。《礼》曰："卜筮④不相袭。"不疑，亦不渎，况今舍己之诚，而徒以卜占星数之是信。世非殷道，何尚鬼而惑之甚耶！

【注释】①"如晋献公卜骊姬"四句：《左传·僖公四年》载："初，晋献公欲以骊姬为夫人，卜之，不吉；筮之，吉。公曰：'从筮。'卜人曰：'筮短龟长，不如从长。'……弗听。"

②"至汉武占娶"五句：《史记·日者列传》载："孝武帝时，聚会占家问之，某日可取妇乎？五行家曰可，堪舆家曰不可，建除家曰不吉，丛辰家曰大凶，历家曰小凶，天人家曰小吉，太一家曰大吉。辩讼不决，以状闻。制曰：'避诸死忌，以五行为主。'"历家，原文为"历象"；天人家曰小吉，原文为"天人为大凶"。今改。

③"夫《洪范》"五句：《尚书·周书·洪范》载："稽疑：择建立卜筮人，乃命卜筮。曰雨，曰霁，曰蒙，曰驿，曰克，曰贞，曰悔，凡七。卜五，占用二，衍忒。"

④筮：原书缺，今据《礼·曲礼》补。

公　交

交之际惟公，则可以弥笃也。施正欲杀管仲者也，叔牙欲相管仲者也，两者皆忠于其君，①则皆公也。故仲父于怨德之间，两无报施。苏孺文曰：今日饮故人者，情也；明日按部者，公也。②可明交道处公之义。故盖勋不乘危以杀正和，谢则拒焉，而正和不怒者，③亦以公也。若晏子之德色于越石父，宜乎其请绝，卒焉称知己弥笃者，以改容之心，④亦为公所激耳。

【注释】①"施正欲杀管仲者也"三句：参见前文《卫异》注释一。

②"苏孺文曰"五句：《后汉书·郭杜孔张廉王苏羊贾陆列传第

183

二十一·苏章》载："顺帝时，（苏章）迁冀州刺史。故人为清河太守，章行部案其奸臧。乃请太守，为设酒肴，陈平生之好甚次。太守喜曰："人皆有一天，我独有二天。"（意即苏章为其保护伞）章曰：'今夕苏孺文与故人饮者，私恩也；明日冀州刺史案事者，公法也。'遂举正其罪。州境知章无私，望风畏肃。"苏孺文，即苏章，字孺文。东汉名臣。扶风平陵（今陕西省咸阳）人。以方正清廉著称。

③"故盖勋不乘危以杀正和"三句：《后汉书·虞傅盖臧列传第四十八·盖勋》载："（盖勋）初举孝廉，为汉阳长史。时，武威太守倚恃权势，恣行贪横，从事武都苏正和案致其罪。凉州刺史梁鹄畏惧贵戚，欲杀正和以免其负，乃访之于勋。勋素与正和有仇，或劝勋可因此报隙。勋曰："不可。谋事杀良，非忠也；乘人之危，非仁也。"乃谏鹄曰："夫绁食鹰鸢欲其鸷，鸷而亨之，将何用哉？"鹄从其言。正和喜于得免，而诣勋求谢。勋不见，曰："吾为梁使君谋，不为苏正和也。"怨之如初。"盖勋，东汉末期著名的清官。字符固。敦煌郡广至县（今甘肃安西县西南）人。正和，即苏正和，凉州刺史从事。武都（今甘肃西和县）人。

④"若晏子之德色于越石父"四句：《史记·管晏列传》载："越石父贤，在缧绁（捆绑犯人的绳索，此指拘禁、囚禁）中。晏子出，遭之涂，解左骖赎之，载归。弗谢，入闺。久之，越石父请绝。晏子戄然，摄衣冠谢曰：'婴虽不仁，免子于厄（古同"厄"），何子求绝之速也？'石父曰：'不然。吾闻君子诎于不知己而信于知己者。方吾在缧绁中，彼不知我也。夫子既已感寤而赎我，是知己；知己而无礼，固不如在缧绁之中。'晏子于是延入为上客。"事又见《晏子春秋·晏子之晋睹齐累越石父解左骖赎之与归第二十四》。晏子，春秋齐国名相。字仲，谥平，习惯上多称平仲，又称晏子。夷维（今山东高密县）人。

伏 阴

镯镂之赐，①伏阴机于鞭尸。②况弑二君，杀一大夫，能免里克之刎乎？③故欲德之于人者，卒以不德害其身；修怨于人者，究因怨以丧其命。戒夫！

【注释】①镯镂之赐：《史记·伍子胥列传》载，受太宰伯嚭谗言的影响，加之自己也担心伍子胥谋叛，吴王派使臣把镯镂宝剑赐给伍子胥，令其自杀。镯镂，宝剑名。后泛指宝剑。《左传·鲁哀公十一年》和《史记·伍子胥列传》作"属镂"；《吴越春秋》作"属卢"；《广雅·释器》作"属鹿"；扬雄《太玄赋》作"属娄"；《荀子·成相》作"独鹿"。

②伏阴机于鞭尸：《史记·伍子胥列传》载，伍子胥父兄被楚平王杀害。后来，伍子胥在吴国当了国相，率兵攻入楚国，"掘楚平王墓，出其尸，鞭之三百"。

③"况弑二君"三句：《左传·僖公十年》载，晋惠公即位后，对扶持自己登上大位的权臣里克总是放心不下，"将杀里克，公使谓之曰：'微子则不及此。虽然，子弑二君与一大夫，为子君者不亦难乎？'对曰：'不有废也，君何以兴？欲加之罪，其无辞乎？臣闻命矣。'伏剑而死。"事又见《史记·晋世家》。里克，晋国权臣，弑奚齐、卓子二君，逼死大臣荀息，拥立晋惠公。后被猜忌，自杀。

循 道

见危而顾授命，思久要以不忘，此臣友之处变也。无若荀息之贞死奚齐，①肥义之籍藏遗命，②谋与废主，难兴邦国，究何为耶！不明于道，不足以称忠，又况友谊之次乎。慎斯术也，明夫道而已。

【注释】①荀息之贞死奚齐：《左传·僖公元年》载，晋献公病危，欲立幼子奚齐，将他托付给荀息。"（荀息）稽首而对曰：'臣竭其股肱之力，加之以忠贞。其济，君之灵也；不济，则以死继之。'公曰：'何谓忠贞？'对曰：'公家之利，知无不为，忠也。送往事居，耦俱无猜，贞也。'"后来，里克先后弑奚齐、卓子二君。荀息践行承诺，自刎而死。事又见《史记·晋世家》。荀息，春秋时代晋国大夫。名黯，息为表字。原书为"苟息"，今改。

②肥义之籍藏遗命：《史记·赵世家》载，赵武灵王晚年废掉太子公子章，传国于宠妃孟姚之子公子何，是为惠文王。他让最受信任的老臣肥义任相国，辅佐惠文王。"强壮而志骄，党众而欲大"的公子章心怀怨忿。大夫李兑看出一场危机即将爆发，劝说肥义及早隐退，以免首当其冲，遭遇不测。"肥义曰：'不可，昔者主父（赵武灵王）以王属义也，曰："毋变而度，毋异而虑，坚守一心，以殁而世。"义再拜受命而籍之。今畏不礼之难而忘吾籍，变孰大焉。进受严命，退而不全，负孰甚焉。变负之臣，不容於刑。谚曰"死者复生，生者不愧"。吾言已在前矣，吾欲全吾言，安得全吾身！且夫贞臣也难至而节见，忠臣也累至而行明。子则有赐而忠我矣，虽然，吾有语在前者也，终不敢失。'李兑曰：'诺，子勉之矣！吾见子已今年耳。'涕泣而出。"肥义，战国时赵国大臣。邯郸人。思想开明豁达。后在公子章等人发动的"沙丘宫变"中被杀害。

图　危

公子归国，人知六十二岁之重耳，不害其至狄娶狄，之齐娶齐，之秦又娶于秦也。不害者，以智先乎事，匪图苟安者也。以此思越，五年五月，与夫人之臣吴也，哭歌江渚，水结凄清，石室樵头，服安犊鼻。甚至斫刈养马，除粪给水，三年无愠色，而足以忍成。乃知天下事，孰不可为，为而无成者，不忍又不智也。惟智，乃足济忍；不智者，乌能忍哉！

异 效

晋舍曹墓，以伐冢而惧曹心；[1]燕掘齐尸，纵反间以成齐怒。[2]此成败之机同，其收效之迹异，何也？以未伐则惟恐其伐，是惧心生焉，竟掘冢以烧尸，则无所望矣。故群起而合怒，一怒之所合，能当其锋耶？夫民口如川之甚难防也，况其心不使平乎？

【注释】 ①"晋舍曹墓"二句：《左传·僖公二十八年》载，晋文公率兵围攻曹国都城，被挡在城门外，死了很多人。曹人把晋军的尸体放在城上示众。晋文公担心这样会影响晋军的士气，就听从了舆人的计谋，对曹人说将把军队驻扎到他们的祖坟之中（意思是要去挖掘曹人的祖坟），并随即行动。曹人听说后非常害怕，连忙把晋军尸体用棺材装好送出来。晋军乘曹人极度恐惧的时候猛攻，不久就攻破了城池。

②"燕掘齐尸"二句：《史记·田单列传》载，燕国攻打齐国，连下七十余城。齐将田单孤守即墨，为提振民心士气，"单又纵反间曰：'吾惧燕人掘吾城外冢墓，僇先人，可为寒心。'燕军尽掘垄墓，烧死人。即墨人从城上望见，皆涕泣，俱欲出战，怒自十倍。"后来，田单率齐军用火牛阵大败燕军，并乘胜追击，收复了齐国沦陷的国土。齐国得以重现生机。

阴 济

季隗之誓不嫁，[1]齐姜之遣醉归，[2]一以二十五年之必待，一以六十二岁可有为也。夫重耳去国，始守贞于妇人；及其归国，终济难于侠女。得非以王气开于阳明，杂霸成乎阴假，故召一女子贞其始，又召一女子侠其终，天人之际，机诚微哉？然则俾隗之卒成，其待公子者，姜成之也，姜不可不谓隗之知己。

【注释】①季隗之誓不嫁：《史记·晋世家》载，重耳流亡到狄国，狄
君将长女季隗嫁给他。后来，晋惠公派人杀重耳。重耳被迫
逃亡。逃亡前，"重耳谓其妻（季隗）曰：'待我二十五年
不来，乃嫁。'其妻笑曰：'犁二十五年，吾冢上柏大矣。虽
然，妾待子。'"
②齐姜之遣醉归：见前文《内助》注释一。

济　可

　　缘鞭七贯三之子玉，因思不戮一人之子文，①而后知宽之必济以猛也。
如光弼之代治汾兵也，爱子仪之宽，则人感泣乐从，倘代之不以严，谁其股
栗乎？②盖推心用诚，有以服夫人之心，则以威以爱均一也。如不然者，阳
春之后，能以肃杀耶？故曰：以天地为心者，功不同成则一也，孰不可体天
地之心哉！

【注释】①"缘鞭七贯三之子玉"二句：《左传·僖公二十七年》载：
"楚子将围宋，使子文治兵于睽，终朝而毕，不戮一人。子
玉复治兵于蒍，终日而毕，鞭七人，贯三人耳。"鞭七，原
文为"鞭一"，今改。子玉，指成得臣。成得臣，成氏，名
得臣，字子玉，若敖后裔。春秋时楚令尹。子文，指斗谷於
菟。斗氏，名谷於菟，字子文。斗伯比之子。生于郧（今湖
北省京山、安陆一带）。春秋时楚国令尹。
②"如光弼之代治汾兵也"五句：《旧唐书·列传第六十·李光
弼》载："（乾元二年）加光弼太尉、兼中书令，代郭子仪
为朔方节度、兵马副元帅，以东师委之。左厢兵马使张用济
承子仪之宽，惧光弼之令，与诸将颇有异议，欲逗留其众。
光弼以数千骑出次汜水县，用济单骑迎谒，即斩于辕门。诸
将慑伏。"光弼，指李光弼，唐中叶名将。营州柳城（今辽
宁朝阳）人。官至太尉兼侍中、天下兵马副元帅，封临淮

王，谥武穆。以御军严肃著称。汾兵，代指郭子仪的军队。子仪，指郭子仪。

处　身

匹夫无罪，而怀宝招罪之有由，斯虞叔之不以玉而贾害也。^①良史守身，而籍赃不受之有识，斯钟离之委珠于地以全名也。^②一平泉石耳，势在则在，势去必去，身外之物，胡能久于人乎？

【注释】 ①"匹夫无罪"三句：《左传·桓公十年》载："初，虞叔有玉，虞公求旃。弗献。既而悔之。曰：'周谚有之："匹夫无罪，怀璧其罪。"吾焉用此，其以贾害也？'乃献。"

②"良史守身"三句：《后汉书·第五·钟离宋寒列传第三十一·钟离意》载：汉显宗即位，征钟离意为尚书。当时交阯太守张恢，因贪赃千金，被召回处死，财物被没收，赐予群臣，"意得珠玑，悉以委地而不拜赐。帝怪而问其故。对曰：'臣闻孔子忍渴于盗泉之水，曾参回车于胜母之间，恶其名也。此臧秽之宝，诚不敢拜。'帝嗟叹曰：'清乎尚书之言！'乃更以库钱三十万赐意。转为尚书仆射。"钟离意，东汉著名清官。字子阿。会稽郡山阴县（今浙江绍兴市）人。

伦　拟

秦穆公饮盗骏以酒，^①楚庄宥戏姬之愆，^②翳桑饿夫受赵盾之饷，^③从事史人蒙袁盎之赠。^④此皆盗贼、丐乞、淫秽之徒也，卒皆能怀人之恩，而思以输死为报，史故称焉。吁！不屑为盗贼、丐乞、淫秽之行者，而口惟仁义之是借，往往多悖德，寡恩施，忘其报，又盗贼、丐乞、淫秽之弗若，则何耶！

【注释】①秦穆公饮盗骏以酒：《史记·秦本纪》载："初，缪公亡善马，岐下野人共得而食之者三百馀人，吏逐得，欲法之。缪公曰：'君子不以畜产害人。吾闻食善马肉不饮酒，伤人。'乃皆赐酒而赦之。三百人者闻秦击晋，皆求从，从而见缪公窘，亦皆推锋争死，以报食马之德。"亦见《说苑·卷六·复恩》。秦穆公，一作秦缪公，春秋时期著名政治家。嬴姓，赵氏，名任好，其全名赵任好。

②楚庄宥戏姬之愆：《说苑·卷六·复恩》载："楚庄王赐群臣酒，日暮酒酣，灯烛灭，乃有人引美人之衣者，美人援绝其冠缨，告王曰：'今者烛灭，有引妾衣者，妾援得其冠缨持之，趣火来上，视绝缨者。'王曰：'赐人酒，使醉失礼，奈何欲显妇人之节而辱士乎？'乃命左右曰：'今日与寡人饮，不绝冠缨者不欢。'群臣百有余人皆绝去其冠缨而上火，卒尽欢而罢。居三年，晋与楚战，有一臣常在前，五合五奋，首却敌，卒得胜之，庄王怪而问曰：'寡人德薄，又未尝异子，子何故出死不疑如是？'对曰：'臣当死，往者醉失礼，王隐忍不加诛也；臣终不敢以荫蔽之德而不显报王也，常愿肝脑涂地，用颈血湔敌久矣，臣乃夜绝缨者。'遂败晋军，楚得以强。"

③翳桑饿夫受赵盾之饷：《说苑·卷六·复恩》载："赵宣孟将上之绛，见翳桑下有卧饿人不能动，宣孟止车为之下，餐自含而餔之，饿人再咽而能食，宣孟问：'尔何为饥若此？'对曰：'臣居于绛，归而粮绝，羞行乞而憎自致，以故至若此。'宣孟与之壶餐，脯二朐，再拜顿首受之，不敢食，问其故，对曰：'向者食之而美，臣有老母，将以贡之。'宣孟曰：'子斯食之，吾更与汝。'乃复为之箪食，以脯二束与钱百。去之绛，居三年，晋灵公欲杀宣孟，置伏士于房中，召宣孟而饮之酒，宣孟知之，中饮而出，灵公命房中士疾追杀之，一人追疾，既及宣孟，向宣孟之面曰：'今固是君邪！请为君反，死。'宣孟曰：'子名为谁？'及是且对曰：'何以名为？臣是夫桑下之饿人也。'遂斗，而死，宣孟得以活。"赵盾，春秋时晋国大臣，谥号宣孟。

④从事史人蒙袁盎之赠：《说苑·卷六·复恩》载："孝景时，

吴楚反，袁盎以太常使吴，吴王欲使将不肯，欲杀之，使一都尉以五百人围守盎；盎为吴相时，从史与盎侍儿私通，盎知之不泄，遇之如故人，有告从史，从史惧亡归，盎自追，遂以侍儿赌之，复为从史。及盎使吴见围守，从史适为守盎校司马，夜引盎起曰：'君可以去矣，吴王期旦日斩君。'盎不信，曰：'公何为者也？'司马曰：'臣故为君从史盗侍儿者也。'盎乃敬对曰：'公见亲，吾不足以累公。'司马曰：'君去，臣亦且亡避，吾亲君，何患！'乃以刀决帐，率徒卒道出，令皆去，盎遂归报。"袁盎，西汉大臣。字丝，又称"爰盎"、"受盈"。楚人。以直言敢谏著称。

知　命

　　昔宋景公，出入君之三言，而荧惑为之退舍。①若邾文公之迁绎，②楚昭王之止禳，③卒以身当之，何耶？盖人君以知命，传其乐天之言，可为后世法，则邾文、楚昭之获，宁仅若荧惑之退舍哉！毋谓天道之不可知也。故曰：自古皆有死，毋以同德而异应，致疑夫彼苍。

【注释】①"昔宋景公"三句：《史记·宋微子世家》载："（宋）景公三十七年，楚惠王灭陈。荧惑守心。心，宋之分野也。景公忧之。司星子韦曰：'可移于相。'景公曰：'相，吾之股肱。'曰：'可移于民。'景公曰：'君者待民。'曰：'可移于岁。'景公曰：'岁饥民困，吾谁为君！'子韦曰：'天高听卑。君有君人之言三，荧惑宜有动。'于是候之，果徙三度。"荧惑，即火星。它的亮度常有变化，运行情况复杂，令人迷惑。古人多将星象与国运人事联系在一起，故有此说。
　　　　②邾文公之迁绎：《说苑·卷一·君道》载，邾文公卜徙于绎，"史曰：'利于民不利于君。'君曰：'……民既利矣，孤必与矣！'待者曰：'命可长也，群胡不为？'君曰：'命在牧民，死亡短长，时也；民苟利矣，吉孰大焉。'遂徙于绎。"

迪孙

③楚昭王之止禳：《说苑·卷一·君道》载："楚昭王有疾，卜之曰：'河为祟'。大夫请用三牲焉。王曰：'止，古者先王割制土，祭不过望。江、汉、睢、漳，楚之望也。祸福之至，不是过也。不谷虽不德，河非所罪也。'遂不祭焉。"

中　微

《易》曰："王公设险，以守其国。"吴起之对魏武侯曰："在德不在险。"①竟为《易经》翻案语。武侯由此言，而息恃险之心。夫谈言中微，虽圣经不必泥，以其诚渐德化之有以也。故王孙满对楚子曰："在德，不在鼎。"②遂以慑僭窃之心。斯中微之谈言，可取以为良讽。

【注释】①"吴起之对魏武侯曰"二句：《史记·孙子吴起列传》载："（魏）武侯浮西河而下，中流，顾而谓吴起曰：'美哉乎山河之固，此魏国之宝也！'起对曰：'在德不在险。'"魏武侯，名击，魏文侯之子，在位期间使魏国的疆域更大，国力更强，成为战国七雄之一。
②"故王孙满对楚子曰"三句：《史记·楚世家》载，（楚庄王）观兵于周郊。周定王使王孙满劳楚王。楚王问鼎之大小轻重，对曰："在德不在鼎。"王孙满还说："周德虽衰，天命未改。鼎之轻重，未可问也。"楚王听了，乃归。

近　情

浣纱纤手，成越人沼吴之关；缄宜事成，则扁舟全夫妇之初好也。其蠡①之迫于忠，遂能割其情以效忠，忠既效，则俾以效其忠者，西子也。感能为其效忠，故载之隐，以远其功名，始终一情，皆为"忠"所激耳。蠡之屝屦勋庸，善处乎君臣之际，其全身者要此全忠之心，能善处君臣之际也，而独不能善处于夫妇之伦乎？夷光②助夫子以惑吴，济可于越，诚大矣，成蠡之忠，宁鲜哉！故失身不为失节，千古谅之，倘蠡弃之，岂人情耶？宁若巫臣以毋纳罪妇赚其君，又以不祥赚子反，独窃之以逃郑者，[3]是祇嗜欲丧国之夫，乌得同日以语此。故曰：夏姬之乱在陈而祸及楚。子胥之鞭平王，巫臣首事焉，而亡楚者，奔夫之妇人也。[4]西子爱在吴而德及越，苎萝纤手[5]纱可濯，国耻亦可雪，则沼吴者，从夫之弃妇也，不为失节也。遣而爱吴蠡，既已教之矣，事济而弃之者，不情亦不协理。

【注释】　①蠡：即范蠡。
　　②夷光：西施之名。
　　③"宁若巫臣以毋纳罪妇赚其君"三句：《左传·成公二年》载："楚之讨陈夏氏也，庄王欲纳夏姬，申公巫臣曰：'不可。君召诸侯，以讨罪也。今纳夏姬，贪其色也。贪色为淫，淫为大罚。《周书》曰："明德慎罚。"文王所以造周也。明德，务崇之之谓也；慎罚，务去之之谓也。若兴诸侯，以取大罚，非慎之也。君其图之！'王乃止。子反欲取之，巫臣曰：'是不祥人也！是夭子蛮，杀御叔，弑灵侯，戮夏南，出孔、仪，丧陈国，何不祥如是？人生实难，其有不获死乎？天下多美妇人，何必是？'子反乃止。"可是，后来巫臣却娶了已逃回郑国的夏姬。毋，原书为"母"，今据文意改。
　　④"夏姬之乱在陈而祸及楚"五句：夏姬原为陈国人夏御叔之妻，夫亡后，与陈灵公淫乱，其子夏征舒怒杀陈灵公，自立为陈侯。楚庄王以"大逆不道"之罪讨伐夏征舒，陈国为此一度灭亡。巫臣携夏姬逃往晋国后，当了邢大夫。楚国大将子反气恨难消，联合子重、黑要等杀了巫臣一家，分其封地。巫臣发誓报复，建议晋国竭力扶植吴国。后来，伍子胥率吴军大败楚军，鞭楚平王尸，楚国元气大伤，从此一蹶不振。夏姬，郑穆公之女，以美艳淫欲著称，《列女传·孽嬖》称其"三为王后，七为夫人。公侯争之，莫不迷惑失意"。
　　⑤苎（zhù）萝纤手：指西施。苎萝，西施故乡，位于今浙江省诸暨市城南，原书为"苎罗"，今改。

慎　戏

仁人于人之所短，必周以藏覆之；人之所疾讳，必怜而曲庇之。昔齐顷公使秃者御秃，眇者御眇，跛者、偻者御跛、偻，博萧同叔子之一笑，是揭短、戏人之所疾以为快也，何忍心哉！致郤克恶帱中之笑人，归，请伐齐矣，兵靡笄，陈于鞌。倘非丑父麦曲之使，献子加楮中之宝，顷公岂能免乎？①溯懿公少时，与丙戎父争猎，及位，断其足，而以其子丙戎仆。纳庸职妻，而以职骖其乘。其后启申池之戏，遂弑懿公于竹中。②惠公方十年，顷公代焉，何顷公之绳祖武不善若此耶？郭少隗曰："无心嬉戏，悉伏杀机，夫戏之宜，其慎也夫！"

【注释】①"昔齐顷公使秃者御秃"十四句：《谷梁传·成公》、《左传·成公二年》等载，公元前592年，晋国大夫郤克、鲁国大夫季孙行父、卫国使臣孙良夫、曹国使臣公子首一起出使齐国。事有凑巧，郤克是个独眼者，季孙行父是个秃顶，孙良夫是个瘸子，公子首是个罗锅。齐顷公觉得有趣，便告诉了母亲萧太后。萧太后很好奇，非要亲自看看。齐顷公为讨寡居的母亲欢心，就想出了一个恶作剧：让人从国内分别找了四个有相同残疾的人为使臣御车，并邀请使臣来后花园作客。次日，当四位使臣在四位齐国仆人的陪同下经过萧太后居住的楼台之下时，萧太后和宫女们启帷观望，禁不住哈哈大笑。郤克等人遭此羞辱，不辞而别，愤而归国。由此引发了著名的鞌之战。交战中，齐军大败，侍卫逢丑父假装是齐顷公，让其得以逃脱。齐顷公，原名姜无野，齐惠公之子。早期心浮气盛，在经历了鞌之战等挫折后，勤政爱民，厚礼诸侯，受到了齐国内外的尊敬与爱戴。萧同叔子，原书作"萧同叔"，今据《左传·成公二年》改之。《谷梁传·成公》和《史记·齐太公世家》则分别为"萧同侄子"、"萧桐叔子"。郤（xì）克，即郤献子。郤缺之子。春秋时晋国大臣，曾执国政。相传他目眇，亦传是足跛，又说是背驼。原书作"却克"，今据《谷梁传·成公》等改。鞍，古地名，位于今山东定陶县南。"献子加楮中之宝"，不详，疑为衍文。

②"溯懿公少时"九句：《史记·齐太公世家》载："懿公四年春，初，懿公为公子时，与丙戎之父猎，争获不胜，及即位，断丙戎父足，而使丙戎仆。庸职之妻好，公内之宫，使庸职骖乘。五月，懿公游于申池，二人浴，戏。职曰：'断足子！'戎曰：'夺妻者！'二人俱病此言，乃怨。谋与公游竹中，二人弑懿公车上，弃竹中而亡去。"懿公，指齐懿公，原名姜商人，齐桓公之子，齐顷公之叔。在位期间骄横荒淫，民心尽失。申池，位于今山东临淄县西。

知 风

《易·家人》之《大象》曰："风自火出。君子以言有物，而行有恒。"夫火非风不生，生而灼，灼则风又从火出矣。故天下国之本，转在于家也。毋若郤缺敬妻以获卿，[①]为家之索而蒙耻；毋更若吴起杀妻以求将，[②]贪国之利以伤伦。《象》又曰："正家而天下定矣。"[③]其家不正，而能正人乎？风自火中出，燎原之鸣，若山崩焉，故君子必谨微。

【注释】①郤缺敬妻以获卿：《左传·僖公三十三年》载："初，臼季使过冀，见冀缺耨，其妻馌之。敬，相待如宾。与之归，言诸文公曰：'敬，德之聚也。能敬必有德，德以治民，君请用之。臣闻之，出门如宾，承事如祭，仁之则也。'公曰：'其父有罪，可乎？'对曰：'舜之罪也殛鲧，其举也兴禹。管敬仲，桓之贼也，实相以济。《康诰》曰："父不慈，子不祗，兄不友，弟不共，不相及也。"《诗》曰："采葑采菲，无以下体。"君取节焉可也。'文公以为下军大夫。反自箕，襄公以三命命先且居将中军，以再命命先茅之县赏胥臣曰：'举郤缺，子之功也。'以一命命郤缺为卿，复与之冀，亦未有军行。"郤缺，即郤成子，因其食邑在冀（今山西河津），又称冀缺。春秋时期晋国上卿。历事晋文公、襄公、灵公、成公数君，未见失误，是晋国历史上少有的稳健的政治家。

②吴起杀妻以求将：见前文《熏心》注释四。

③原书"正家"前多一"一"字，今据《周易·下经》删。

义　别

《书》明迪惠，知三家①之厚鲁，而必衍庆其子孙。故曰：威福必归，惟辟也。《春秋》严法禁，六卿之分晋，②以明祸乱所蔓滋。故曰：爵位必讥，世卿也。

【注释】①三家：指春秋后期掌握鲁国政权的三家贵族：孟孙氏（即仲孙氏），叔孙氏，季孙氏。其中季氏是三家的中心，势力最大。他们都是鲁桓公的后代，又称"三桓"。

②六卿之分晋：春秋后期，晋国范氏、中行氏、知（智）氏、韩氏、赵氏、魏氏六卿秉持国政，并相继改革田亩制、税制，图谋富强，相互兼并，导致晋室瓦解，最后分立为赵、韩、魏三国，史称"六卿分晋"。

德　恃

瓘、斚、玉瓒，可以禳火，①然则宋、卫、陈、郑且屡火焉，是无玉瓒、瓘、斚欤？天道无知，禳，故通其虔，然宜修德，明矣。无若谓郑为火房，则火入而必伏；水为火牡，水祥至则火退舍。此天数之不可知也。推是知凡百惟修德之足恃。

【注释】①"瓘、斚（jiǎ）、玉瓒"二句：《左传·昭公十七年》载："郑裨灶言于子产曰：'宋、卫、陈、郑将同日火，若我用瓘、斚、玉瓒，郑必不火。'子产弗与。"杜预注："瓘，珪也；斚，玉爵也；玉瓒，玉制之勺也。欲以禳火。"

尊 志

伯夷清励，孔子许其仁；①季札名高，孔子讥其失。②均之一让国也，泰伯之让，知季历之贤，盖尊先志也。③季札让之，独不知光、僚之篡④乎？然惟君子之存心，存乎其所大而已，言行信果，⑤为必是耶。

【注释】①"伯夷清励"二句：《论语·述而》载："（冉有）曰：'伯夷、叔齐何人也？'（孔子）曰：'古之贤人也。'（冉有）曰：'怨乎？'（孔子）曰：'求仁而得仁，又何怨？'"伯夷，姓墨胎氏，商末孤竹君长子。孤竹君以次子叔齐为继承人。孤竹君死后，叔齐想遵循长子继承制的规则让位于他，但他认为这有违父命，加以拒绝。后与叔齐逃奔周。武王伐纣时，他俩竭力反对，认为："父死不葬，爰及干戈，可谓孝乎？以臣弑君，可谓仁乎？"商朝被灭后，二人隐居首阳山，耻食周粟而饿死。

②"季札名高"二句：出处不详。

③"泰伯之让"三句：见前文《让国》注释一。

④光、僚之篡：光，指公子光。僚，指王僚。据载，公子光的父亲吴王诸樊有三个弟弟：大弟馀祭，二弟馀眛，三弟季札。诸樊知道三弟季札贤仁，因此不立太子，把王位依次传给三个弟弟，想最后把国家传到季札手里。但传到季札时，季札不肯即位，隐匿而去，于是馀眛之子王僚便违背了兄位弟嗣、弟终长侄继位的祖规而接替父位。这令本想继位的公子光心中不服，密谋让专诸鱼腹藏剑刺死王僚，登上了王位。

⑤言行信果：即"言必信，行必果"之意。

圣 鉴

僭必致败,[①]删《诗》不列其《楚风》;[②]悔则过远,序《书》终予其《秦誓》。[③]以故,穆公有创业垂统之基,楚子为丧国亡家之本。

【注释】①僭必致败:《史记·楚世家》载,公元前704年,实力大增的楚国国君熊通要求周王室尊他为王,被拒后愤怒地说:"吾先鬻熊,文王之师也。早终,成王举我先公,乃以子男田令居楚,蛮夷皆率服,而王不加位,我自尊耳。"于是自立为王,称为楚武王。后令其子屈瑕攻打罗(今湖北宜城西)。屈瑕倨傲轻敌,被罗与卢戎(蛮之一支,居今湖北南漳东北)打败,羞愧自杀。

②删《诗》不列其《楚风》:"孔子删诗说"是《诗经》学史上的一大公案。当代学者基本上持怀疑的态度。作者此处显然认同该观点。

③"悔则过远"二句:据载,鲁僖公三十三年(公元前627年),秦穆公派遣大将孟明视、西乞术、白乙丙率领军队远道袭击郑国。老臣蹇叔和百里奚谏阻,穆公不听。军队行进到崤山(今河南洛宁县西北),遭到了晋军的伏击,竟至全军覆没。三帅被俘后,晋襄公遵从母亲文嬴之言放他们回去,以为秦穆公将归罪于三帅,会怒而杀之,谁知秦穆公却"素服郊次,向师而哭曰:'孤违蹇叔,以辱二三子,孤之罪也',"痛悔不听百里奚、蹇叔之言,乃作了具有"悔过书"或"罪己诏"性质的《秦誓》一文。

希 名

宝岂终藏,但看披沙[①]能手;栴[②]须久贮,方知袭物都香。以千万人之贤智，并萃美于一人，则此一人者，非逾千百世，其论岂容易易定哉。昔惠盎见宋康王曰："孔丘、墨翟，无地而为君。"③竟以孔墨并也。邹阳《上梁孝王书》曰："昔鲁听季孙之说逐孔子，宋任子冉之计囚墨翟。"④亦以孔墨作对也。韩愈功不在禹下，以其排异学、明圣教也。其著《读墨子》⑤之文曰："儒墨，同是尧舜，同⑥非桀纣。"于墨亦不甚摈。夫兼金范火于百炼，沉水蓄膏夫千载，久而后，披者、袭者当自别之。夫孔子之至圣也，孟子既已称之，自汉以来，经师宿儒，莫不称为圣。及宋，而天下之公论始定耳，况远于圣人者，欲求名之着，不其难乎？要之，得其在我而已，希名则妄矣。希名者，即华而不实之人。君子审诸。

【注释】 ①披沙：即披沙捡金之意，指细心挑拣，如沙里淘金。

②栴（zhān）：即檀香。

③"昔惠盎见宋康王曰"三句：见《列子·黄帝第二》。惠盎，战国时宋人，以善于巧谏名世。宋康王，或称宋王偃，原名戴偃，宋剔成君之弟，以荒淫暴虐著称。无地而为君，是说孔丘和墨翟，虽然没有国土但是却与国君无异，受到民众的尊崇。

④"昔鲁听季孙之说逐孔子"二句：原书为"鲁听季孙逐孔子，宋信子冉囚墨翟。"今据《上梁孝王书》（又称《狱中上梁孝王书》）改。鲁逐孔子一事，出自《论语·微子》："齐人馈女乐，季桓子受之，三日不朝。孔子行。"季孙，即季桓子，鲁国上卿。宋囚墨翟一事，不详。

⑤《读墨子》：原书作《墨子》，今据《韩昌黎全集》改之。

⑥同：原书作"而"，今据《韩昌黎全集》改之。

近　情

情贵真，而发语定然简炼。楚昭王遭阖庐之祸出亡，①国人送之。王曰："父老返矣，何患无君？"只八字，答得最是心平气和，谦退之极。闻者咸奔秦，号哭请救，竟以复国。此不以患难改其常，故意畅而语舒也。即如汉高谓父老曰："苦秦苛法久矣，与父老约法三章耳。"②亦只十四字，不能不

199

令秦民大喜。此处胜不以矜骄，入其中，故理协而感至也。夫浃肌肤，沦骨髓，宁有异术耶？近情则真且挚。

【注释】①楚昭王遭阖庐之祸出亡：《史记·楚世家》载："（楚昭王）十年冬，吴王阖闾、伍子胥、伯嚭与唐、蔡俱伐楚，楚大败，吴兵遂入郢，辱平王之墓，以伍子胥故也。吴兵之来，楚使子常以兵迎之，夹汉水阵。吴伐败子常，子常亡奔郑。楚兵走，吴乘胜逐之，五战及郢。己卯，昭王出奔。庚辰，吴人入郢。"此事史称"阖庐之祸"。

②"即如汉高谓父老曰"三句：《史记·高祖本纪》载："（刘邦）还军霸上。召诸县父老豪杰曰：'父老苦秦苛法久矣，诽谤者族，偶语者弃市。吾与诸侯约，先入关者王之，吾当王关中。与父老约，法三章耳：杀人者死，伤人及盗抵罪。馀悉除去秦法。诸吏人皆案堵如故。'"

思 觐

庄周生梁惠、齐宣时，何独不与子舆一见而辩论之？令其与子舆辩难，则子舆必开胜论，大有以折之者。胡生同时而不一见？遂致千古少此一段奇文妙论，岂不令人越思越悬异想。

俭 德

一狐裘也，以三十年之蔽传；①一青帏也，亦以二十年蔽传之。②此晏子之与寇君同德，宜其均称平仲也。夫敏事慎言，而就正有道，宁安饱之是计耶？求田问舍，③令人肠俗，而冗鄙实足以败德，惟俭可以养德，诚然。

【注释】①"一狐裘也"二句：《礼记·檀弓下》载："晏子一狐裘，三十年。"后指为官清廉，生活节俭。

②"一青帏也"二句：《邵氏闻见录·卷七》载："寇（准）莱
公既贵，因得月俸，置堂上。有老媪泣曰：'太夫人捐馆时，
家贫，欲绢一匹作衣衾不可得，恨不及公之今日也。'公闻
之大恸，故居家俭素，所卧青帏二十年不易。""二十年"，
原书为"三十年"，今改。

③求田问舍：置屋买田。多形容只追求个人的小利，而没有远
大的志向。《三国志·魏书七·陈登传》："备曰：'君有国
士之名，今天下大乱，帝主失所，望君忧国忘家，有救世之
意，而君求田问舍，言无可采，是元龙所讳也，何缘当与
君语。'"

进 谏

古之谏法，所谓五者：理喻、势禁、辞让、利诱、隐讽也。故事明君，
当先持以理；事昏主，当先扼以势。均之必敬必诚。用五法，务各适其当，
则言无不入也。如梁丘据①之谏景公②于内，则景公听其言以亲焉；晏平仲
谏于朝，则惮其言以疏焉。③即犹乎尹铎谏简子于众人之前，则听之而愧以
疏；赵厥谏于无人之所，则简子以为爱己也。④《礼》曰：子臣毋扬君父。
非事之以几，谏必婉词，致其容止焉。于朝、于人前，是扬之也，慎斯术
也。当深怀"诚敬"二字，以用于五法。

【注释】①梁丘据：春秋时齐国大夫，齐景公宠臣。

②景公：指齐景公，原名姜杵臼，齐灵公子，齐庄公弟。在位
时有名相晏婴辅政。《史记·齐世家》记载，他"好治官室，
聚狗马，奢侈，厚赋重刑"，能纳谏。在位58年期间，国内
形势相对稳定，是齐国执政最长的一位国君。谥景公。

③"晏平仲谏于朝"二句：《春秋左传·襄公二十二年》："秋，
栾盈自楚适齐。晏平仲言于齐侯曰：'商任之会，受命于晋，
今纳栾氏，将安用之？小所以事大，信也，失信不立，君其
图之。'弗听，退告陈文子曰：'君人执信，臣人执共，忠信
笃敬，上下同之，天之道也。君自弃也，弗能久矣。'"

④"即犹乎尹铎谏简子于众人之前"四句：《吕氏春秋·达郁》载："赵简子曰：'厥也爱我，铎也不爱我。厥之谏我也，必于无人之所；铎之谏我也，喜质我于人中，必使我丑。'"尹铎，春秋末期晋国人，其身世不详。简子，即赵简子，名鞅，又名志父，亦称赵孟，春秋末年晋国的卿。为赵国奠基人。赵厥，身世不详，与尹铎皆为赵简子的家臣。

敬 礼

夫礼者，谨微虑终也。故高赫之从晋阳，举必中度，动必以敬。及围解，赵襄子首称赫曰："能以礼事主于患难也。"①当患难之际，或以权，或以术，惟知济涉而已。既济，则不免有烹狗之虞，故子犯曰："臣从君巡行天下，其罪甚多。"②范蠡曰："请从会稽之诛。"③要皆有见而云。倘其时惟礼是处，则此两臣之两语，可勿计诸心而发诸口矣。君臣始终之谊，可随尽于敬礼而勿虑矣。至于交道，愈当尽礼。越石父请绝于晏子曰："知己而无礼，不如在缧绁中。"④盖礼者，性情之维也，祈性情之真挚，舍礼何居？世之繁其文则不实也。故曰：礼多者必诈，惟本诸谦，而用其当而已。

【注释】①"故高赫之从晋阳"六句：《淮南子·人间训》载，赵襄子被智伯率领的韩、魏军队围困于晋阳，破敌后，"襄子乃赏有功者，而高赫为赏首。群臣请曰：'晋阳之存，张孟谈之功也。而赫为赏首，何也？'襄子曰：'晋阳之围也，寡人国家危，社稷殆。群臣无不有骄侮之心者，唯赫不失君臣之礼，吾是以先之。'"高赫，赵襄子谋臣。赵襄子，原名赵毋恤，为赵鞅（赵简子）之子，赵国开国国君。原书作"赵简子"，今改。

②"故子犯曰"三句：《左传·僖公二十四年》载："及河，子犯以璧授公子（重耳），曰：'臣负羁绁从君巡于天下，臣之罪甚多矣。臣犹知之，而况君子？请由此亡。'"子犯，即狐偃，亦称咎犯，为晋文公重耳的舅父，随重耳逃难多国。

③"范蠡曰"二句：《史记·越王勾践世家》载，越王勾践曾

被吴王夫差围困于会稽。勾践卧薪尝胆，在范蠡等的鼎力协助下，后来灭了吴国，报了会稽之耻，称霸一时，封范蠡为上将军。"还反国，范蠡以为大名之下，难以久居，且勾践为人可与同患，难与处安，为书辞勾践曰：'臣闻主忧臣劳，主辱臣死。昔者君王辱于会稽，所以不死，为此事也。今既以雪耻，臣请从会稽之诛。'"

④"越石父请绝于晏子曰"三句：见前文《公交》注释四。

血 性

家必式穀，①而后厥谋可贻孙也。范少伯之先知，而卒使长子，遂惜财以杀弟，是知其子而无义方之训也。故其少男亦乘坚逐肥，无甚异状。②宁如子胥之寄子于齐，俾之养晦以自全。③由此以观，少伯为功名之士，子胥乃血性男子耳。贻谋之道，孰怀以式穀耶？

【注释】①式穀：任用善人。

②"范少伯之先知"六句：《史记·越王勾践世家》载，范蠡次子杀人被囚于楚国。他想让出手大方的幼子去营救。"长男曰：'今弟有罪，大人不遣，乃遣少弟，是吾不肖'。欲自杀。"范蠡无奈，只得让长子去，告诫他听从好友庄生的安排。后因长子贪财吝啬，戏弄庄生，致使次子被杀。范蠡认为这在自己的意料之中。

③"宁如子胥之寄子于齐"二句：《史记·伍子胥列传》载，伍子胥劝吴王乘机消灭越国。吴王不听，"使子胥于齐。子胥临行，谓其子曰：'吾数谏王，王不用，吾今见吴之亡矣。汝与吴俱亡，无益也。'乃属其子于齐鲍牧，而还报吴。"后来，这成了伍子胥的死罪之一。子胥，即伍子胥，吴国大夫，春秋时著名军事家、政治家。名员。楚国人。

视 键

使包胥①而早图于伍员，则楚存矣。而人子之不共戴天者不传，何以旌孝？使伍员而豫杀包胥，则楚覆矣，而人臣之死于事者亦不传，何以劝忠？此伦常中一大关键。

【注释】①包胥：指申包胥，又称王孙包胥。春秋时楚国贵族。《史记·伍子胥列传》载，他与伍员（即伍子胥）是知交，伍员受楚国迫害，在逃亡前曾对他说："我必覆楚。"他答道："我必存之。"吴国用伍子胥之计攻破楚国后，他到秦廷痛哭了七昼夜，终于使秦国派兵救楚。

妇 成

孙武假宠以振势，故先以兵法示王姬；①陈平缘情以忿妒，故漫削木偶作美人。②卒，皆成事于妇人，是善用妇人，不为妇人用。此道以范少伯之西施为开辟乎！

【注释】①"孙武假宠以振势"二句：《史记·孙子吴起列传》载，孙武初见吴王，吴王让他演练以宫女扮演兵卒的队伍，以观他的治军用兵之法。宫女们不以为意，嬉笑吵闹着不遵守号令。孙武见三令五申后仍是如此，遂将左右队长斩首示警。宫女们见状，马上听从指挥。孙武，春秋末期吴国将军，古代著名的军事家。字长卿。齐国乐安人（今山东博兴北，一说惠民）。

②"陈平缘情以忿妒"二句：《史记集解》之《桓谭新论》云：公元前200年冬，刘邦率大军亲征匈奴，被围困于白登山（今大同市东面）。相传最终是凭借陈平想出的一招奇计，七

日后方得以脱险：陈平请人画了一幅绝色美女图，送给随父征战的冒顿单于的阏氏，诡称汉家有此美女，现在汉皇被困，打算将她献给单于以求和。阏氏怕汉家美女夺走丈夫的宠爱，便劝丈夫罢兵，放走了刘邦等人。陈平，西汉开国功臣、著名谋略家。阳武（今河南原阳）人。少好黄老之术，有大志。在诛吕兴刘事件中发挥了重要作用。官至丞相，先后受封为户牖侯和曲逆侯。谥献侯。

叹 哭

邹衍仰天长叹，一呼吸也，竟致六月阴霜；①则杞梁之妻，哭而崩城，几点泪自胜几声叹耳。②何则？妇人之感，发之正情，以成其节也。男子之叹，不思舜何人，予独何人耶？此叹者，不思对羑里演《易》之圣人③耳，思如对焉，宁不愧死。若申生之孝，④子胥之忠，⑤虽死如生。畴疑阴霜、崩城之有感于天，而孝而忠之卒无天道哉！成此孝此忠者，实为万亿世作伦常标的，正天道之昭昭来格，听为万世子臣立宪者也。

【注释】①"邹衍仰天长叹"三句：《后汉书·杜栾刘李刘谢列传第四十七·刘瑜》载："邹衍匹夫，杞氏匹妇，尚有城崩霜陨之异。"李贤注："《淮南子》曰：邹衍事燕惠王尽忠，左右谮之，王系之，（衍）仰天而哭，（夏）五月为之下霜。"邹衍，又称邹子。阴阳家学派的代表人物。齐国人。

②"则杞梁之妻"三句：指孟姜女哭倒长城一事。

③羑里演《易》之圣人：指周文王。据说，他被商纣王拘于羑里（今河南汤阴县），后来推演出《周易》。《史记·太史公自序》云："昔西伯拘羑里，演《周易》。"

④申生之孝：《史记·晋世家》载：晋献公的宠姬骊姬，为让儿子奚齐当太子，诬陷太子申生要毒害献公。"献公怒，乃诛其傅杜原款。或谓太子曰：'为此药者乃骊姬也，太子何不自辞明之？'太子曰：'吾君老矣，非骊姬，寝不安，食不甘。即辞之，君且怒之。不可。'或谓太子曰：'可奔他国。'

太子曰：'被此恶名以出，人谁内我？我自杀耳。'十二月戊申，申生自杀于新城。"

⑤子胥之忠：《史记·伍子胥列传》载：伍子胥数谏吴王夫差灭掉越国，以杜绝后患。吴王不但不听，且听信谗言，逼伍子胥自杀。

亿 中

端木，一布衣耳，匡救鲁之心而游谈三国，三国卒信之，遂出鲁于难，其故何耶？①盖止一亿②则中之而已。夫知田常意在幸功以谋鲁，故进吴强鲁弱之论以中綮；夫差意在伐齐以兴霸，故进越助之论以导霸；勾践意在伐齐以缓越，故进助吴之说，使少须忍仇以戢难。皆得其机先。故三国之听皆易入，而竟不疑其维鲁之心也，其收功全在一善亿而能中之也。然此等见解，决非圣门气象。故曰：赐不受命，总是个货殖器量。③战国后来之习，开于子贡者大半，子张④者亦少半。

【注释】 ①"端木"六句：春秋末期，齐国派国书率兵伐鲁。鲁国形势危急。子贡游说图谋篡位、急欲铲除异已的齐相田常，劝他莫让异已（国书）在攻打弱小的鲁国中扩大势力，而应攻打吴国，以借强敌之手铲除异已。田常同意后，子贡赶到吴国，对吴王父差说，如果齐国攻下鲁国，必将伐吴国，吴国不如联鲁攻齐，这样既可化解齐国的威胁，又可抗衡强大的晋国，成就霸业。夫差觉得有道理，但担心越王勾践趁机作乱。子贡便到越国，说服勾践派兵随吴伐齐。考虑到吴国战胜齐国后，会要挟鲁国，子贡又到晋国，劝告它备战防吴。后来吴国打败齐国，企图攻打晋国，但被击败。越国趁势灭吴而称霸。最终，"存鲁，乱齐、破吴，强晋而霸越"。端木，指子贡。子贡，姓端木，名赐，孔子弟子，卫国人。经商致富，"家累千金"。

②亿：通"臆"，猜测的意思。

③"故曰"三句：《论语·先进》云："赐不受命，而货殖焉，

亿则屡中。"

④子张：春秋时陈国人。颛孙氏，名师。孔子弟子。提出"士
见危致命，见得思义"的伦理观点。

民　望

不受金，子贡之廉也。夫子曰：鲁自此无赎人者矣；不辞牛，子路之贪
也。夫子曰：鲁自此多拯溺者。①夫贤人、君子之关民望也，一举措则风气
变焉。以故道隆从之隆，道污随以污，贤人、君子之志在世，固不为一己斤
斤计也。若乃公仪子嗜鱼，必不受鱼，以轻受则损名，终将不得食鱼耳。②
又若孙叔敖为子请寝丘，为请美地则荡意，终将不得享美地耳。③斯二子者，
皆便私以善后，不顾世风之所以归会者也。故汉、唐、宋以来，人臣自固之
策，亦从此一派中作便私之图。以故请田④、请地⑤、为子乞官⑥，人咸称
之为有识，能善厥后。此等陋识，使吾夫子击目，当复何言以哂耶！孰不知
人臣端己，以尧舜之道事其君而已，即期以此道治其民而已。思夫子之谓子
贡、子路者，圣人治世法脉全在世，全不在己，而公怀端品，庶乎于圣人之
言可以见之。辀近⑦中能如公仪、孙叔敖者，又几人哉？令人长兴之慨：
寡矣！

【注释】①"不受金"八句：《吕氏春秋·察微》载，鲁国之法，鲁人
　　　　为人臣妾于诸侯，有能赎之者，取其金于府。子贡赎鲁人于
　　　　诸侯，来而让，不取其金。孔子曰："赐失之矣。自今以往，
　　　　鲁人不赎人矣。取其金则无损于行；不取其金，则不复赎人
　　　　矣。"子路拯溺者，其人拜之以牛，子路贪之。孔子曰："鲁
　　　　人必拯溺者矣。"
　　　②"若乃公仪子嗜鱼"四句：《史记·循吏列传》载："客有遗
　　　　相（公仪休）鱼者，相不受。客曰：'闻君鱼，何故不受
　　　　也？'相曰：'以嗜鱼，故不受也。今为相，能自给鱼；今受
　　　　鱼而免，谁复给我鱼者？吾故不受也。'"
　　　③"又若孙叔敖为子请寝丘"三句：《吕氏春秋·异宝》载：
　　　　"孙叔敖疾，将死，戒其子曰：'王数封我矣，吾不受也。为

我死，王则封汝，必无受利地。楚、越之间有寝之丘者，此其地不利，而名甚恶。荆人畏鬼，而越人信禨。可长有者，其唯此也。’孙叔敖死，王果以美地封其子，而子辞，请寝之丘，故至今不失。孙敖叔之知，知不以利为利矣。知以人之所恶为己之所喜，此有道者之所以异乎俗也。”

④请田：见下文《自垢》注释三。

⑤请地：不详。似指萧何为了消除刘邦对自己功高震主的猜忌，故意多置田产以自损形象一事。详见《史记·萧相国世家》。

⑥为子乞官：不详。

⑦輓近：指晚近，离现在最近的时代。輓，同“挽”。

华 宇

　　子房先生用诚处、明报韩处，①全长儒者之华宇。其何之囚，②参之醉，③平之汗，④信、越之族，⑤均不可介其胸中。然则去汉何也？明报韩也。于借箸挥羽⑥间，见先生之优游汉庭，全是一团至诚，内发出太和气象。不似范少伯全用智变，遂定，然致其君疑己，而有以思自全之计。适齐迁陶，称陶朱公，意陶朱者，非寓“逃诛”耶？然则谷城一片石，⑦何等优闲；鸱夷一革囊，⑧何等蒙苦。故知用智不如用诚，夫诚者，圣王之心学也。

【注释】①子房先生用诚处、明报韩处：《史记·留侯世家》载：“（张良）家世相韩，及韩灭，不爱万金之资，为韩报仇强秦，天下振动。”失败后，逃亡到下邳，推崇黄老之术。

②何之囚：《史记·萧相国世家》载：刘邦晚年猜忌相国萧何，找借口将其系捕入狱，后经王卫尉劝谏，方将其释放。

③参之醉：《史记·曹相国世家》载：曹参为汉相国时，萧规曹随，实行“无为而治”，日夜饮酒，不治事。参，指曹参，汉初大臣。沛（今江苏沛县）人。封平阳侯。

④平之汗：应是“平之酒”之误。《史记·陈丞相世家》载：吕后专制后，作为丞相的陈平为了自保，同时也为了蒙骗吕

氏一族，故意装作花天酒地的样子："日饮醇酒，戏妇女。"或者应是"勃之汗"之误。《史记·陈丞相世家》载，汉文帝曾问右丞相周勃"天下一岁决狱几何？""天下一岁钱谷出入几何？"周勃皆不知道，"汗出沾背，愧不能对。"

⑤信、越之族：指韩信和彭越谋反被族诛之事。韩信，西汉开国功臣，"汉初三杰"之一，中国历史上著名军事家。字重言，淮阴（今江苏省淮安市）人。被封为齐王和楚王，后降为淮阴侯。彭越，楚汉战争时汉军著名将领。字仲。昌邑（今山东金乡）人。功勋卓著，被封为梁王。后因被告发谋反，为刘邦所杀。

⑥借箸挥羽：《史记·留侯世家》载：刘邦在吃饭时与张良商谈对付项羽之策，张良借了刘邦的筷子，层层剖析了恢复封立六王后代的策略的弊端。刘邦听后，采纳了他的意见，取消了该计划。

⑦谷城一片石：此指张良。《史记·留侯世家》载：张良逃亡于下邳时，遇到一老者，授予他《太公兵法》。老者说："读此则为王者师矣。后十年兴。十三年孺子见我济北，谷城山下黄石即我矣。"后来，"子房始所见下邳圯上老父与太公书者，后十三年从高帝过济北，果见谷城山下黄石，取而葆祠之。留侯死，并葬黄石。每上冢伏腊，祠黄石"。

⑧鸱夷一革囊：此指范蠡。鸱夷，马革或牛革做的袋子。

不　顽

西子石①宁顽，莫谓歌舞声寒，石发中尚见缃钩碧繢。丽华井②都泪，谁知哀怨情深，井甃边还遗血恨香痕。何况为桥而驱，谈经能点，谓非情者，无有感哉！

【注释】①西子石：指西施浣纱洗衣之石。
②丽华井：指张丽华藏身之井。隋灭陈时，南朝陈后主与宠妃张丽华藏于井中，后被杀。

209

靖 难

聂政姊罃，慨焉以吟，惟慨之吟吟，揭其弟名，则弟名传矣。①屈原姊嬃②，詈焉复申，惟詈之申申，处吾以义，而弟忠亦传矣。独姚广孝③之不礼于其姊，能传其姊而不自顾其传，何耶？夫剃染以逃名者也，而姚剃染，非热衷功名耶？钟山捷径，非剃染不足以渔耶？其忍以为此者何心也？大伤骨肉矣，以臣叛君矣，而伪曰靖难，姚尚足道哉？惟三姊则同，均可谓之靖家难。

【注释】 ①"聂政姊罃"五句：《史记·刺客列传》载，聂政替知己严仲子刺杀了韩相侠累之后，为避免连累他人，便"自皮面决眼，自屠出肠"而死。他的姐姐聂罃（亦称聂荣、聂莹）为了不让弟弟的侠义之名被埋没，冒死来到停放在集市的聂政尸体旁，大声宣扬弟弟的事迹，至悲咽而死。

②嬃（xū）：《说文》引贾逵之说："楚人谓妹曰嬃。"《离骚》有云："女须之婵媛兮，申申其詈予。"

③姚广孝：明代苏州人。曾为僧，后为燕王朱棣心腹，劝燕王起兵夺建文帝政权。其行径为其妹所不耻。官授太子少师。参修《永乐大典》等。

报 速

无验舍人看坐，即自困之商鞅；①傚屋章惇，思谪亦苦愈之苏辙；②况火瓮刑人，实周兴之所设。请君入瓮，便说法于现象。③胡必二氏之学④，乃明果报也哉！

【注释】 ①"无验舍人看坐"二句：《史记·商君列传》载："后五月而秦孝公卒，太子立。公子虔之徒告商君欲反，发吏捕商君。

商君亡至关下，欲舍客舍。客人不知其是商君也，曰：‘商君之法，舍人无验者坐之。’商君喟然叹曰：‘嗟乎，为法之敝一至此哉！’”

② “僦屋章惇”二句：《宋史·列传第二百三十·章惇》载，苏辙曾被政敌章惇贬到雷州，“不许占官舍，遂僦民屋”。章惇得知，严令州府追究胆敢租房给贬谪者居住的民众。后来章氏也被贬到雷州，碰巧向同一个人求租房子，对方心有余悸地答复他：“前苏公来，章丞相几破我家，今不可也。”僦屋，租屋。章惇，字子厚。北宋建州浦城（今福建浦城）人。王安石当政时，为中书校正。司马光时被贬。哲宗时获重用，徽宗时被贬逐。官至宰相。以恃强凌弱，扶植党羽，铲除异己著称于世。

③ “况火瓮刑人”四句：《资治通鉴·卷第二百四》载：“或告文昌右丞周兴与丘神绩通谋，太后命来俊臣鞠之。俊臣与兴方推事对食，谓兴曰：‘囚多不承，当为何法？’兴曰：‘此甚易耳！取大瓮，与炭四周炙之，令囚入中，何事不承？’俊臣乃索大瓮，火围如兴法，来起谓兴曰：‘有内状推兄，请兄入此瓮。’兴惶恐叩头伏罪。”周兴，与来俊臣一道，同为武则天时代著名酷吏。

④ 二氏之学：指佛、道之学。

饰 侩

　　魏卬之交诚也，而以诚遭伏甲袭虏之。①惨商鞅之盟诈耳，而以信申徙木赏金②之权。夫诚未至于明，则诚流于硁硁，固陋之浅识；信不发于公，则信同逐逐，饰诈之侩心。

【注释】 ① “魏卬之交诚也”二句：《史记·商君列传》载：公元前340年，商鞅率军伐魏，“魏使公子卬将而击之。军既相距，卫（商）鞅遗魏将公子卬书曰：‘吾始与公子欢，今俱为两国将，不忍相攻，可与公子面相见，盟，乐饮而罢兵，以安秦

211

魏。'魏公子卬以为然。会盟已，饮，而卫（商）鞅伏甲士
而袭虏魏公子卬，因攻其军，尽破之以归秦"。

②徙木赏金：《史记·商君列传》载：商鞅推行新法，为取信
于人，"乃立三之木于国都市南门，募民有能徙置北门者予
十金。民怪之，莫敢徙。复曰：'能徙者予五十金。'有一人
徙之，辄予五十金，以明不欺。卒下令"。

失　贤

　　明珠能照，欲令保其千里者难之。故较之，则檀子守南城，盼子守高
唐，黔夫守徐州，种首备盗贼，自愈于珠之照矣，斯齐威王之成其为威王
也。①骏骨即朽，问昔虽驰驱于千里者无之，故买之。则苏子自周来，邹衍
自齐来，乐毅自赵来，屈景自楚来，固愈于骏之骧云矣，斯燕昭王之成其为
昭王也。②夫孟轲氏抱尧舜之道，心孔子之学，宁肯为骏骨来，抑宁与径寸
珠争胜哉！不知尊而礼之，使不兴仁义，以明王者之治，令倒波以日下，此
之谓失贤。

【注释】　①"明珠能照"九句：《史记·田敬仲完世家》载："二十四
　　　　　年，与魏王会田于郊。魏王问曰：'王亦有宝乎？'（齐）威
　　　　　王曰：'无有。'梁王曰：'若寡人国小也，尚有径寸之珠照
　　　　　车前后各十二乘者十枚，奈何以万乘之国而无宝乎？'威王
　　　　　曰：'寡人之所以为宝与王异。吾臣有檀子者，使守南城，
　　　　　则楚人不敢为寇东取，泗上十二诸侯皆来朝。吾臣有盼子
　　　　　者，使守高唐，则赵人不敢东渔于河。吾吏有黔夫者，使守
　　　　　徐州，则燕人祭北门，赵人祭西门，徙而从者七千余家。吾
　　　　　臣有种首者，使备盗贼，则不拾遗。将以照千里，岂特十二
　　　　　乘哉！'梁惠王惭，不怿而去。"

　　　　②"骏骨即朽"九句：《说苑·卷一·君道》载：燕昭王即
　　　　　位，想广招贤者，老臣郭隗对他讲了一个"千金买马骨"
　　　　　（喻重视人才）的故事。昭王很受启发，便拜郭隗为师，给
　　　　　他很好的待遇。于是，"苏子闻之，从周归燕；邹衍闻之，

从齐归燕；乐毅闻之，从赵归燕；屈景闻之，从楚归燕"，燕国逐渐强盛起来。苏子，即苏秦，战国时期著名的纵横家。字季子。东周雒阳（今河南洛阳东）乘轩里人。相传为鬼谷子的徒弟。提倡合纵（联合其他国家对付秦国）之策。乐毅，战国时燕国名将。中山灵寿（今河北灵寿）人。封昌国君。屈景，不详。

师　心

楚伐随以毁军，[1]而孙膑法之则减灶矣；[2]檀道济伐魏以量沙，[3]而虞诩法之则增灶矣。[4]孙知庞之可以弱示取，故减灶以诱之；虞知羌之可以强示解，故增灶以骇之。其师心总在善用其强弱耳。故读书者，惟贵其尚论，须知用活不用死。

【注释】[1]楚伐随以毁军：《左传·桓公六年》载：公元前706年，楚武王侵伐随国，他采纳大夫斗伯比的计谋，把楚军伪装成不堪一击的样子。前往楚军大营探听虚实的随国大夫少师，尚浮夸而不讲实际，果然中计，返回后告诉随侯，楚军弱不经战，请求随侯出军追击佯装撤退的楚军。幸亏随国大夫季梁极力劝阻，随军方未遭险。随，原书为"隋"，今改。

[2]孙膑法之则减灶矣：《史记·孙子吴起列传》载：魏、赵攻韩。韩国向齐国求授。齐国军师孙膑利用魏将庞涓骄傲轻敌的心理，将炉灶在三天内由十万、五万减至三万，造成退兵减灶的假象，诱敌深入，大败魏军。

[3]檀道济伐魏以量沙：《南史·檀道济传》载：431年，檀道济率宋军伐北魏，粮尽后只得撤退。为迷惑魏军，他令士卒"唱筹量沙"，将仅有的一些谷米覆盖在沙上，致使魏军以为宋军粮食尚足，不敢追逼，从而得以安全返回。檀道济，南北朝时宋国名将。山东高平金乡人。

[4]虞诩法之则增灶矣：《后汉书·虞傅盖臧列传第四十八·虞诩》载：115年，虞诩率兵征伐西羌，途中被羌兵阻于陈仓

（今陕西宝鸡境）崤谷。他诈称固守待援，乘对方松懈，通过险隘。沿途虚张声势，逐日增灶，对方以为汉军增多，不敢追击。虞诩，东汉将领。字升卿。河南武平（今河南鹿邑）人。

情　惠

　　仁惠既发于至情，以诚用其权，无不可也。夫何独韩昭侯之不思醉卧而寒，乃竟罪典冠者加己以衣耶？[①]夫典官之去典衣，何多径庭，又不闻醉典衣之失职，则又何哉？此所以知昭侯必有大疑于其心，而设险以自固者，有大不得已，弗忍出诸于其口者也。若卫之御者失当，而骖乘者呼车，皆白昼之事，于人情所必然，故竟赏焉。《礼》曰："户外有二屦，言闻则入，言不闻则不入。"[②]盖畏犯密谋之忌耳。今典冠犯韩侯忌矣，忌不罪乎？虽然，典官不失其为推诚以事君，昭侯则褊忍之，庸主而已，大都不近人情。要皆小人之腹肠，决非君子之大度。

【注释】①"夫何独韩昭侯之不思醉卧而寒"二句：《韩非子·二柄》载："昔者韩昭侯醉而寝，典冠者见君之寒也，故加衣于君之上。君因兼罪典衣与典冠。其罪典衣，以为失其事也；其罪典冠，以为越其职也。非不恶寒也，以为侵官之害甚于寒。"

②屦，也有的写作屡、履。"言闻则入"二句，原书作"闻言则入，不闻言则不入"，今据《礼记·曲礼上》改。

勿　亢

　　老子曰："持盈守满"，斯即《易》之"见群龙无首，吉"也。盈之不持，满之不守，势必有咎，甚则悔而凶矣。魏之有文侯[①]，又武侯继之，盛也。军覆子死，[②]国以日蹙，已相踵矣。闵王[③]伐宋既利矣，乘之以侵楚，侵晋，卒为燕屠。皆自厉以致亡，取败之道也。故损者益之几，益者损之着也。于其着，故君子居谦以受益焉，此之谓善处。

【注释】①魏文侯：战国时期魏国的建立者。姬姓，魏氏，名斯。一曰都。在位时礼贤下士，在战国七雄中首先实行变法，改革政治，奖励耕战，兴修水利，发展封建经济，使魏国成为战国初期的强国。

②军覆子死：魏惠王时数次对外征战，公元前 340 年，攻伐赵国。齐国军师孙膑采用围魏救赵之计，在马陵俘获了魏国太子申，杀死魏将庞涓，大败魏军。魏国从此日渐衰落。

③闵王：指齐闵王，本名田地，齐宣王之子。好大喜功，穷兵黩武，中燕国使者苏秦的奸计，伐宋，攻楚，侵晋，致使齐国力量被削弱，后为燕国所破。

倖　得

苏秦过易水，逢邻子乞贷一布，便许以千金，①是急得一布，却以千金为轻也，何自信之笃？不谅人之必以伪视己耶？而邻子果以伪视之，何者？以季子平生无千金也。卫青过钳徒，许青以封侯，而青以牧羊奴畜之自待，②是心轻于封侯，虑则重于答詈也。此安命之念，宁更信己之必贵耶？其后，则果应钳徒之言矣。夫自信者，人；安命者，天。然则牧群羊为无妄之君子，贷一布为倖幸之小人。

【注释】①"苏秦过易水"三句：《太平御览·卷八百二十·布帛部七》载："《典略》曰：苏秦如赵，逢其邻子于易水之上，从贷布一匹，约价千金，邻子不与。"

②"卫青过钳徒"三句：《史记·卫将军骠骑列传》载："青为侯家人，少时归其父，其父使牧羊。先母之子皆畜之，不以为兄弟数。……有一钳徒相青曰：'贵人也，官至封侯。'青笑曰：'人奴之生，得毋笞即足矣，安得封侯事乎！'"卫青，汉武帝重臣。字仲卿。河东平阳（今山西临汾市）人。

迪孙

215

倾 人

列御寇曰："君以人言食我，必以人言罪我。"卒不受郑子阳之粟。①非介于取粟也，以虑患之心，深恶言之不由衷，则非将心之义也。公孙鞅曰："君不能用子言以任臣，又安能用子言以杀臣？"卒不去秦。后因景监之言见用。②非忘害而不去也，以自信之计得，虽公叔座之明于知人，而拙于用言也。独是公叔座既告君必用鞅，不用则杀之矣，何又以此言告鞅耶？吾不知公叔座以倾人者，即以倾人之国，其何心哉！

【注释】①"列御寇曰"四句：《列子·说符》载："子列子穷，容貌有饥色。客有言之郑子阳者曰：'列御寇盖有道之士也，居君之国而穷。君无乃为不好士乎？'郑子阳即令官遗之粟。子列子出，见使者，再拜而辞。使者去，子列子入，其妻望之而拊心曰：'妾闻为有道者之妻子，皆得佚乐，今有饥色，君过而遗先生食。先生不受，岂不命也哉？'子列子笑谓之曰：'君非自知我也。以人之言而遗我粟，至其罪我也，又且以人之言，此吾所以不受也。'其卒，民果作难，而杀子阳。"

②"公孙鞅曰"五句：见前文《卫异》注释二。

杨 墨

为我，非古之学者为己耶，以其偏，则非时中，故其出之也狷而固。兼爱，非人溺人饥，犹己溺饥者耶，以过当，亦非时中，故其出之也滥而蔽。然为我、兼爱，并无所伪，吁今之假忠孝以自便，其于忠臣、孝子，皆伪取之。古之所谓无父、无君者之用真以全其实，尤不得以企之，甚至儒而甘以伪相予取也，于其垄断无惭以洈洰也，果企杨墨①为何如耶？以彼虽偏即守其一偏，以自任其为真笃，宁若号之曰儒，日悖其道，斤斤较富贵利达，用伪誉以相诩，求其真，则企杨墨且万万不能及。要之，由富贵利达以熏其心，遂至丧耻寡廉之弗顾，江河之势日下，孰剪吾径之蓬蒿，以辟吾道之公行哉！冀大人、先生之砥狂澜，挽颓波，存此几希，而振起圣统。

【注释】①杨墨：指杨朱、墨翟。杨朱，生平不详，战国初哲学家。又称杨子、阳子居或阳生，魏国人，反对儒、墨，主张"贵生"、"重己"。墨翟，世称墨子，春秋战国之际的思想家、政治家，墨家学派的创始人。相传为宋国（一说鲁国）人。倡扬"兼爱"、"非攻"、"节用"等主张。《孟子·滕文公下》云："杨氏为我，是无君也；墨子兼爱，是无父也；无父无君，是禽兽也。"

知　体

岁者民之天，民者国之本。不意赵威后之问齐使，①则知先岁而后民，先民乃及君，诚为得理也。君者国之主，父者家之尊。不意辟司徒之妻问败绩，则先曰君免乎，次曰锐司徒免乎，复曰苟君父免矣，可若何！②虽不问其夫，然"可若何"三字有深情，有文体，声泪俱出也。故知处世必知大体，而后分寸轻重间始有可观，不然，必露小人行径。

【注释】①赵威后之问齐使：《战国策·齐四·齐王使使者问赵威后》载："齐王使使者问赵威后。书未发，威后问使者曰：'岁亦无恙耶？民亦无恙耶？王亦无恙耶？'使者不说，曰：'臣奉使使威后，今不问王，而先问岁使民，岂先贱而后尊贵者乎？'威后曰：'不然。苟无岁，何以有民？苟无民，何以有君？故有问舍本而问末者耶？'"
②"不意辟司徒之妻问败绩"五句：《左传·成公二年》载：齐国被晋国等打败，齐顷公一行在返回的路上，遇到一位女子，"女子曰：'君免乎？'曰：'免矣。'曰：'锐司徒免乎？'曰：'免矣。'曰：'苟君与吾父免矣，可若何！'乃奔。齐侯以为有礼，既而问之，辟司徒之妻也。予之石窌"。

毋矜

　　功利为必争之地，才能乃招忌之端，勿讶人之谗我，君子、小人实无两立之势。不观邓艾①之平蜀，王浚②之平吴，谢安之却苻坚，③慕容垂④之挫桓温乎？卒之，均以谗沮，乌得如燕昭王之斩言者，⑤汉光武之示论章，⑥能全主臣哉！故居功利之地者，务晦才以敛能，使矜伐毋见诸辞色，必诚敬以悟主，则善矣。吁！视乐毅之不受齐王封，⑦冯异之畏咸阳王称，⑧于此而思之，其庶几乎，然而晚矣。

【注释】　①邓艾：三国时期魏国名将。字士载。义阳郡棘阳（今河南新野）人。与钟会分兵灭蜀。后被钟会诬谋反，遭杀害。

②王浚：西晋大将。字士治。弘农湖县（今河南灵宝）人。灭吴战役中，功勋卓著。因矜功自伐，被诬获罪。

③谢安之却苻坚：淝水之战中，由谢安统帅的东晋军队大败由前秦君王苻坚亲自率领的来犯强敌。谢安因此声名远扬，引起会稽王司马道子忌恨，被迫离开建康。苻坚，十六国时期前秦的皇帝。字永固，又字文玉，小名坚头。略阳临渭（今甘肃秦安东南）氐族人。在位期间，前期励精图治，基本统一北方，但在伐晋的"淝水之战"中大败，一蹶不振，后国破被杀。

④慕容垂：十六国时期后燕的建立者。字道明，原名霸。昌黎棘城（今辽宁义县）人。曾大败东晋桓温军队，但遭太傅慕容评等排挤。

⑤燕昭王之斩言者：《资治通鉴·卷第四》载：有人忌妒乐毅，向燕昭王进谗言。昭王不但不听，而且立即斩杀了此人。

⑥汉光武之示伦章：《后汉书·光武帝纪第一上》载：光武帝诛杀王郎之后，"得吏人与郎交关谤者数千章。光武不省，会诸将军烧之，曰：'令反侧子自安'"。

⑦乐毅之不受齐王封：《资治通鉴·卷第四》载：燕昭王"立乐毅为齐王。乐毅惶恐不受，拜书，以死自誓"，以示自己

的忠心。

⑧冯异之畏咸阳王称：《资治通鉴·卷第四十一》载："冯异治关中……人有上章言：'异威权至重，百姓归心，号为咸阳王。'帝以章示异。异惶惧，上书陈谢。"冯异，东汉大将。字公孙。

不 同

千古示左右袒仅二事。王孙贾之诛淖齿，盖以右袒之一语激之也。①若周勃厚重少文，岂以一左袒幸事之济哉。②盖谋既定矣，而却以厚重之一语出之，使之均入吾算中，则事半功倍耳。须视王孙贾右袒之语气全在用激，周勃左袒之语气全在审顾。以两局之全势论之，固大有不同者，在周勃，顾不得不为之慎审，于人心，为万全地。

【注释】①"王孙贾之诛淖齿"二句：《战国策·卷十三·齐六》载："王孙贾年十五，事闵王。王出走，失王之处。其母曰：'……女今事王，王出走，女不知其处，女尚何归？'王孙贾乃入市中，曰：'淖齿乱七国，杀闵王，欲与我诛者，袒右！'市人从者四百人，与之诛淖齿，刺而杀之。"王孙贾，齐国大夫。在燕齐之战中，率众坚守莒城，与乐毅周旋。淖齿，原为楚将，因率楚军援齐，被齐闵王任命为齐相。后来因与燕国勾结，残酷处死闵王，激起齐人的愤怒，被杀。

②"若周勃厚重少文"二句：《史记·吕太后本纪》载：诛剿欲篡位的吕氏的时侯，"太尉（周勃）将之入军门，行令军中曰：'为吕氏右袒，为刘氏左袒。'军中皆左袒为刘氏"。周勃，西汉开国名臣。沛（今江苏沛县）人。与陈平等联合，诛吕兴刘。官至丞相，封绛侯。原文误为"亚夫"，今据史实改之，下文同。

219

蓄 弱

机多伏于微，故微不可忽；胜多蓄之衰，故弱之必以振。如乐毅之下齐七十余城矣，孰知所存之莒、即墨，留为田单转胜之地乎？①兖州叛操，迎吕布，而八十城皆应矣。荀彧、程昱胡坚守鄄、范、东阿不动耶？②盖抑审知能有田单之局也。故弱之善虑者，恒能胜强，强而慎者，虽强，取败之道也，不足恃也。

【注释】①"如乐毅之下齐七十余城矣"三句：《史记·乐毅列传》、《史记·田单列传》载：公元前284年，燕国大将乐毅率燕国等军队出兵攻打齐国，"下齐七十余城，皆为郡县以属燕，唯独莒、即墨未服"。后来，坚守即墨（今山东平度市东南）三年的齐将田单施反间计，迫使乐毅逃往赵国，再用火牛阵击破燕军，并随即大举反攻。整个齐国为之一振，纷纷起兵反抗燕国的占领，很快将燕军逐出国境，收复了沦陷的国土。齐国从几乎亡国的境地中恢复了过来。田单，战国时齐国名将。山东临淄人。封安平君。

②"兖州叛操"四句：《三国志·魏书一·武帝纪》载："会张邈与陈宫叛迎吕布，郡县皆应。荀彧、程昱保鄄城，范、东阿二县固守，太祖乃引军还。"荀彧（yù），字文若，颖川颖阳（今河南许昌）人。程昱，字仲德，东郡东阿（今山东阳谷）人，与荀彧同为曹操的著名谋臣。

惜 深

齐复为齐者，田单也；①燕复为燕者，慕容垂也。②垂则以评之毁，窜身苻坚；单则以九子之谮，几于不免。③朱泚④掳叛，德宗播越奉天，孤城以坚其壁者，仅一李晟⑤耳。大难既平，张延赏之言又入矣。⑥此千古多同调，何昏主究于昏而不之察，忠臣究震于主而不知退耶？然忠臣之见事机，或知有不可退之势，盖鞠躬尽瘁，死而后已者也。独昏主之不察，所以惟谗之是听，致令万世闻之，扼腕深惜。

【注释】①"齐复为齐者"二句：参见上文《蓄弱》注释一。
　　　　②"燕复为燕者"二句：慕容垂遭排挤后投奔前秦苻坚。后趁苻坚战败之机，恢复了燕国。
　　　　③"单则以九子之谮"二句：《资治通鉴·卷第四》载，田单为齐相时，"内抚百姓，外怀戎翟，礼天下之贤士"，遭到了齐王九个幸臣的陷害，幸亏一个宦官劝谏，方才幸免于难。
　　　　④朱泚（cǐ）：幽州昌平（今北京昌平）人。曾为唐朝卢龙节度使，德宗时叛唐称帝，为部将所杀。
　　　　⑤李晟：唐朝名将。字良器。洮州临潭（今属甘肃）人。平叛有功，官至西平郡王。
　　　　⑥张延赏之言又入矣：《资治通鉴·卷第二百三十二》载："上亦忌（李）晟功名。会吐蕃有离间之言，延赏等腾谤于朝，无所不至。晟闻之，昼夜泣，目为之肿，悉遣子弟诣长安，表请削发为僧，上慰谕，不许。"张延赏，蒲州猗氏（今山西临猗）人。本名宝符，玄宗赐名延赏。历事玄宗、肃宗、德宗，仕至中书侍郎、同中书门下平章事。谥成肃。

母　仪

　　王孙贾之母曰："王死，汝安归？"①激子以成其忠，立论何等严正，竟不以子之死生系其念，真贤母也！赵括之母曰："徒读父书，不知通变。"②知其子之必败，对王曰："即有不称，妾请无随坐。"③重国事而正辞气，何等明决，亦若不以子之死萦其心。然正其说透，遂获免子及于罪，真慈母也！夫贾母能成子名节，括母能救子于败以免其死，均之任理不任私。若王陵之母，属使者令子善事汉王，誓死以激陵，盖欲子知所建树，不以母之故惑其心。④陈婴之母则谓婴曰："自吾为汝家妇，未闻有尊显者，暴得贵不祥。"是能保其子于令终。⑤当兴衰之际，两母知之何等明彻如此！由此思

迪孙

之，王母之贤似贾母，而陈母⑥之识类赵母。如好事者，合四母作一图以仪型于闺阁，虽创为，亦定衡矣。盖母不难于慈而难于识，不难于识而难于知忠义、明大体。合四母而遥集之，尚论古之人，其庶乎则天子无难有贤子矣。

【注释】①"王孙贾之母曰"三句：见前文《不同》的注释一。

②"徒读父书"二句：此语究竟为谁所言，说法不一。《史记·廉颇蔺相如列传》载：赵王中秦之计，用赵括代替廉颇。"蔺相如曰：'王以名使括，若胶柱而鼓瑟耳。括徒能读其父书传，不知合变也。'赵王不听，遂将之。"《资治通鉴·卷第五》同此说。《东周列国志·第九十八回》中则为赵母所言："母乃上书谏曰：'括徒读父书，不知通变，非将才，愿王勿遣！'"

③"知其子之必败"四句：《史记·廉颇蔺相如列传》载：赵括之母认为儿子不堪重任，谏言赵王不能任用儿子为大将，赵王不允，"括母因曰：'王终遣之，即有如不称，妾得无随坐乎？'王许诺"。后来赵括果然大败，"赵王亦以括母先言，竟不诛也"。坐，连坐，诛连。

④"若王陵之母"五句：《史记·陈丞相世家》载，项羽捕王陵母，想逼他归附。"陵母既私送使，泣曰：'为老妾语陵，谨事汉王。汉王，长者也，无以老妾故，持二心。妾以死送使者。'遂伏剑而死。"王陵，汉初大臣。沛县（今江苏沛县西）人。官至右丞相，封安国侯。因反对吕后封诸吕为王，罢相，改任太傅，病死。

⑤"陈婴之母则谓婴曰"五句：《世说新语·贤媛第十九》载："陈婴者，东阳人。少修德行，著称乡党。秦末大乱，东阳人欲奉婴为主，母曰：'不可。自我为汝家妇，少见贫贱，一旦富贵，不祥。不如以兵属人，事成，少受其利；不成，祸有所归。'"

⑥陈母：原书为"括母"，今据文意改。

阴　贼

　　阴贼正人，乃小人之常事，惟誉扬其德望，阴以遂其毁害之奸者为最毒，不可以不察也。昔公孙弘之恶汲黯也，则必称其忠。[1]若董仲舒之可挤，即荐为胶东王相矣。[2]公孙弘犹有顾名思义之心，其阴倾，尚不至于害事。盖当贞观之际，明良喜起，以太宗之明于势，难夺，故不获已而称之，将以市己之公明，徐欲窥隙以倾之。阴毒如此，不可不察也。[3]至卢杞[4]者，知无明察之君，恣其所欲为：恶张镒，谓非宰相不可以镇抚凤翔将校；[5]恶颜真卿，谓非旧臣之望重，无以服李希烈而招其叛；[6]恶李揆，谓谙练故事。[7]誉之，卒死之。此三贤者，卒死于其手，宁自谓天下后世之目，竟可以掩蔽耶？夫卢杞、公孙弘以誉而阴施害良之毒，要不过如夫人郑袖之爱王美人尤甚于楚王，以示其不妬于前。卒之，教其掩鼻，致王劓美人不知觉也。[8]又如诸妇恶冯方女之夺宠，使愁涕以见节概，遂因而缚缢之。袁术信其必以气节死，遂不问也。[9]举两者以相形，则公孙弘类郑，而卢杞很[10]逾于诸妇人，宜其蓝面之似兽哉！

【注释】①"昔公孙弘之恶汲黯也"二句：《史记·平津侯主父列传》
　　　　载：公孙弘生活十分俭朴，汲黯以为他是在沽名钓誉。汉武
　　　　帝询问是否真的如此，公孙弘承认自己确实是故意清廉，并
　　　　说汲黯是忠臣，否则"陛下安得闻此言？"公孙弘，儒士，
　　　　汉武帝时丞相。字季，一字次卿，西汉淄川（今山东滕州）
　　　　薛人。"为人意忌，外宽内深。"汲黯，汉武帝时大臣。字长
　　　　孺，濮阳（今河南濮阳）人。好黄老之术，"为人性倨，少
　　　　礼，面折，不能容人之过"。
　　　②"若董仲舒之可挤"二句：《史记·儒林列传》载："董仲
　　　　舒以（公孙）弘为谀，弘疾之，乃言上曰：'独董仲舒可使
　　　　相胶西王，'"企图借骄横狂暴的胶西王之手除掉董仲舒。董
　　　　仲舒，西汉著名的思想家、教育家。广川（今河北枣
　　　　强）人。
　　　③"盖当贞观之际"九句：出处不详。"盖当贞观之际，明良

迪
孙

喜起"二句，原书置于"即荐为胶东王相矣"之后；"以太宗之明于势……不可不察也"七句，原书置于"昔公孙弘之恶汲黯也，则必称其忠"之后。今据文章意思观之，应是原书在排版时出现了混乱，故改之。

④卢杞：唐德宗时著名奸相。字子良，滑州（今河南滑县）人。"貌丑，色如蓝，阴谋奸狠，多口辨。"妒贤嫉能，睚眦必报。

⑤"恶张镒"二句：《资治通鉴·卷第二百二十七》载："上以幽州兵在凤翔，思得重臣代之。卢杞忌张镒忠直，为上所重，欲出之于外，已得专总朝政，乃对曰：'朱泚名位素崇，凤翔将校班秩已高，非宰相信臣，无以镇抚，臣请自行。'上俯首未言，杞又曰：'陛下必以臣貌寝，不为三军所伏，固惟陛下神算。'上乃顾镒曰：'才兼文武，望重内外，无以易卿。'镒知为杞所排而无辞以免，因再拜受命。戊寅，以镒兼凤翔尹、陇右节度等使。"张镒，苏州人。唐德宗时曾拜相，后谪凤翔右节度使，为叛将所杀。

⑥"恶颜真卿"三句：《资治通鉴·卷第二百二十八》载：李希烈叛乱，"上问计于卢杞，对曰：'希烈年少骁将，恃功骄慢，将佐莫敢谏止。诚得儒雅重臣，奉宣圣泽，为陈逆顺祸福，希烈必革心悔过，可不劳军旅而服。颜真卿三朝旧臣，忠直刚决，名重海内，人所信服，真其人也！'上以为然。甲午，命真卿诣许州宣慰希烈。诏下，举朝失色。"颜真卿后来为李希烈所杀。

⑦"恶李揆"二句：《资治通鉴·卷第二百二十八》载："李揆有才望，卢杞恶之，故使之入吐蕃。揆言于上曰：'臣不惮远行，恐死于道路，不能达诏命！'上为之恻然，谓杞曰：'揆无乃太老！'对曰：'使远夷，非谙练朝廷故事者不可。且揆行，则自今年少于揆者，不敢辞远使矣。'"李揆，唐代大臣。字端卿，荥阳（今河南荥阳）人。官至国子祭酒、礼部尚书，封姑臧县伯，谥曰恭。

⑧"要不过如夫人郑袖之爱王美人尤甚于楚王"五句：《战国策·楚策四》载："魏王遗楚王美人，楚王说之。夫人郑袖知王之说新人也，甚爱新人。衣服玩好，择其所喜而为之；

宫室卧具，择其所善而为之。爱之甚于王。王曰：'妇人所以事夫者，色也；而妒者，其情也。今郑袖知寡人之说新人也，其爱之甚于寡人，此孝子之所以事亲，忠臣之所以事君也！'郑袖知王以己为不妒也，因谓新人曰：'王爱子美矣。虽然，恶子之鼻。子为见王，则必掩子鼻。'新人见王，因掩其鼻。王谓郑袖曰：'夫新人见寡人，则掩其鼻，何也？'郑袖曰：'妾知也。'王曰：'虽恶必言之。'郑袖曰：'其似恶闻君王之臭也。'王曰：'悍哉！'令劓之，无使逆命。"郑袖，楚怀王宠妃，性聪慧，貌美而尚妒。

⑨"又如诸妇恶冯方女之夺宠"五句：《九州春秋》载："司隶冯方女，国色也。避乱扬州，（袁）术登城见而悦之，遂纳焉，甚爱幸。诸妇害其宠，语之曰：'将人贵有志节，当时时涕泣忧愁，必长见敬重。'冯氏以为然，后见术辄垂涕，术以有心志，益哀之。诸妇人因共绞杀，悬之厕梁，术诚以为不得志而死，乃厚加殡敛。"

⑩佷（hěn）：毒辣，狠毒。

吸　取

当战国之世，季札以藏用为高，以讽喻为远，以曲中御其才，以雅妙精警宏其度，总一味据理轻国①，令人爱而生仰，愈窥之，愈不可企及。至如鲁仲连②先生，则季札之所有者，无所不有焉，然都弗用也，一味老辣，开口便道，并不回护。惟其真诚至识，令人感激生心，御事亦似露其才气。然太和元声，自在老到，中包固不令散失发落于外者。举季子之嫩，则嫩得异样好看；举鲁连之老，则老得异样好看。此是以神理吸取古人良法。

【注释】①国：原书作"圆"，与季札三次辞让君位的意思不相符，今改。

②鲁仲连：亦称鲁仲连子、鲁连子和鲁连。战国末年齐国稷下学派后期代表人物，著名的思想家和政治家。齐国（今山东茌平县王老乡望鲁店）人。善于谋划，常周游各国，排解纷

争而不计报酬。

高 世

以游谈行其正，振其义气，以济家国之危亡，誓不帝秦，故七国之诸侯不能臣，四邦之公子不能友，千古仅鲁仲连先生一人耳；以侠烈靖其忠，施之胆识，以救天下之水火，誓在危秦，蹈其芳躅，故学以黄石始，志以赤松终，①千古仅子房先生一人耳。故知富贵者，败人之贝；名利者，坠人之心。惟不念富贵与不贪名利也，乃可以优其所欲为。两先生真可称高世之士。

【注释】 ①"故学以黄石始"二句：《史记·留侯世家》载，张良从黄石老人处获得《太公兵法》。西汉建立后，他功成身退，对汉高祖说："愿弃人间事，欲从赤松子游耳"。赤松子，又名赤诵子，号左圣南极南岳真人左仙太虚真人，秦汉传说中的上古仙人。

准 施

大凡市恩者，若有一望报之心，报不至则怨矣。如此，则并前之所市者，转成嫌隙。此小人之常，不谓君子亦往往流弊焉。今举两古人，作凡施恩者之师准。如鲁仲连先生既解赵围，即拂衣去，便不见平原君；①朱家阴脱季布难，布已尊显，而朱家终身不与布面。②古之学者为己，于轸人③之际，最当熟诵之。如为人，便思其报，大类小人器量，不足以称君子。

【注释】 ①"如鲁仲连先生既解赵围"三句：《史记·游侠列传》载，鲁仲连说魏助赵抗秦成功后，赵国的平原君一再想重金酬谢，但他坚辞不受，并在辞别后，终生没有再与平原君相见。平原君，战国时期赵国宗室大臣，当时著名的政治家之一。嬴姓，赵氏，名胜。在赵惠文王和赵孝成王时任相。为战国四公子之一。

②"朱家阴脱季布难"三句：《史记·游侠列传》载："既阴脱季布将军之厄，及布尊贵，（朱家）终身不见也。"朱家，西汉初鲁人，以任侠仗义著称于世。季布，楚国人，为气任侠。原为项羽勇将，后为西汉名将。

③轸（zhěn）人：怜悯人。

天　格

屈大夫一腔忠愤，胡娴于词令，优于游雅，而不逮于直言敢谏哉！致无术弭谗贼之口，卒置身乎汨罗江中，此千古第一等冲幽之人，令人想其忧婉，不觉为之泣数行下。继此则宋玉①，娴于词令，亦可称幽媚人也，情多讽叹，才似屈子，特少忠愤耳。然婉至之情，虽令人索趣不尽，但感发人处，便觉味薄。斯二人者，辟骚诗之幽怀，别具一样天格。夫敦伦常者，自有无穷忍济苦衷，决不任情生愤，如屈宋者流，终传于词令而已。故为真忠、真孝之人，定有一段诚感良图，绝不自为宽恕，倘一染屈宋幽怀习气，必至愤以生怨，此等冷情、冷旨，岂宜入子臣胸臆之间？惟当花晨月夕，作一冲淡天格，以自畅其幽淡郁沉之别调可也。譬诸浇磈礧大醉后，索蟹菹啖，以愈快文人胸次，又决不可少。

【注释】①宋玉：生平不详。生于屈原之后，或曰是屈原弟子。好辞赋，为屈原之后著名辞赋家。相传所作辞赋甚多，《汉书·艺文志第十》录有赋 16 篇，今多亡佚。流传作品有《九辨》、《风赋》、《高唐赋》、《登徒子好色赋》等，但后 3 篇有人怀疑不是他所作。

微　中

史迁于《滑稽列传》①，则曰："谈言微中，亦可以解纷。"善斯术也，以排难为上，济事次之，给舌肆巧，以与人争，虽得亦失哉！夫圣门之柴愚参鲁，[2]并不以言传，其行则端在言语科之上，虽然，言岂可少耶？亦必有用言讽喻之时矣。如用之，则莫如左师触龙矣。赵后抑既爱子[3]也，而触龙徐坐，且为其少子乞黑衣，言三数四，愈以婉转。入，乃徐以"长安君何以自托于[4]赵"始，举一言以动之。其论次迂回，莫不中微，故其言入而不惹[5]太后怒。熟读其论次，全是老臣宿儒，从涵养中得来，其和平气象令人可敬可仰。若蔡泽宜言代相，入见，则以商君、吴起、文种之事竦之，[6]全是小人自利举动，不足法矣。又如茅焦之解衣谏秦，以全子母骨肉之天性，[7]悉是激烈发出之正气。然是战国霸气，非儒者宇度。要知，左师察赵后爱子[8]，遂以一"爱"为入谏之机；蔡泽察范雎之惧诛，遂以一"惧"为代相之机；茅焦知秦欲帝，虑诸侯之异己，遂以一"欲"字作忿然就烹之机。左师用缓，不得不缓；蔡泽用激，不得不激；茅焦用壮烈，不得不壮烈。此于言未发之先，必熟审以获其胜算者，乃莫不以中微也。左师之忠，盖为国，欲靖其患难者也，千古传之，其言如新焉。茅焦全君之天性伦常者也，其壮烈，尚凛凛矣。若蔡泽之自利，虽居荣数月而退，[9]然其举动与声名必毁，差胜黄犬之叹[10]，以贻万世。虽幸矣，斯小人之私利，不足计也。

【注释】①《滑稽列传》：原书作《滑稽传》，今据《史记》改。

②柴愚参鲁：《论语·先进》云："柴也愚，参也鲁。"柴指高柴，参指曾参，皆为孔子学生。

③子：原书作"女"，今据《战国策·卷二十一·赵四》改。

④于：原书无，今据《战国策·卷二十一·赵四》补。

⑤惹：原书作"恁"，今据文意改。

⑥"若蔡泽宜言代相"三句：《史记·范雎蔡泽列传》载：蔡泽想见秦昭王，便让人传话给秦相范雎，说自己只要"一见秦王，秦王必困君而夺君之位。"见范雎后，蔡泽以商鞅、吴起、文种"功成不去"而惹祸身亡的例子劝其退位。范雎听后，很赞同他的观点，不久就"因谢病请归相印"。蔡泽，战国时燕国人，著名辩士。曾接替范雎任秦国丞相，但"相秦数月，人或恶之，惧诛，乃谢病归相印，号为纲成君"。文种，越王勾践重要谋臣。字子禽。楚国郢（今湖北江陵）人。越灭吴后，被杀。

⑦"又如茅焦之解衣谏秦"二句：《资治通鉴·卷第六》载：

秦始皇少时，太后与嫪毐私通，"生二子"。嫪毐专横谋叛，失败后，遭车裂之刑。秦始皇"迁太后于雍萯阳宫，杀其二子。下令曰：'敢以太后事谏者，戮而杀之，断其四支，积之阙下！'"为此先后杀了二十七人。齐客茅焦不畏凶险，冒死进谏："'陛下有狂悖之行，不自知邪？车裂假父，囊扑二弟，迁母于雍，残戮谏士，桀、纣之行不至于是矣。令天下闻之，尽瓦解，无向秦者，臣窃为陛下危之！臣言已矣！'乃解衣伏质。王下殿，手自接之曰：'先生起就衣，今愿受事！'乃爵之上卿。王自驾，虚左方，往迎太后，归于咸阳，复为母子如初。"茅焦，原书为"茅蕉"，今据《资治通鉴》改。下同。

⑧子：原书"女"，今据《战国策·卷二十一·赵四》改。

⑨"若蔡泽之自利"二句：《史记·范雎蔡泽列传》载："蔡泽相秦数月，人或恶之，惧诛，乃谢病归相印，号为纲成君。"

⑩黄犬之叹：《史记·李斯列传》载，李斯临刑前，"顾谓其中子曰：'吾欲与若复牵黄犬俱出上蔡东门逐狡兔，岂可得乎！'"

能　悔

　　人，平生邂逅，如四时之运岁，各有一段机缘。明者迎机以即缘，昧者滞机以丧缘，庸人习矣而不察也。今举前人以明之：如范雎，其初则须贾引以为魏齐门客，是机之活动，任运时也。及辅行使齐，不当私以受金，此受金，是机之自滞而难于任运者也。机自一滞，不能不令须贾忌之，将一春生意，尽化作苦雨阴霾之境。倘无怜才之郑安平，不妒才之王稽，夫张禄先生当从何处变姓名哉！①此邂逅中，得一郑安平，雎之发生潜萌，将转为入夏之境，所滞之机又复活矣。有安平矣，倘王稽而又妒才也，又奈之何？惟其有郑安平，又得不妒才之王稽，则已滞方活之机。于是乎机轴发动，三十辐遂赖此一毂悉转。其施远交近攻之术，②加兵三晋③，卒并六国。是雎之行夏令秋之会也，大都从一滞中，深触其愤感之情，抑懑思伸，乃摆划得如此作用，凝神致变，匪易事也。追后，念绨袍之恋恋，专以祈报醉溺之耻，④

亦是愤感尽情处。则是范雎肃杀离披，秋而入冬，不得不有退藏之势。事至尽情处，则其志定然坠废，此蔡泽一言便退，有自来耳。要知，从前吃亏在一滞，因此一滞，为痛心疾首之缠绵，由此发多少奋兴之慨，由此炼出多少之心思，积成多少之志虑。总是要化此一滞，故致末后善退，盖于受病后作药石想也。夫受病作药石想，全是要悔之得力。如不知悔，此人全无所用，终其身无所有为，又奚足敬哉！

【注释】①"如范雎"十五句：《史记·范雎蔡泽列传》载："范雎者，魏人也，字叔。游说诸侯，欲事魏王，家贫无以自资，乃先事魏中大夫须贾。"后随须贾使齐，"齐襄王闻雎辩口，乃使人赐雎金十斤及牛酒，雎辞谢不敢受。须贾知之，大怒，以为雎持魏国阴事告齐，故得此馈，令雎受其牛酒，还其金。既归，心怒雎，以告魏相。魏相，魏之诸公子，曰魏齐。魏齐大怒，使舍人笞击雎，折胁折齿。雎详死，即卷以箦，置厕中。宾客饮者醉，更溺雎，故僇辱以惩后，令无妄言者。雎从箦中谓守者曰：'公能出我，我必厚谢公。'守者乃请出弃箦中死人。魏齐醉，曰：'可矣。'范雎得出。后魏齐悔，复召求之。魏人郑安平闻之，乃遂操范雎亡，伏匿，更名姓曰张禄。"后来，范雎在郑安平的引荐下，认识了秦使王稽，并在王稽的帮助下，逃到秦国。郑安平，战国时魏国人，帮助范雎入秦。秦昭王重用范雎，他亦获任将军。昭王四十八年，攻打赵国时被围。降，封武阳君。卒于赵。王稽，原书作"王质"，今据《史记》改之。下文同。他有恩于范雎，被范雎举荐为河东郡守，后因"与诸侯通，坐法诛"。

②其施远交近攻之术：《史记·范雎蔡泽列传》载，范雎向秦昭王建议："王不如远交而近攻，得寸则王之寸也，得尺亦王之尺也。"获秦王采纳。后来，"远交近攻"成了秦国的一项基本战略方针。

③三晋：指源自晋国的魏、赵、韩三国。

④"追后"三句：《史记·范雎蔡泽列传》载，范雎为秦相，"秦号曰张禄，而魏不知，以为范雎已死久矣。魏闻秦且东伐韩、魏，魏使须贾于秦。范雎闻之，为微行，敝衣间步之邸，见须贾。须贾见之而惊曰：'范叔固无恙乎！'范雎曰：

'然。'须贾笑曰:'范叔有说于秦邪?'曰:'不也。睢前日得过于魏相,故亡逃至此,安敢说乎!'须贾曰:'今叔何事?'范睢曰:'臣为人庸赁。'须贾意哀之,留与坐饮食,曰:'范叔一寒如此哉!'乃取其一绨袍以赐之。"正是由于感念须贾的赐袍之情,范睢免其一死,但在须贾离开秦国时,羞辱了他一通,以报醉溺之仇:"须贾辞于范睢,范睢大供具,尽请诸侯使,与坐堂上,食饮甚设。而坐须贾于堂下,置莝豆其前,令两黥徒夹而马食之。数曰:'为我告魏王,急持魏齐头来!不然者,我且屠大梁。'"魏齐被逼自杀。

托 用

用人,则力省而功倍;自用,则力拙而图难。初,子房之博浪沙一击,①亦自用拙着,其时或尚未见黄石耶?迨进履以自托刘以报韩,便是用人以行己意,遂不费力。如豫让②之流,终莫济其所报,自苦其体,终是一夫之自用,于事有何益?

【注释】①子房之博浪沙一击:《史记·留侯世家》载:"良尝学礼淮阳,东见仓海君,得力士,为铁椎重百二十斤。秦皇帝东游,良与客狙击秦皇帝博浪沙中,误中副车。秦皇帝大怒,大索天下,求贼甚急,为张良故也。良乃更名姓,亡匿下邳。"
②豫让:春秋战国间晋国人。历史上著名刺客之一。据《史记·刺客列传》载,豫让原为晋卿智伯家臣。晋出公二十二年(公元前453年),赵、韩、魏共同灭了智氏,"赵襄子最怨智伯,漆其头以为饮器。"豫让为替知己智瑶复仇,变名姓为刑人,用漆涂身,吞炭弄哑了嗓子,暗伏桥下以谋刺赵襄子。未遂,被围困。见不能逃脱,他求得赵襄子衣服,拔剑击斩其衣,以表示为主人复了仇,然后伏剑自杀。

遇　异

漆身吞炭，报一人国士之知；^①狂癫漆身，保一己须时之用。^②斯费贻之遇光武，^③而贻豫让之遭智伯，一以知人全，一以酬知死，以始之所遇各有不同，遂分而有相岐之隔也。

【注释】①"漆身吞炭"二句：见上文《托用》注释二。
②"狂癫漆身"二句：《后汉书·独行列传第七十一·谯玄》载，王莽末年，时任导江卒正（即蜀郡太守）的公孙述自称辅汉将军兼领益州牧，僭号于蜀，"时，亦有犍为费贻，不肯仕述，乃漆身为厉，阳狂以避之，退藏山薮十余年。"
③费贻之遇光武：《后汉书·独行列传第七十一·谯玄》载，光武帝平定蜀地后，费贻"仕至合浦（广西省合浦县东北）太守。"费贻，东汉名吏。字奉君。南安（今四川东南部）人。以清廉著称。

掩　著

人盖毫不可涉之私也，凡功名富贵，要皆私之大者。如吴起之杀妻，论臣之致竭于其君，岂非忠耶！以其求将之心出之，则私矣。如张巡之杀妾，^①号之天下后世，莫不谓其忠，以感愤之所出，毫不涉私耳。我之所图，人莫不知，故掩不善，著其善，人之视己，如见肺肝，则何益哉！

【注释】①张巡之杀妾：《旧唐书·列传第一百三十七·张巡》载，安史之乱时，睢阳城被困，城中粮尽，人心危恐，"（张）巡乃出其妾，对三军杀之，以食军士"。张巡，蒲州河东（今山西永济）人。睢阳之战时的唐军主帅。城破后被杀。诏封为邓国公。

忍 济

廉颇袒肉，谢过于让己之相如；陈平宰肉，[①]交欢于少文之周勃。盖蔺知强秦之为国敌，陈知诸吕之几覆刘宗，故不以怒发冲冠争一匹夫雄，不以游谈奇谋以岐两人迹。卒之，将军能自省其过愆，太尉[②]亦获托以安帝室。故知"小不忍则乱大谋"，慎夫！

【注释】①陈平宰肉：《史记·陈丞相世家》载："里中社，平为宰，分肉食甚均。父老曰：'善，陈孺子之为宰！'平曰：'嗟乎，使平得宰天下，亦如是肉矣！'"
②太尉亦获托以安帝室：《史记·高祖本纪》载，刘邦死前曾言"周勃重厚少文，然安刘氏者必勃也，可令为太尉。"太尉，此指周勃。

运 屈

怒发上冲冠，乘人以气者，益复知敛藏以用气，此蔺相如能先国而后私也。博浪沙中击，置身于危者，益复知进履以牧卑，此张子房能借汉以报韩也。献一西施往，载一西施归，大屈乃得大伸。[①]刚之不已，柔者必胜。故强梁[②]者，死之道；柔弱者，生之道。

【注释】①"献一西施往"三句：指范蠡对吴王夫差施美人计一事。相传，范蠡与西施是一对情侣。
②强梁：亦作"强良"。

气　致

气足贯金石。樊舞阳侧盾裂眦，①气也；蔺相如怒发冲冠，亦气也。然蔺之气，是智先定而后运其气；樊则一味决于死忠，不知他顾，遂使亚父胶口，项霸折心。夫不思而服，格幽通明者，惟一正气召焉。渑池之会，以秦之欲在璧，故相如以气乘之，是犹有间隙可入。至鸿门之宴，全是忠愤天怀，鬼神为助。

【注释】①樊舞阳侧盾裂眦：指鸿门宴时樊哙英勇无畏之事。《史记·项羽本纪》载："樊哙侧其盾以撞，卫士仆地，哙遂入，披帷西向立，目视项王，头发上指，目眦尽裂。"樊哙，西汉开国功臣，汉高祖刘邦的心腹，以勇著称。沛县（今江苏沛县）人。谥武侯。封舞阳侯，故又称樊舞阳。

世　谅

自荐能如毛遂以成其声望者，有几人哉！于以思鞠躬尽瘁，死而后已，此诸葛武侯之以人事君志也。夫饭斗米，肉十斤，示可用之廉颇，①与据鞍顾盼之马援，②独非志耶？毋逾老臣之赵充国，③尚堪一行之李靖，④亦非志耶？无何，廉颇困于郭开之口，马援羁身壶头之厄，充国则祸及其子卬，李靖则有高甑生之蔑谤，又独何耶？盖武侯志在尽忠也，四君不免有功名之意。大凡趋功尚名之士，未有不取败之者。故君子尽其心以济世焉而已，竭其力以事人焉而已，或不如志世共谅焉。

【注释】①"夫饭斗米"三句：《史记·廉颇蔺相如列传》载："廉颇居梁久之，魏不能信用。赵以数困于秦兵，赵王思复得廉颇，廉颇亦思复用于赵。赵王使使者视廉颇尚可用否。廉颇之仇郭开多与使者金，令毁之。赵使者既见廉颇，廉颇为之一饭斗米，肉十斤，被甲上马，以示尚可用。赵使还报王曰：'廉将军虽老，尚善饭，然与臣坐，顷之三遗矢矣。'赵王以为老，遂不召。"

②据鞍顾盼之马援：《后汉书·马援列传第十四》载，武陵五溪蛮反叛，62岁的马援请求出征，"帝悯其老，未许之。援自请曰：'臣尚能披甲上马。'帝令试之。援据鞍顾眄，以示可用。帝笑曰：'矍铄哉，是翁！'"许他出征。后来，马援所率大军在壶头受阻，逝于该地。马援，东汉名将。字文渊。扶风茂陵（今陕西兴平）人。官至伏波将军，封新侯。

③毋逾老臣之赵充国：《汉书·赵充国辛庆忌传第三十九·赵充国》载，汉宣帝派兵去平定羌人叛乱，询问年逾70的赵充国谁人可担任统帅，他回答说"亡逾于老臣者。"征羌时，赵充国与将军辛武贤产生矛盾。辛怀恨在心，揭发其子赵邛（亦作"赵卬"）泄密，致赵邛下狱后自杀。赵充国，西汉著名军事家。字翁孙。陇西上邽（今甘肃清水县）人。他稳定边疆的"寓兵于农，耕战两利"的策略，即屯田法，在中国历史上产生了巨大影响。被封营平侯。谥壮侯。

④尚堪一行之李靖：《新唐书·列传第十八·李靖》载："吐谷浑寇边。帝（太宗）谓侍臣曰：'靖能复起为帅乎？'靖往见房玄龄，曰：'吾虽老，尚堪一行'。"征战过程中，部将高甑生贻误军机，受到李靖责备。返京后，高氏串通他人诬告李靖谋反，"有司按验无状，甑生等以诬罔论。"李靖，唐初杰出的军事家、军事理论家。字药师。雍州三原（今陕西三原）人。谥景武。

何　益

　　人贵察识乎其所以为大体者，又贵真诚以尽其事物之当然者。如郭汾阳，①全是知大体，用其诚确于事物之间，卒皆以合夫当然者还之。故虽穷奢极欲，而人不之议者，以其大体井然，真而不伪故也。曹枢密曰："好官不过多得钱耳。"②此秽语也，而举世不非之者，以其言之真率可味，故世

迪孙

恒以恕心谅之。视碎屑以盗名，窜首以自便，取模以为伪者，则何益哉！

【注释】①郭汾阳：指郭子仪。郭在平定"安史之乱"中因功封爵汾阳郡王，故又称郭汾阳。《资治通鉴·卷第二百二十七》载："（郭子仪）功盖天下而主不疑，位极人臣而众不嫉，穷奢极欲而人不非之。"

②"曹枢密曰"二句：《宋史·列传第十七·曹彬》载："初，彬之总师也，太祖谓曰：'俟克李煜，当以卿为使相。'副帅潘美预以为贺。彬曰：'不然，夫是行也，仗天威，遵庙谟，乃能成事，吾何功哉，况使相极品乎！'美曰：'何谓也？'彬曰：'太原未平尔。'及还，献俘。上谓曰：'本授卿使相，然刘继元未下，姑少待之。'既闻此语，美窃视彬微笑。上觉，遽诘所以，美不敢隐，遂以实对。上亦大笑，乃赐彬钱二十万。彬退曰：'人生何必使相，好官亦不过多得钱尔。'未几，拜枢密使、检校太尉、忠武军节度使。"曹枢密，指曹彬，北宋初大将。字国华。真定灵寿（今河北灵寿）人。官至枢密使。

久　晦

　　毛遂自荐，其自待之厚，韬晦于三年之久，此人情真所难能者也。今有人于此，或有一技之长，一艺之精，则矜以为自炫，须之以日月，尚惟恐人之莫己知，能三年之久，而锋恬锷敛乎？此三年中间，顿踬几何？此客三千人中间，摈之、斥之，均不以较，毛公之量，诚等如海矣！潴既渊渟，溉之宁可竭欤？夫市义之冯谖①，妙在贪，故其用露；毛公妙在晦，故其用远。人学冯易，学毛遂难。学毛遂之自荐以申其志易，学毛遂之忍处三年，一丝不露，则万万有难之难者。夫子曰："人不知而不愠，"毛岂不欲人知耶？用忍以达其知，不失为具量之君子，其智用之大，则亦可企为不愠之君子。盖君子自然，此则忍为之。

【注释】①冯谖：又作"冯驩"。战国时齐人。孟尝君门下的著名食客之一，是一位颇具深远眼光的战略家。《史记·孟尝君列传》载，冯谖成为孟尝君食客不久，便先后弹剑而歌："长铗归来乎！食无鱼。""长铗归来乎！出无车。""长铗归来乎！无以为家。"孟尝君一一满足了他的要求。他从此尽心尽力替孟尝君出谋划策，为其营造"三窟"，令其"高枕为乐矣"。

侠　者

古人然诺于一言，而生死以之。夷门监者，[①]不惟能信，又且知朱亥[②]之为人，亥卒为信陵用，盖报友之知己于一然诺也。此等人胸中，惟然诺是决，宁尚有一身之计哉！今任侠以矜名，或托以自豪，不仅慨吾道之蓬蒿，即一任侠，且欲伪为之，况于他哉！

【注释】 ①夷门监者：指战国时魏国贤人侯嬴。《史记·魏公子列传》载，侯嬴家贫，七十多岁为魏国国都大梁（今开封市）的守门小吏。后为信陵君魏无忌礼贤下士之举所感动，做了其门客。侯嬴曾介绍力士朱亥给信陵君认识。在"信陵君窃符救赵"事件中，曾发挥着重要的作用。

②朱亥：魏国贤人，时为屠夫。信陵君门客。与侯嬴一道，誓死效命于信陵君。

退　竢

将在外，劳苦而功高，被谗遭谤，势则使然。不幸而遇此，如乐毅之去燕，[①]可也；若李牧居权不受命，[②]不可也。今天下一家，则何所之？曰：安布衣以乐田里，退以竢命，可也。不幸而又罹罪焉，安其天以祈后世知，后世知而传之，以不朽为幸矣。即不知，吾天自得，吾忠尽矣。

【注释】①乐毅之去燕：《史记·乐毅列传》载，乐毅率燕国等大军攻齐，连下七十余城，唯独莒、即墨未攻下。"会燕昭王死，子立为燕惠王。惠王自为太子时尝不快于乐毅，及即位，齐之田单闻之，乃纵反间于燕，曰：'齐城不下者两城耳。然所以不早拔者，闻乐毅与燕新王有隙，欲连兵且留齐，南面而王齐。齐之所患，唯恐他将之来。'于是燕惠王固已疑乐毅，得齐反间，乃使骑劫代将，而召乐毅。乐毅知燕惠王之不善代之，畏诛，遂西降赵。"

②李牧居权不受命：《资治通鉴·卷第六》载："秦人多与赵王嬖臣郭开金，使毁牧及（司马）尚，言其欲反。赵王使赵葱及齐将颜聚代之。李牧不受命，赵人捕而杀之。"李牧，又名最，战国末年赵国名将，封武安君。后因秦国使反间计被杀。

秽　人

吕不韦，亘古之秽人，其行事，总是以伪济其亿中。其全局，在一邯郸姬，①奚暇着《吕览》②，以盗经术之名哉。惟其伪也，故盗经术之名，是其欲以伪掩天下后世之耳目。然当世既车裂其躯③，天下后世莫不知其伪。史而不幸，纪一秽人，足为万世嗤，可矣！乃不幸而又有一黄歇④，窃好客之名，以公子而并诸四君之列，上秦皇书，伪以矜其博辩，亦用一李园妹，思作篡楚计，⑤踵不韦之迹，遂使吕嬴牛马之间，多此一黄歇。嗟！为之者，其人为不祥，不得已而传其事者，其人亦真有所不忍。

【注释】①在一邯郸姬：《史记·吕不韦列传》载，秦公子子楚在赵国做人质时，吕不韦为了"钓奇"的目的，将自己已怀孕的邯郸宠妾让给子楚。"姬自匿在身，至大期时，生子政。"子楚和政后来都做了秦王，即秦庄襄王和秦始皇。吕不韦因此而显贵。

②《吕览》：即《吕氏春秋》，实为吕不韦门客所编著。

③车裂其躯：一般认为吕实为"饮鸩而死"。

④黄歇：指春申君，战国时著名的四公子之一，楚国贵族，为楚相多年。史载他"虽名相国，实楚王也"。曾上书秦始皇，劝阻了秦国对楚国的入侵。

⑤"亦用一李园妹"二句：《史记·春申君列传》载，楚考烈王不能生子，舍人赵人李园用计将妹妹献给春申君。其妹怀孕后，诱使春申君将自己献给楚王。李园之妹后来生下一子（即楚幽王），当上了王后。为灭口，李园设计在楚考烈王病死时诛杀了麻痹松懈的春申君及其家人。事又见《越绝书·卷第十四·越绝外传春申君第十七》。

士　化

古惟士而已，至战国，倏变士为客。夫客之云者，可以游谈，可以进退，不主其位而得谋其政者也。然战国之客，卒皆能死人之事。《礼》曰："衣人之衣者，终人之事；食人之食者，死人之事也。"①迨后世之客，利则趋焉如鹜，而祸患至则曰客也，弗之顾矣。自宋而下，称游人曰游士，明末则化为山人。名山人，亦趋焰若鹿。今则骄夸于幕府。古人维善拾遗之义，鲜其人，容有之，要亦牍帙之胜任是务。此古今来世风降陟，制艺以储士，课墨有程焉，不具论。

【注释】①"衣人之衣者"四句：现在常见的《周礼》、《仪礼》、《礼记》中皆无此四语，不知高氏所据的是何版本。不过，《史记·淮阴侯列传》有类似之言："韩信曰：'汉王遇我甚厚，载我以其车，衣我以其衣，食我以其食。吾闻之，乘人之车者载人之患，衣人之衣者怀人之忧，食人之食者死人之事，吾岂可以乡利倍义乎！'"

迪孙

世　会

　　秦以暴，而合周末之七国则秦也。其时，六国怯弱，暴者乘之以气，故能合之。晋以冷，而合汉末之三国则晋也。其时，魏操全用热势，晋懿不得不以冷局应之，此其所以能合也。晋后，又分为十余国，隋以缓，故能收其散溢之势而合之。至于唐之末，分为八九国，宋以噩敛其渝泮之气，遂合之。暴者一传，冷者一传，缓者一传，惟噩者转浑机而开儒学，独九传，一百七十余年，"靖康之难"①始作。唐虽差久，治道仅见贞观间，风会大不如宋。惟明于制度、法纪，颇胜唐宋，教养之道，稍稍近汉。至于今，昭代又盛，此世会之散合一理。

　　【注释】①靖康之难：又称靖康之变、靖康之祸。靖康元年（1126 年）冬，金军破东京开封。次年四月，金军大肆勒索搜括后，俘虏钦宗、徽宗及宗室后妃等数千人，以及教坊乐工、技艺工匠、珍宝玩物、皇家藏书、天下州府地图等北去。东京公私蓄积抢掠一空，北宋灭亡。

祀　报

　　历周之世，侯封者千八百国，惟燕与卫，至秦政时尚存微线。夫周公之德至矣，胡其祀久湮？而召公①、康叔之祀，竟独永于周公哉！于以思汉之列侯八百余，及光武而存者，独平阳②、建平③、富平④耳。夫曹参之镇静宜民，则宜子孙之享其永久。若张安世⑤之与酇侯，相去径庭，而曹氏之裔，至操生，遂以篡汉。吁！清净之余烈，胡纷然入谲诈奸伪之习哉？此天道之不可解，人事之难可测者也。君子泽斩于五世，凡人子孙，其慎绳武。

　　【注释】①召公：召康公，周代燕国的始祖，名奭。成王时任太保，与周公旦分陕而治，陕以西由他治理。

②平阳：指平阳侯曹参后人。

③建平：指建平侯杜延年后人。

④富平：指富平侯张安世后人。

⑤张安世：西汉大臣，字子孺，杜陵人（今陕西西安东南）人。昭帝时任右将军，封富平侯。与霍光策立宣帝，任大司马，拥有家僮七百人，家财富厚，胜过霍光。

可 法

"仲尼不为已甚者"，①于何而获见？于《诗》之《小戎》、《书》之《秦誓》见焉。夫秦之罪莫大于伐周殄民，其功亦莫大于救周息民，当穆公三良②之殉难非，而伐郑之悔可念，此圣人之心，空空如也。故能衡理以至公至平，于此知正予齐桓③，仁予管仲④之深意。

作者按：秦仲诛西戎，即《小戎》之诗，紫阳乃属襄公，误矣。三良奄息、仲行、虎也，秦人哀之，作《黄鸟》之诗。

【注释】①仲尼不为已甚者：出自《孟子·离娄下》，意为孔子行事讲究中庸，从不做很过分的事。

②三良：指贤人奄息、仲行、针虎等车氏三兄弟。秦穆公死后，三人殉葬。

③正予齐桓：《论语·宪问》载："子曰：'晋文公谲而不正，齐桓公正而不谲。'"

④仁予管仲：《论语·宪问》载："子路曰：'桓公杀公子纠，召忽死之，管仲不死。'曰：'未仁乎？'子曰：'桓公九合诸侯，不以兵车，管仲之力也。如其仁！如其仁！'"

附 合

李园妹环，能通一经，胡以廉耻荡然？乃谓其兄曰："我闻王老无嗣，见我

迪孙

于春申君，即可经以见王矣。"离亭纵酒，卒如其谋，①其姿局与曹操甚相似。惟操则一味欲以瞒人，而环则直遂其计，不藏其丑，此为省便，差胜于操。若邯郸姬，因人成事，惟知有身，自匿有身，②就局了局，蠢蠢一女，王莽耳。女环曰："幸产男，则君即王之公也，而何佐乎？"③操曰："吾其为周文王乎？"④此两言，可以为匹，倘夫而妇之，变鱼以胜百悭，弄水以靡君澜，谋人以⑤谋己，互矜铙鼓以树赤，则操之汉帜，不几为女环拔哉！其帏幄中投筹挥策，端令老瞒目眩心悸而为之舌桥不敢下也。此际此情，端必有无穷之可笑可噱者。故曰：即奸秽人，亦必以直行其志。如环者为胜操，独何伪为哉！

【注释】①"李园妹环"九句：《越绝书·卷第十四·越绝外传春申君第十七》载：

昔者，楚考烈王相春申君吏李园。园女弟女环谓园曰："我闻王老无嗣，可见我于春申君。我欲假于春申君。我得见于春申君，径得见于王矣。"园曰："春申君，贵人也，千里之佐，吾何讬敢言？"女环曰："即不见我，汝求谒于春申君：'才人告，远道客，请归待之。'彼必问汝：'汝家何等远道客者？'因对曰：'园有女弟，鲁相闻之，使使者来求之园，才人使告园者。'彼必有问：'汝女弟何能？'对曰：'能鼓音。读书通一经。'故彼必见我。"园曰："诺。"

明日，辞春申君："才人有远道客，请归待之。"春申君果问："汝家何等远道客？"对曰："园有女弟，鲁相闻之，使使求之。"春申君曰："何能？"对曰："能鼓音，读书通一经。"春申君曰："可得见乎？明日，使待于离亭。"园曰："诺。"既归，告女环曰："吾辞于春申君，许我明日夕待于离亭。"女环曰："园宜先供待之。"

春申君到，园驰人呼女环到，黄昏，女环至，大纵酒。女环鼓琴，曲未终，春申君大悦。留宿。明日，女环谓春申君曰："妾闻王老无嗣，属邦于君。君外淫，不顾政事，使王闻之，君上负于王，使妾兄下负于夫人，为之奈何？无泄此口，君召而戒之。"春申君以告官属："莫有闻淫女也。"皆曰："诺。"

从上文可知，原书"李园妹环"之后的"能"字，显然系衍文，今删；"见我于春申君"的"于"字，原书脱，今补；
"离亭"，原书为"高亭"，今改。

②"若邯郸姬"四句：指吕不韦邯郸献姬一事，见前文《秽
人》注释一。

③"女环曰"四句：《越绝书·卷第十四·越绝外传春申君第
十七》载："（春申君）与女环通，未终月，女环谓春申君
曰：'妾闻王老无嗣，今怀君子一月矣，可见妾于王，幸产
子男，君即王公也，而何为佐乎？君戒念之。'春申君曰：
'诺'。"

④"操曰"二句：裴注《三国志·魏书一·武帝纪》载："魏氏
春秋曰：夏侯惇谓王曰：'天下咸知汉祚已尽，异代方起。自
古已来，能除民害为百姓所归者，即民主也。今殿下即戎三十
馀年，功德著于黎庶，为天下所依归，应天顺民，复何疑哉！'
王曰：'"施于有政，是亦为政。"若天命在吾，吾为周文王
矣。'"另据《三国演义·第一百一十九回》云："安葬已毕，
炎（指司马炎）召贾充、裴秀入宫问曰：'曹操曾云：若天命
在吾，吾其为周文王乎！果有此事否？'充曰：'操世受汉禄，
恐人议论篡逆之名，故出此言。乃明教曹丕为天子也。'"

⑤以：原书为"己"，今据文意改。

姿　阳

　　曹操奸黠，其内佥荡，其外以疏脱肆其诈变，亦即以疏脱伪示以率真。
王莽特狠以肆其奸耳，凡诈变处，总是用一狠毒，与操殊不类。曹操阴鸷，
施其阳貌以毒其所利，其蛊斯世处，全是用阳面以作其姿态。临死之分香卖
履，[①]是阴诈之极，欲转以阳弄其姿态，巧而反拙，亦不计也。王莽阴狠，
其施其营，全是以阴险为毒，亦知佯为坦易，伪用粗率，然其姿态全不及
操，愈玩之，愈觉其蠢。惟操之分香卖履，亦蠢，可与王莽对。

【注释】①分香卖履：亦作"卖履分香"、"铜雀分香"、"魏公铜"、
　　　　　"分香"等。曹操《遗令》："吾婢妾与伎人皆勤苦，使着铜

雀台，善待之……汝等时时登铜雀台，望吾西陵墓田。余香可分与诸夫人，不命祭。诸舍中（众妾）无所为，可学做组履卖也。"后喻指临终时念念不忘妻妾。

笑　极

　　机巧极险，自好其所用，亦有学，亦有才。举天下后世称之为天姿刻薄，挟令窃威者，商鞅、李斯也。举天下后世知两人所为如此，而举天下后世咸以此疾而恶之。余独谓此两人顾机极、巧极、险极①而自用更极，以故其才、其学则悉为自用蔽矣。故其行事遂迂极、腐极，亦痴极、蠢极耳。如鞅曰："使民不见德。"乃变法令。夫移木②谁欺，而谓之市信耶？斯曰："使人不知古。"乃焚诗书。夫焚书以愚民而谓之为治耶。其入想处最腐，其发用处最拙。天下后世，止知恨两人，不知笑两人。今揭之，令天下后世转恨而为笑，笑之极即恨之极而后可。

　　【注释】①极：原书无，今据文意增。
　　　　　　②移木：见前文《饰伪》注释二。

群　短

　　古之纳谏如流，闻嘉言善行而必思改易，以追其前厥，姑勿论。如茅焦之谏始皇曰："车裂假父，囊扑二弟。"此揭宫中之秽迹而竟为暴君纳之。①今利尸之覆邦家，一人有言，举争长以非之，务排挤以自快，虽能容，奈群起相短以倾覆之。故于今之进谏者持论必正，人言必婉，且用术于其间，而后乃济。毋曰："秦之暴，尚能容解衣之茅焦，将以为自遂云者，吾恐排挤之日至，欲祈其能济乎？"

　　【注释】①"如茅焦之谏始皇曰"四句：见前文《微中》注释七。

二　氏

梵贝①演宗风,②丈六金人入梦;③露芝传秘术，通天仙掌④臻灵。夫梦乃幻相，究佛之入中国以此梦始；术亦幻境，而仙之迷后世以此术终。舍梦以观觉空，去术以还清净，则辅治道以全其真，或亦差有所禅于王教。

【注释】①梵贝："梵册贝叶"的省称。指佛经。

②宗风：指佛教各宗系特有的风格、传统，多用于禅宗。

③丈六金人入梦：《后汉书·西域传第七十八》载："世传（东汉）明帝梦见金人，长大，顶有光明，以问群臣。或曰：'西方有神，名曰佛，其形长丈六尺而黄金色。'帝于是遣使天竺，问佛道法，遂于中国图画形象焉。"丈六，原书为"丈二"，今改。

④通天仙掌：《史记·孝武本纪》载，汉武帝晚年迷信神仙方士之术，建通天台，作栢梁、铜柱、承露仙人掌，以求长生不老。通天，指通天台。《汉书旧仪》称"台高三十丈，去长安二百里，望见长安城也。"仙掌，指承露仙人掌，意为"仙人以手掌擎盘承甘露也"。

功　忘

长城为设险利，故曰秦之暴不在长城；黄河为漕运利，故曰五代之乱不在黄河。当视疏凿利天下，德与功媲，长城、黄河皆万世利，举世则忘创始之功，非其好大之祸，以德不称功故也。德之于人，重矣哉！

畏 民

古语云："非常之原，黎民惧焉"。①故前之有言曰："可与乐成，难于虑始。"②然王荆公③执此以败誉，故曰：井田封建，非圣人不能为。要知之确，而后行之有序。不然，用顾畏于民富，民口甚于川，防之难矣哉！

【注释】

①"非常之原"二句：出自《史记·司马相如列传》，意为不寻常的事情出现时，百姓会感到惊惧、害怕。

②"可与乐成"二句：意为百姓可与他人共享成果，但他们有局限性，难于事先参与谋划。《史记·商君列传》中有："民不可与虑始，而可与乐成。"《史记·滑稽列传》中有："（西门）豹曰：'民可以乐成，不可与虑始。"

③王荆公：即王安石。王安石，北宋杰出的政治家、思想家、文学家、改革家。字介甫，号半山。封荆国公，故又称王荆公，世称临川先生。谥号文，又称王文公。临川人（今江西抚州市）。

【卷 下】

自 垢

酂侯让封，以私财佐军矣，又多买田地，贱贳贷以自垢，致百姓遮道诉相国，然后其心乃安。[①]其心将以为多金则富而有可为之权，尊显而名高则有惑世炫俗之势，此高祖之所深疑者。今财既散，又求田问舍，无他志意，百姓且遮诉，则无所恃势，明矣！故深计以忍，自为垢焉。余曰：与其营营，不若寡欲；与其虑终，宁如慎始之为得耶。赵普亦以聚敛置构，为御史中丞雷德骧勘，[②]同此一辙。至如王翦以六十万伐楚，请田宅为子孙计，以释君上之疑，[③]则于势所必然，未可与萧、赵同局而语。设人臣必不得已而欲自垢乎，则如陈平之饮醇酒，弄妇人，[④]可也；如裴度之退居绿墅，不问人事，[⑤]更可也。至韩世忠之罢官，自此杜门谢客，跨驴携酒，纵游西湖，[⑥]何等清远恬适。胡为被遮诉，被弹勘，乃转谓计得，为自幸计之地哉！君子所不取。

【注释】①“酂侯让封”六句：《史记·萧相国世家》载：为消除在外平叛的汉高祖对自己的疑忌之心，萧何听从家臣的建议，“让封勿受，悉以家私财佐军”，“多买田地，贱贳贷以自污”，一面表示忠心，一面自损形象。

②“赵曾亦以聚敛置构”二句：司马光《涑水记闻》：“太祖宠待赵韩王（普）如左右手。御史中丞雷德骧劾奏赵普擅市人第宅，聚敛财贿。上怒叱曰：‘鼎铛尚有耳，汝不闻赵普吾之社稷臣乎？’”赵曾，北宋政治家。字则平。幽州蓟县（今属北京）人。为赵匡胤发动“陈桥兵变”的主谋。后任枢密使、宰相待职。追封真定王，谥忠献。

③“至如王翦以六十万伐楚”三句：《史记·白起王翦列传》载：王翦率领六十万大军进攻楚国，“始皇自送至灞上。王翦行，请美田宅园池甚众。始皇曰：‘将军行矣，何忧贫乎？’王翦曰：‘为大王将，有功终不得封侯，故及大王之乡

臣，臣亦及时以请园池为子孙业耳。'始皇大笑。王翦既至关，使使还请善田者五辈。或曰：'将军之乞贷，亦已甚矣。'王翦曰：'不然。夫秦王怚而不信人。今空秦国甲士而专委于我，我不多请田宅为子孙业以自坚，顾令秦王坐而疑我邪？'"王翦，秦代杰出的军事家。频阳东乡（今陕西省富平县东北）人。

④陈平之饮醇酒，弄妇人：《史记·陈丞相世家》载：刘邦去世前不久，听信他人樊哙要谋反之说，命令陈平和周勃前去捕杀樊哙。二人觉得不妥，仅将其拘押起来。吕后专制后，"吕嬃（樊哙之妻）常以前陈平为高帝谋执樊哙，数谗曰：'陈平为相非治事，日饮醇酒，戏妇女。'陈平闻，日益甚。吕太后闻之，私独喜。"

⑤裴度之退居绿墅，不问人事：《新唐书·列传第九十八·裴度》载："（唐中宗）时阉竖擅威，天子拥虚器，搢绅道丧，度不复有经济意，乃治第东都集贤里，沼石林丛，岑缭幽胜。午桥作别墅，具燠馆凉台，号'绿野堂'，激波其下。度野服萧散，与白居易、刘禹锡为文章、把酒，穷昼夜相欢，不问人间事。"裴度，唐朝著名政治家，文学家。字中立。河东闻喜（今山西闻喜东北）人。三次为相。一生"累为奸邪所排，几致颠沛"，晚年留守东都，筑绿野堂，为"自安之计"，"稍沉浮以避祸"。封晋国公，世称裴晋公。

⑥"至韩世忠之罢官"四句：《宋史·列传第一百二十三·韩世忠》载："（韩）世忠连疏乞解枢密柄，继上表乞骸。十月，罢为醴泉观使、奉朝请，进封福国公，节钺如故。自此杜门谢客，绝口不言兵，时跨驴携酒，从一二奚童，纵游西湖以自乐，平时将佐罕得见其面。"韩世忠，南宋抗金名将。字臣良。延安（今陕西延安市）人（一说是绥德人）。封咸安郡王，后又被追封通义郡王、蕲王。谥忠武。

积 戾

王弇州①有言曰："七国尽而秦政出，六朝尽而隋广生。"有味乎，斯言也！当七国乱极，六朝亦□□□□□穷，不得不全用肃杀之一法，故积之十数世，降厥凶德，以恣其慕。故始皇之坑毙咕哗②儒，至于数百万，炀帝之役死殿脚女③，亦几十数万。秋零极已，汉高之崛起，神尧之奋兴，阳春乃播。此气戾积而成运，诚可畏也。近我以自省，则治世亦如治身，须敬慎焉。以时勤夫宣节导养，勿令积戾为殃，则善矣。

【注释】①王弇州：指王世贞。王世贞，明代诗人，"后七子"领袖。字符美，号凤洲，又号弇州山人。太仓（今属江苏）人。
②咕哗（tiēbì）：低声絮语貌。哗，似为"嗫"之误，
③殿脚女：指隋炀帝出游时为其挽龙舟的年青女子。原文误作"殿角女"，今改。

孝 死

人惟读书明道、知大义，然后于死生之际乃不为事惑。如申生，不明骊姬之陷己，惧明之则伤公之心也，既不明，终以陷死。①此原是一腔仁孝天怀，视死如归，以尽其在己之志焉。尔若扶苏②□□□□□申生以有奚齐之故，乃遂决于一死，诚短识哉。蒙恬之云，请而后死，确然卓见。何扶苏竟以孝死，性分虽极真诚，以见理不明，致令胡亥亡秦，故为人子者不可不读书。

【注释】①见前文《叹哭》注释四。
②扶苏：秦始皇长子，仁爱刚勇。《史记·李斯列传》载，扶苏反对"焚书坑儒"、"重法绳之臣"等政策，被贬到上郡监蒙恬大军。始皇死后，赵高等封锁消息，伪造诏书，指责

他"为人子不孝"等，逼其自杀。"使者至，发书，扶苏泣，入内舍，欲自杀。蒙恬止扶苏曰：'陛下居外，未立太子，使臣将三十万众守边，公子为监，此天下重任也。今一使者来，即自杀，安知其非诈？请复请，复请而後死，未暮也。'使者数趣之。扶苏为人仁，谓蒙恬曰：'父而赐子死，尚安复请！'即自杀。"

露　诈

指鸟作鸾，[1]乃德儒之诒谀；呼鹿为马，[2]实赵高之欺惑。夫诒谀其上，不失为巧令之小人；欺惑其主，公然露挟诈之奸计。高而有耻耶，豺虎不食其余矣。

【注释】①指鸟作鸾：《资治通鉴·卷第一百八十四》载，隋末，李世民等率军攻打西河郡，"郡丞高德儒闭城拒守，已丑，攻拔之。执德至军门，世民数之曰：'汝指野鸟为鸾，以欺人主，取高官，吾兴义兵，正为诛佞人耳！'遂斩之。"鸟，原书作"雀"，今改。

②呼鹿为马：《史记·李斯列传》载："李斯已死，二世拜赵高为中丞相，事无大小辄决於高。高自知权重，乃献鹿，谓之马。二世问左右：'此乃鹿也?'左右皆曰：'马也。'二世惊，自以为惑，乃召太卜，令卦之。"

得　反

官以教养民，爱之如子，慈之犹母，故民争有亲上死长之心。毋若秦吏暴，而陈胜兵起，咸争杀郡县吏以应胜焉。更毋若晋安帝时，有东土孙恩[1]之乱，所致获诸县令，则皆以为醢[2]。黄巢之陷京师也，最憎官吏而杀之。方腊之叛宣和也，断脔官吏之肢体，膏熬官吏之肌肤，曰：今而后得反之也。畏之哉！

【注释】①孙恩：琅琊人，道教信徒。东晋末年，率众起义于浙东，失败投海而死。
②醯（xī）：醋。

气　局

当患难急剧之际，贵气局不贵才智，盖气局全而后智自定也。樊哙拥盾入，楚王曰："壮士，赐厄酒。"气局也。哙愤折之，楚王曰："坐"。亦气局之运其器量也。①铸印已，闻一言即销之。②汉王之纳善，气局也。张良曰："料大王士卒足以当项乎？"汉王遂曰："固不如也。"③亦气局之运其器量也。④

【注释】①"樊哙拥盾入"九句：《史记·项羽本纪》据，项羽摆鸿门宴，令项庄舞剑，意在沛公。刘邦猛将樊哙临危不惧，挺身而出，挫其锐气，刘邦得以脱险。此处描述的即是其中部分情节。楚王，原书两处皆无"王"字，今增。
②"铸印已"二句：《史记·留侯世家》载："汉三年，项羽急围汉王荥阳，汉王恐忧，与郦食其谋桡楚权。"郦食其建议刘邦："复立六国后世，毕已受印，此其君臣百姓必皆戴陛下之德，莫不乡风慕义，原为臣妾。德义已行，陛下南乡称霸，楚必敛衽而朝。"刘邦称许："善。趣刻印，先生因行佩之矣。"张良获悉后，马上去见正在吃饭的刘邦，借了他的筷子比划起来，从八个方面层层剖析了恢复封立六王后代策略的弊端。刘邦听后，"辍食吐哺，骂曰：'竖儒，几败而公事！'令趣销印"。
③"张良曰"四句：《史记·项羽本纪》据，范增看出刘邦雄心勃勃，建议项羽"急击勿失"。项伯将消息私自告诉了张良。刘邦获悉后大惊，忙问计于张良。"良曰：'料大王士卒足以当项王乎？'沛公默然，曰：'固不如也，且为之奈何？'

张良曰：'请往谓项伯，言沛公不敢背项王也。'"由此引出了鸿门宴一事。汉王，原书两处皆无"王"字，今增。后文同。

④运其器量也：原书缺，今据文意补。

近　似

以叔父之亲而心心向外，夫项伯①岂知天心肇汉，项终不济耶？如全为虏，曷若全项氏一线于自身乎？此与辅果别姓之义略同也。不然，项庄舞剑，胡为以身蔽刘耶？②籍烹太公，而伯曰："为天下不顾家。"③此伯之畜久情露矣。不然，宁不愧于周公辅成王哉！

【注释】①项伯：名缠。项羽最小的叔父。曾杀人，为张良所救。
②"项庄舞剑"二句：《史记·项羽本纪》载，鸿门宴上，"项庄拔剑起舞，项伯亦拔剑起舞，常以身翼蔽沛公，庄不得击。"
③"籍烹太公"三句：《史记·项羽本纪》载，楚汉相争时，"彭越数反梁地，绝楚粮食，项王患之。为高俎，置太公其上，告汉王曰：'今不急下，吾烹太公。'汉王曰：'吾与项羽俱北面受命怀王，曰"约为兄弟"，吾翁即若翁，必欲烹而翁，则幸分我一桮羹。'项王怒，欲杀之。项伯曰：'天下事未可知，且为天下者不顾家，虽杀之无益，祇益祸耳。'项王从之。"

假　仁

战国用杂霸①以挟诈其民，民故以弱。秦乘上霸下弱之势，是萃假霸之力以用暴也。汉高于父、兄、子、妾、功臣，卒皆忍心负之，而能成帝业者，以一宽大为暴霸之对治良饵，舍此外汉高无足观者。宗宽大、暴霸，②

宁③成为项籍，决不欲成为汉高。真大有所见之言，故王弇州先生是之。夫今惟其所有而忍为负心者，非汉高倡端耶！盖至忍于负心，久假之术，益穷极矣。于今鹜名利，竟公然不讳而为之，人咸无非之者，廉耻之道，益穷极矣。

【注释】 ①杂霸：谓用王道挽杂霸道治理国家。
　　　　　②宽大、暴霸：原书此四字模糊难辨，今据文意补。
　　　　　③原书在此处有一"不"字，今据文意删。

推　隐

留侯不用他策，何独延四皓以辅翊太子，胡知其能折服汉高之心耶。①盖汉高以百战备历艰虞之身，始有天下，则其心刻刻为身后谋，忧虑其天下者必深。故一见莫能自致之四人，其后虑之心顿然安帖，良之窥高祖隐微以此。

【注释】 ①"留侯不用他策"三句：《史记·留侯世家》载，刘邦晚年，见太子刘盈天性软弱，才华平庸，想另立宠妃戚氏之子赵王刘如意为太子，张良受吕后之托，设计让刘盈"卑辞厚礼"，请来四位刘邦未能召致的贤士（即"四皓"）为客。刘邦知晓后，认为太子能得到此四位贤士辅佐，说明他获人拥护，羽翼已成，只得打消废立太子的念头。四皓，又称商山四皓，指秦末汉初四位年老的隐居贤士，分别是东园公唐秉、用里（亦为角里）先生周术、绮里季吴实和夏黄公崔广。

斯　下

程子称汉为大纲正，言唐为万目举。夫分羹①鸩子②，系何③杀信④，谓大纲正乎？庸调⑤远征，纷藩易制，谓万目举乎？余谓高祖之弊至光武而一变，太宗之政仅及世而即移。于此知不善之风易流，其风亦易颓，善则难其继述。故輓近之易入沦渝，靡波之日流斯下也。

【注释】①分羹：参见前文《近似》注释三。

②鸩子：《史记·吕太后本纪》载，刘邦去世后，吕后设计鸩杀了戚妃之子赵王刘如意。

③系何：见前文《华宇》注释二。

④杀信：西汉建立后不久，为巩固政权，刘邦和吕后设计诛杀了韩信三族。

⑤庸调：即租庸调，指向国家缴纳实物形态为主的租税。

老　事

鄷侯之有始要终，胡独超信、平之上，即可于其始处见之。夫陈平之智，韩信之谋，皆世杰也。乃信数以策干项羽，胡为至弗用而始归汉耶！①平则惧定河内诛，才逃归汉耳。②若萧相国何者，隐于泗水之卒中，秦御史欲入言召之，何固请不行？③其窥变附汉，不失尺寸，此韩、陈所不能及。故曰：视以观由至察安而人品遂定。

【注释】①"乃信数以策于项羽"二句：《史记·陈丞相出家》载：韩信早期曾为项羽部下，"羽以为郎中。数以策干项羽，羽不用。汉王之入蜀，信亡楚归汉，未得知名，为连敖。"

②"平则惧定河内诛"二句：《史记·陈丞相出家》载：项羽让陈平等"击降殷王而还"，结果却让刘邦先得手。"项王怒，将诛定殷者将吏。"陈平惧诛，投奔了刘邦。

③"若萧相国何者"四句：《史记·萧相国世家》载：萧何早年"为沛主吏掾"时，"秦御史监郡者与从事，常辨之。何乃给泗水卒史事，第一。秦御史欲入言征何，何固请，得毋行"。

胆 济

荀文若，文秀惠中人也，有制宜之识而无裁决之识。以其情生于才，则必轻受人，怜其才，故为魏武所系者；识不足，而为情所累也。①蔡中郎之于董卓，亦才蔽于情者也，以无胆，故不能早自引去。②由此以观，才必济之识，乃为真才；识必济之胆，乃能运其真识而后达其才。若孔北海，有胆有识矣，才又太疏越，遂为魏武困。③如诸葛孔明，料事有识，决策有胆，惟于知人善任处，才差不足。然其所以奖掖之者，一味用诚。是德自足以感人，故有良臣之度，儒者气象，然终无以济者，才不足之故，非时不逮也。

【注释】①"荀文若"九句：《三国志·魏书十·荀彧传》载：荀彧（字文若）一度颇受曹操信任，曾建议曹氏奉迎汉献帝，以顺从民望，收服豪杰。后来因反对曹操称魏公而遭排斥。魏武，指曹操。曹丕即帝位后，追封其父曹操为魏武帝。

②"蔡中郎之于董卓"四句：《后汉书·蔡邕列传第五十下》载：蔡邕为当朝权臣董卓所逼，被迫出仕，"卓重董邕才学，厚相遇待，每集燕，辄令邕鼓琴赞事，邕亦每存匡益。然卓多自很用，邕恨其言少从，谓从弟谷曰：'董公性刚而遂非，终难济也。吾欲东奔兖州，若道远难达，且遁逃山东以待之，何如？'谷曰：'君状异恒人，每行观者盈集。以此自匿，不亦难乎？'邕乃止。"后因同情董卓被杀。蔡中郎，即蔡邕。东汉文学家、书法家。字伯喈。陈留（今河南杞县）围人。汉献帝时曾拜左中郎将，故后人也称"蔡中郎"。董卓，东汉末年少帝、献帝时权臣。字仲颖。陇西临洮（今甘肃省岷县）人。官至太师、郿侯。其为人残忍嗜杀，倒行逆施，后被其亲信吕布所杀。

③"若孔北海"四句：《后汉书·郑孔荀列传第六十·孔融》载：孔融一生"负其高气，志在靖难，而才疏意广"，终因恃才刚傲、锋芒毕露而被曹操诛杀。孔北海，即孔融。东汉末文学家。字文举。鲁国（今东曲阜）人。建安七子之一。

曾任北海相，世称"孔北海"。

正　济

叶公好画龙，以无识遂无胆，故见真龙畏矣。汉高之知韩信，可谓怜真才，而济之以真识矣。以胆不足，故疑之。魏武任事有胆，以其猜，遂无任人之胆。汉高胆不及魏武，以处己正，故胆亦自足，此所以为胜。

履　堕

子房报韩，孤忠皎如白日。圯上老人非教以他术，盖教之以撝谦，①教之以虚受而已。夫谦之者，何人不可下？受之虚者，何物不能容？老人在桥上，堕其履桥下，命子房拾之，蹴尔而呼孺子取履。迨长跪而进履，乃竟以足授子房，命之纳履，②何蹲踞也！笑而去，何自苦③也！他人能拾履于桥下哉？固可也，能跪进之乎？固进之，也能跪捧老人足敬纳之乎！老人去而笑也，知孺子之可教也。炼良之以撝谦、以虚受者，无他术，仍以子房炼子房耳。今之为教者不惮烦，而听之者若云光之在目，百鸟之感耳。即能怡心一时者，且有几人哉？奉教当怀履堕之义。示教固难，为举足授履之行，非难为也，示非其人也。曰：吁，今日示教难矣！

【注释】①撝（huī）谦：谓施行谦德，泛指谦逊。
②"老人在桥上"七句：《史记·留侯世家》载：张良为报秦国灭亡韩国之仇，刺杀秦始皇。失败后，逃亡于下邳时，遇到一老者。此处叙述的即是他初次遇到老者时发生的事。堕，原文误作"瓐"。
③若：原书为"苦"，今改。

循　势①

移重器，易风会，成之以德量，久之以仁义，气之于数也而有道焉。故道在则势循，势在则道循。理有自然之境，气有转数之义，不循理无以应势，不守道……

（以下缺自卖、自害、审谏、靳豪、醇全、踵成、窥熟诸篇）

【注释】①因为此文有残缺，故只作标点，不出校注。

两　得①

……

去曰：无久溷公为也，人欲善后耶？当法疏广，其广之日宴亲族，设酒高会。诸子请治田舍，曰：吾无以教子，不欲以田宅益其过也，居陆之三，疏之二，娱老善后，两为得焉。

【注释】①因此文有残缺，故只作标点，不出校注。

祖　左

欲王诸吕，而王陵让平、勃曰："帝虽崩，始共喋血盟，诸君不在邪？纵阿意，其如见高帝于地下何？"平、勃曰："面折廷诤，臣不如君；安社稷，定刘氏，君不如臣。"①平、勃胡以知谏诤之不足以安刘，必阳为阿承，以缓图之哉！盖阴吕既树其私，促之则阴必中，故抒其毒，以须一军皆左袒②耳。夫一军何以尽左袒？于未左袒之先，岂无机略鼓养于其间？不然，何以一呼皆左袒也？于以观之，王陵之让平、勃，经也；平、勃之答陵者，权也。而权之能有以济者，大经存焉。恃权而幸事，则谓之小有才。

【注释】

①"欲王诸吕"十三句：《史记·吕后本纪》载："太后称制，议欲立诸吕为王，问右丞相王陵。王陵曰：'高帝刑白马盟曰"非刘氏而王，天下共击之。"今王吕氏，非约也。'太后不说。问左丞相陈平、绛侯周勃。勃等对曰：'高帝定天下，王子弟，今太后称制，王昆弟诸吕，无所不可。'太后喜，罢朝。王陵让陈平、绛侯曰：'始与高帝喋血盟，诸君不在邪？今高帝崩，太后女主，欲王吕氏，诸君从欲阿意背约，何面目见高帝地下？'陈平、绛侯曰：'于今面折廷争，臣不如君；夫全社稷，定刘氏之后，君亦不如臣。'王陵无以应之。"

②左祖：见前文《不同》的注释二。

迥　别

同一有识也，正则全身，不正则丧身。平、勃制诸吕，而兵已属太尉矣。吕媭怒吕禄而诟之曰："为将弃军，吕氏今无处矣！"悉散珠宝曰："毋为他人守。"①霍光废立，②使田延年报张敞，敞惧焉。其夫人曰："议定乃闻于君耳，宜与同心。"二女子之才识则一，其保身失身，则天琅隔矣。才识虽一，以义用不以义用，遂迥别如此。

【注释】①"吕媭怒吕禄而诟之曰"五句：《史记·吕太后本纪》载：周勃、陈平用计从吕禄手中夺去北军兵权，吕媭知道后，怒斥吕禄，预感到吕氏将要灭亡。这里说的即是此事。吕禄，吕后侄子，任大将军。吕媭，吕后胞妹，樊哙之妻。

②霍光废立：汉昭帝去世后，因其无子，霍光拥立昌邑王刘贺为帝，但其才到京城，便淫乱不堪。后霍光废昌邑王，另立孝宣为帝。霍光，西汉著名政治家，麒麟阁十一功臣之首，名将霍去病异母弟，昭帝上官皇后外祖父，宣帝霍皇后之父。字子孟。河东平阳（今山西临汾）人。官至大司马、大将军等。封博陆侯，谥号宣成，是以又被尊称为博陆宣成侯。

绐 友

郦寄为吕禄密友，绐令以兵属太尉勃，[①]入北军，一呼左袒，以诛诸吕。曰："友以信结，郦寄卖友而可乎？"曰："节莫大于忠孝，既图忠以安汉，宁负友以全君，郦寄有焉。"人知平、勃之忠能安刘，抑知郦寄绐友以全忠耶？

【注释】①"郦寄为吕禄密友"二句：《史记·樊郦滕灌列传》载："（郦寄）与吕禄善。及高后崩，大臣欲诛诸吕，吕禄为将军，军于北军，太尉勃不得入北军，于是乃使人劫郦商，令其子况绐吕禄，吕禄信之，故与出游，而太尉勃乃得入据北军，遂诛诸吕。是岁商卒，谥为景侯。子寄代侯。天下称郦况卖交也。"郦寄，字况。高阳（今河南杞县）人。曲周侯郦商之子。

笑 荐

薄姬少时，与管夫人、赵子儿约，先贵无相忘。已而管、赵贵幸，适侍汉王[①]，坐河南成皋台，两人相视笑。王问故，具告之，即召薄姬幸，由是得宠。终《纲目》，以笑为荐剡者，仅此两女子用之。若赵家姊妹[②]，用妒不暇，奚暇于笑？

【注释】①汉王：指刘邦。
②赵家姊妹：指汉成帝皇后赵飞燕姐妹俩。

善　人

　　冯道①历四姓十君②，陈平阅事四世，彼以救时，不害其为忠；此以济国，不害其为诡。人谓汉高诡以取天下，陈平遂即以诡进入。后欲王诸吕，陈平即以阿人之。③不观文帝问宰相，而平即以道入之乎？问钱谷则不对，谓不侵所司也。④人谓其覆短饰诈也。然言贵得其体，有济于所事耳；不济而言，霏霏木屑，终何益？亚夫⑤起家狱吏，不免于死。独平至文帝二年，以右丞相卒焉，其始终无祸，与清静之曹参等。余谓君子事乱世，贵以权济，则于陈平、冯道有之哉！然君子、小人之品，仅隔一间，视公私之便为何如耳。

　　【注释】 ①冯道：字可道，自号"长乐老"。中国大规模官刻儒家经籍的创始人。五代瀛州景城（今河北交河）人。为官圆融，一生除历仕中原四朝（后唐、后晋、后汉、后周）十君（后唐庄宗、明宗、闵帝、末帝，后晋高祖、出帝，后汉高祖、隐帝，后周太祖、世宗）之外，还曾在后晋和后汉之间做过短暂入主中原的契丹的太傅，"三入中书，居相位二十余年"。周世宗追封瀛王，谥文懿。

　　②十君：原书为"十二君"，而《新五代史·杂传第四十二·冯道》则说冯道"事四姓十君"，故改之。

　　③"后欲王诸吕"二句：《史记·陈丞相世家》载，吕后欲封诸吕为王，陈平假装不知她的目的，曲意附和。

　　④"不观文帝问宰相"四句：《史记·陈丞相世家》载："（汉文帝）朝而问右丞相勃曰：'天下一岁决狱几何？'勃谢曰：'不知。'问：'天下一岁钱谷出入几何？'勃又谢不知，汗出沾背，愧不能对。于是上亦问左丞相平。平曰：'有主者。'上曰：'主者谓谁？'平曰：'陛下即问决狱，责廷尉；问钱谷，责治粟内史。'上曰：'苟各有主者，而君所主者何事也？'平谢曰：'主臣！陛下不知其驽下，使待罪宰相。宰相者，上佐天子理阴阳，顺四时，下育万物之宜，外镇抚四

夷诸侯，内亲附百姓，使卿大夫各得任其职焉。'孝文帝乃称善。"

⑤亚夫：指周亚夫，周勃之子。官至丞相，封条侯。性格直爽耿介。汉景帝时被诬陷下狱，绝食而死。

窥　端

　　陈平之善于运济，差似冯道。而冯道身自刻苦，又能持重，且事四姓十君①，以社稷为重，君为轻，虽丧君亡国，未尝屑意，故多有潜移默夺，急于倒悬者。故玩冯道，于大端视之，绝不好；于其细处探之，越看越越好，越有分晓，越有力量。若陈平，则于大端窥之似好，于其盗嫂②、割肉③、恶草④、间金⑤，是其始基处不好；诡汉阿吕，⑥蹑足附耳，⑦是其济可处不好。故细细看之，越越不好，越越无有身份，越越不似人品。余故曰：蹑足契阴情，献纳时乎附耳。能令封韩信，遂即以之杀信；能令疑诸将，遂即以之杀诸将矣。于以思遗阏氏⑧之心，即其盗嫂之心；恶草、间金之心，不犹不对钱谷之心哉。汪北海⑨云："曲逆侯止于分肉而已。"盖谓其秽细耶！

【注释】①十君：原书为"十二君"，今据《新五代史·杂传第四十二·冯道》改之。

②盗嫂：《史记·陈丞相世家》载：陈平刚投奔刘邦便获重用，"绛侯、灌婴等咸谗陈平曰："平虽美丈夫，如冠玉耳，其中未必有也。臣闻平居家时，盗其嫂……""

③割肉：《史记·陈丞相世家》载："里中社，平为宰，分肉食甚均。父老曰：'善，陈儒子之为宰！'平曰：'嗟乎，使平得宰天下，亦如是肉矣！'"割肉一事说明陈平做事公平，志向远大，高氏此处却将它作为说明陈平品行不好的例子之一，不妥。

④恶草：指粗劣的食物。《史记·陈丞相世家》载，楚汉相争时，刘邦等被围困在荥阳城中。陈平以金钱为手段，在楚军中放出言论说范曾（亚父）、钟离眜等人将叛楚归汉。"项羽果意不信钟离眜等。项王既疑之，使使至汉。汉王为太牢

具，举进。见楚使，即详惊曰："吾以为亚父使，乃项王使！"复持去，更以恶草具进楚使。楚使归，具以报项王。项王果大疑亚父。"范曾非常伤心，请求返乡养老，途中病亡。需指出的是，"恶草"一事虽出自《史记·陈丞相世家》，但文中主谋者并不明确。高氏这里以此事作为说明陈平品行不端的例子之一，似乎值得商榷。

⑤间金：《史记·陈丞相世家》载，陈平建议刘邦利用金钱离间项羽与部将之间的关系，"汉王以为然，乃出黄金四万斤，与陈平，恣所为，不问其出入。"

⑥诡汉阿吕：见前文《袒左》注释一。

⑦蹑足附耳：《史记·淮阴侯列传》载，韩信平定齐国之后，派人向刘邦上书说自己想做齐王，"当是时，楚方急围汉王于荥阳，韩信使者至，发书，汉王大怒，骂曰：'吾困于此，旦暮望若来佐我，乃欲自立为王！'张良、陈平蹑汉王足，因附耳语曰：'汉方不利，宁能禁信之王乎？不如因而立，善遇之，使自为守。不然，变生。'汉王亦悟，因复骂曰：'大丈夫定诸侯，即为真王耳，何以假为！'乃遣张良往立信为齐王，征其兵击楚"。

⑧阏氏：《史记·陈丞相世家》载，高祖被匈奴围困，"用陈平奇计，使单于阏氏，围以得开。高帝既出，其计秘，世莫得闻"。参见前文《妇成》注释二。

⑨汪北海：似为"孔北海（即孔融）"之误。

有　然

秦至李斯，愈任律法。汉之狱吏，续秦烈焰而加炽焉。如周勃，拥极大勋劳，下廷尉，予吏以千金抒死；[①]史迁遭李陵之祸，伤家贫之莫赇，卒下蚕室；李广当对簿，惧刀笔吏以自刭。[②]谓刑名家、法家，悉本之黄老者，何哉？夫无身何患之流弊，甚至于忍，忍久则刻之失道，必酷耶！谓黄老为道日损，尚清虚，而贵知希，宁果尔哉？有一任律法之心，必恃用其聪明而察察矣。察察则必坚执其一理，执理而不原情，必至于刻薄，有然也。

【注释】①"如周勃"四句：《史记·绛侯周勃世家》载，周勃被诬谋
　　　　　反，被捕入狱。狱吏渐渐欺凌、侮辱周勃，他忙拿千两黄金
　　　　　送给狱吏。后来，在狱吏的谋划之下，汉文帝派使臣手持符
　　　　　节释放了周勃，恢复他的爵位和封邑。"绛侯既出，曰：'吾
　　　　　尝将百万军，然安知狱吏之贵乎！'"
　　　　②"李广当对簿"二句：《史记·李将军列传》载，公元前119
　　　　　年，汉武帝发动漠北战役，李广被分配跟随卫青出征。经不
　　　　　住李广的请求，武帝同意他作先锋，但随后密信卫青，说李
　　　　　广犯霉运，不能给予先锋官的重任。卫青因此安排李广与赵
　　　　　食其领兵支援东路，令李广颇为不满。由于路途过远的关
　　　　　系，李广在沙漠中迷路，延误了战机，导致单于突围逃走，
　　　　　受到卫青责问。李广不愿受军法审判，愤而自杀。刀笔吏，
　　　　　此指究责的官员。事又见《汉书·李广苏建传第二十四·李
　　　　　广》。

一　语

　　王猛①伐燕国邺，苻坚从长安赴之，驻安阳。猛潜往谒，坚乃曰："昔
周亚夫不迎文帝，②今将军临敌弃军，何也？"猛曰："亚夫前却主人求名，
猛窃少之。"盖猛自鉴，天子改容称真将军而谢去者，不免为景帝忌之见
杀，遂为是庸行以待庸主耳。但不当如此应坚，使天下后世不知有军容，天
子亦不识称真将军矣！谓"亚夫前却主人求名"一语，的是王猛坏天下后
世军容罪案，致使后世天子不得见阃③以外古之军礼，且媚言惑主，有失巨
臣之体，自便一语也破古军容甚矣。

【注释】①王猛：十六国时期前秦名臣，著名将领。字景略。北海剧县
　　　　　（今山东寿光）人。
　　　　②昔周亚夫不迎文帝：《史记·绛侯周勃世家》载，周亚夫驻
　　　　　军于细柳营，治军严明。汉文帝去劳军，军门都尉以"将军
　　　　　令曰：'军中闻将军令，不闻天子诏'"为由，拒其进入。文

帝感叹道："嗟乎，此真将军矣！"

③阃（kǔn）：门槛，门限。

转　重

　　汲长孺之踞揖，长孺顾自以踞揖重，而大将军因其揖而益重。①孰谓其傲之不可以成名，而卑之自足全其贵？王生之使结袜，王生不计以结袜传，而廷尉因结其袜而得传。②孰谓为度之不可见量，而容之更足以见量？

【注释】①"汲长孺之踞揖"三句：《史记·汲郑列传》载："大将军
　　　　（卫）青既益尊，姊为皇后，然（汲）黯与亢礼。人或说黯
　　　　曰：'自天子欲群臣下大将军，大将军尊重益贵，君不可以
　　　　不拜。'黯曰：'夫以大将军有揖客，反不重邪？'大将闻，
　　　　愈贤黯。"
　　　②"王生之使结袜"三句：《史记·张释之冯唐列传》载：
　　　　"王生者，善为黄老言，处士也。尝召居廷中，三公九卿尽
　　　　会立，王生老人，曰：'吾袜解'，顾谓张（释之）廷尉：
　　　　'为我结袜！'释之跪而结之。既已，人或谓黄生曰：'独奈
　　　　何廷辱张廷尉，使跪结袜？'王生曰：'吾老且贱，自度终无
　　　　益于张廷尉。张廷尉方今天下名臣，吾故聊辱廷尉，使跪结
　　　　袜，欲以重之。'诸公闻之，贤王生而重张廷尉。"

汲　引

　　昔杨得意之善长卿，①而长卿获作赋于上林；常何之善马周，②而马周得献策于贞观。其汲引之力，古今为烈。惟踞揖、结袜两人，乃自为飚举，转能汲引一大将军、一廷尉，并传为不朽。若趋人以汲引，投刺以毛生者，视此愧哉！虽然世之常何、杨得意其人，真未易得矣！

【注释】①杨得意之善长卿：《史记·司马相如列传》载："蜀人杨得为狗监，侍上。上读《子虚赋》而善之曰：'朕独不得与此人同时哉！'上惊，乃召问相如。"

②常何之善马周：马周为中郎将常何家客，替常何拟的奏章深得唐太宗喜欢。经常何介绍，他得以谒见太宗，受赏识，官至中书令。

何　凭

贾谊年二十，官拜大中大夫，人皆以洛阳年少短之。杨震年五十，始应州郡辟举，人咸以迟暮非之。①士憎兹多口，世之为口者，固亦何凭之有？倘谓其少而自待，则千秋谁传恸哭之哀？②如惧其老而自隐，则三台③孰调羹梅之味？

【注释】①"杨震年五十"三句：《后汉书·杨震列传第四十四》载："震少好学，受《欧阳尚书》于太常桓郁，明经博览，无不穷究。诸儒为之语曰：'关西孔子杨伯起。'常客居于湖，不答州郡礼命数十年，众人谓之晚暮，而震志愈笃。后有冠雀衔三鳝鱼，飞集讲堂前，都讲取鱼进曰：'蛇鳝者，卿大夫服之象也。数三者，法三台也。先生自此升矣。'年五十，乃始仕州郡。"杨震，东汉名臣。字伯起。弘农华阴（今属陕西）人。人称"关西孔子。"

②恸哭之哀：贾谊为梁怀王刘揖太傅。梁怀王入朝，骑马摔死了。贾谊感到自己身为太傅，没有尽到责任，深深自责，经常哭泣，心情十分忧郁。至33岁忧伤而死。

③三台：指三公。杨震曾任太尉。

迪孙

观　由

赵王缘贯高谋弑，坐侍者也，诏敢从王者夷三族，而孟舒、田叔自钳随之。既赦，以田叔为郡守，且诏叔问曰："公知天下长者乎？"叔即以孟舒对，遂复召孟舒为云中太守。①由此观之，自嫌自疑者，不免为小人之偷生，至君子视死如归，惟其诚耳，何疑何嫌之有？一日克复，天下归仁，偌大天地，独君子胸中包涵之。小人愀愀寂寂，日见湫隘，何曾知有日月之明，天地之大，故小人如何感动得人。

【注释】①"赵王缘贯高谋弑"十句：《史记·田叔列传》载，因汉高祖对赵王张敖傲慢专横，下属贯高等不顾赵王劝阻，怒而谋反。失败后，多人自杀，贯高被捕。"是时汉下诏书：'赵有敢随王者罪三族。'唯孟舒、田叔等十余人赭衣自髡钳，称王家奴，随赵王敖至长安。贯高事明白，赵王敖得出，废为宣平侯，乃进言田叔等十餘人。上尽召见，与语，汉廷臣毋能出其右者，上说，尽拜为郡守、诸侯相。叔为汉中守十餘年。"后来，田叔又向孝文帝举荐了孟舒。

信　法

毋视中郎令作小臣，以正妃妾之分，遂得撤夫人之座席；①宁以军门都尉为冗官，以严夜禁之故，便可遏天子之乘舆。②由是而知，臣奉法则主势尊，以法抗人主则君法信。不观邓通，一戏于殿上，丞相得从而议斩；③太子下司马门，公车令可遮留而劾。④夫邓通为大中大夫，贵显也，况挟天子之宠乎！申屠嘉虽宰相，则各自弱而受吾制，削六国则众合强而乘我乱。谊之谋虽不用，其悲郁侘傺，一书吊屈乎，遂恸哭而死，⑤古今传为愤臣，不失其为忠也。至错幸事小人，始衔袁盎以杜乱，转为袁盎所谮杀，⑥谓朝削地暮得民者，果祸小乎？真幸事小人矣。

【注释】

①"毋视中郎令作小臣"三句：《史记·袁盎晁错列传》载，汉文帝和皇后、慎夫人去上林。坐席时，中郎令袁盎以"尊卑有序则上下和"为由，让人撤去了慎夫人的座位。

②"宁以军门都尉为冗官"句：指军门都尉拒汉文帝入细柳营劳军一事。

③"不观邓通"三句：《史记·申屠嘉传》载：丞相申屠嘉入朝，见邓通在汉文帝旁边，狎恃恩宠，有怠慢之状。为严明朝规庭礼，申屠嘉回府后拟斩邓通，认为："通，小臣，戏殿上，大不敬，当斩。"后因邓通求饶，文帝请免，方免其死罪。邓通，汉文帝男庞，官至上大夫。

④"太子下司马门"二句：《史记·张释之冯唐列传》载："太子与梁王共车入朝，不下司马门（《史记集解》如淳曰："宫卫令'诸出入殿门公车司马门，乘轺传者皆下，不如令，罚金四两'。"），于是释之追止太子、梁王无得入殿门。遂劾不下公门不敬，奏之。薄太后闻之，文帝免冠谢曰：'教儿子不谨。'薄太后乃使使承诏郝太子、梁王，然后得入。文帝由是奇释之，拜为中大夫。"

⑤"其悲郁侘傺"三句：此处所述之事值得商榷。贾谊之死固然与怀才不遇、悲郁伤感有关，但一般认为怀王坠马而死一事才是导致其死亡的直接原因。

⑥"至错幸事小人"三句：《史记·袁盎晁错列传》载，晁错和袁盎有仇怨。七国之乱时，因袁盎等人的建议，晁错被诛。

挤　摄

英豪举度，自异寻常。昔温峤①乃心王室，阴伺奸谋；而钱凤②一意王敦③，图为不轨。峤临别，王敦置酒送之行，知凤必为言，乃讬醉行酒，击钱凤帻坠④，曰："温太真行酒而敢不饮！"后凤谓敦曰："温与朝廷甚密，未必可信。"敦曰："太真昨醉，小加声色，何物乃尔耶？"此以智摄服人之先着，与袁盎之挤赵谈⑤同。初，赵谈常害袁盎，及谈为文帝参乘，盎前曰：“天子所与共六尺舆者，皆天下英豪，奈何与刀锯余人载？”文帝笑，遂下谈。⑥亦是伐人先制狠着，合以与温太真所言互勘，则盎之言毕竟类市井庸庸俗气，而太真自野鹤鸡群……

【注释】①温峤：东晋政治家。字泰真，一作太真。太原祁县（今山西祁县）人。官至骠骑将军开府仪同三司，加散骑常侍。封始安郡公。谥忠武。有集十卷。《晋书·列传第三十七·温峤》载：晋明帝时，权臣王敦图谋不轨。温峤为东晋王朝计，佯装巴结王敦及其心腹钱凤。眼看王敦的谋反准备工作即将完毕，温峤急于想向朝庭报告，但苦于无法脱身。正好此时丹阳太守出现空缺，王敦指定温峤担任此职。温峤担心自己走后，钱凤明白过来，知晓自己的计划。于是他心生一计，在送行宴上，假装醉酒，将钱凤的帽子击落于地，并大声斥责，弄得钱凤十分狼狈。果然，温峤刚走，钱凤就提醒王敦说此人不可信任。王敦以为钱凤不过是在发泄私愤，并不以为然。下文叙述的即是此事。

②钱凤：王敦的参军，助敦叛晋，后被诛。

③王敦：东晋权臣。字处仲。琅邪临沂（今山东临沂北）人。后发动王敦之乱，以失败而终。

④帻坠：原文为“醴帻”，今据《晋书·列传第三十七·温峤》改。

⑤赵谈：即赵同。西汉著名宦官，汉文帝男庞。因司马迁父名谈，为避父讳，《史记》里改“谈”为“同”。

⑥“初，赵谈常害袁盎”九句：《史记·袁盎晁错列传》载：“袁盎常引大体慷慨。宦者赵同以数幸，常害袁盎，袁盎患之。盎兄子种为常侍骑，持节夹乘，说盎曰：‘君与斗，廷辱之，使其毁不用。’孝文帝出，赵同参乘，袁盎伏车前曰：‘臣闻天子所与共六尺舆者，皆天下豪英。今汉虽乏人，陛下独奈何与刀锯余人载！’于是上笑，下赵同。赵同泣下车。”余，原文误作“予”；载，原文误作“哉”。今皆改之。

奸 伺①

……一种风韵，兀突逼人。言者，心之声。听其言，即知其为何如人，况其有公私邪正之别乎！

【注释】①因为此文有残缺，故只作标点，不出校注。

酿 习

刘向谏成帝曰："王刘不并立，陛下为人子孙，奈何令国祚移于外戚？"①谁谓文学臣之无痴肠热心哉？甚之，则如贾谊谏文帝，则谓："陛下万年后，其欲传天下于老母弱子耶？"②则对活皇帝前，竟论帝将先太后而死，乃传之老母，且子愚幼弱也。谊不自惧，固其痴诚愚忠，为势所激，未暇择言。不意文帝听而不疑，且不忌其言之太过，真天地为度矣。乃作时艺③出题，方穷力检劾，竭虑忌讳，惟恐字面之伤时，况能有面犯廷诤之臣乎？此非君王之不圣明，盖人臣畏死，转生诡谀之一念，则必择言而后敢对。是圣明之耳，久不闻有触忌之言，而一微言之触，遂致听之厌人，而人臣愈窥愈畏，而愈不敢犯言，于是偷生怕死，酿成此等习气，有关后世人臣流弊匪细也。

【注释】①"王刘不并立"三句：《汉书·楚元王传第六》载，汉成帝懦弱荒淫，权利旁落到以皇太后王政君为首的王氏家族手中。本文故有此说。刘向，本名更生，字子政，沛（今江苏沛县）人。西汉经学家、目录学家、文学家。著有《别录》、《说苑》、《七叹》等。

②"陛下万年后"二句：《汉书·贾谊传第十八》载，汉文帝时，诸侯势力强大，贾谊认为这对中央构成了严重威胁，建议文帝消弱诸侯实力，否则，"万年之后，传之老母弱子，

将使不宁，不可谓仁"。

③时艺：亦称时文、时义、制艺。此指八股文。

让　垄

十年不得调，叹张释之①之为郎，始假兄资，继而曰："久宦损兄仲产！"乃②自免归也。半生却为贫，笑相如之买禄，③终仍病危，方且曰："资罄还成都，家徒壁立也。"君子曰："措资从宦为贫劳，纵令宦成贫益甚"。读书人宁贫，当知买官求禄之可鄙，须于初起念处绝想。此一捷径，惟让垄断小人趋之，令其自幸得便，君子决意不为。

【注释】①张释之：西汉名宦。字季。南阳郡堵阳（今河南方城）人。

②乃：《史记·张释之冯唐列传》则为"欲"字。

③笑相如之买禄：《史记·司马相如列传》载，相如"以赀为郎，事孝景帝，为武骑常侍"。

景　舜

父叹不生男，而缇萦上书以救父；①家贫鬻葬父，而董永奴鬻不为家。②此女此男，不有其身，实以全其孝。全其孝，即实有其身，且因之以传以显。然而，人子不能事其亲，尽其道，甚至自弃声称者，何哉？以知重其身，恣意以便其私，遂至名损身败而不顾也。虽然，谓尽道者，惟舜为能。曰：舜何人，予何人，孰非人子？此庸行也，则固尽之在我矣！

【注释】①"父叹不生男"二句：《史记·孝文本纪》载："五月，齐太仓令淳于公，有罪当刑，诏狱逮徙系长安。太仓公无男，有女五人。太仓公将行会逮，骂其女曰：'生子不生男，有缓急非有益也！'其少女缇萦自伤泣，乃随其父至长安，上书曰：'妾父为吏，齐中皆称其廉平，今坐法当刑。妾伤夫死者不可复生，刑者不可复属，虽复欲改过自新，其道无由也。妾原没入为官婢，赎父刑罪，使得自新。'"文帝受到感动，宽免了其父，且废除了残忍的肉刑。缇萦因此事而闻名，其孝义事迹"缇萦救父"也成为一个家喻户晓的故事。

② "家贫骊葬父"二句：《搜神记》云："汉，董永，千乘人，少偏孤，与父居，肆力田亩，鹿车载自随。父亡，无以葬，乃自卖为奴，以供丧事。主人知其贤，与钱一万遣之。"

从 蛊

汉武好大喜功，其心无时不营营逐逐，可知既春秋高，惨忍嗜杀。居建章宫，见带剑男子入中龙华门，大索十一日，而巫蛊始起。且昼梦木人数十，持杖相追击。①缘以忽忽善忘，寝处罔措，总一好大喜功、填膺塞虑以致此。于以思皇用其有极，不事波靡，诚一感通，无须苛察。不独帝王胸中丝头不宜牵系，即庶士大夫亦最要心空意畅，活活泼泼，若鸢鱼之自得。倘稍稍滞碍，便如朽木自腐，而后蛊丛生之。故曰：天机宜活不宜死，志虑宜静不宜动。

【注释】①"居建章宫"六句：详见《资治通鉴·卷第二十二》。中龙华门，原书无"中"字，今据《资治通鉴》增。

祸 广

天不生汉武帝，至晚年倘不缘巫蛊而好卜筮，则丘子明市尘一卖卜客耳，胡至富溢贵宠，快报昵眦，后事觉奸穷，诛及三族哉！①人谓史迁没而褚先生②补《史记》十篇，固不及究其真伪，惟《龟策》、《日者》、《列传》均首言：今上即位。盖明着丘子明罪案，实由武帝纵使成之，由是思宠贵之不足恃，恃足惟吾善以全吾德也。丘子明不善处宠贵，夷三族，是其自取。而百僚怵心，畏破室灭门之祸，曰龟策能言。吁！谁而使之言哉？故帝王举动，愈不可不慎，以流祸广也。

【注释】①"丘子明市尘一卖卜客耳"五句：《史记·龟策列传》载，汉武帝晚年好卜筮，厚赐卜筮之人，"上尤加意，赏赐至或数千万。如丘子明之属，富溢贵宠，倾于朝廷。至以卜筮射蛊道，巫蛊时或颇中。素有睚眦不快，因公行诛，恣意所伤，以破族灭门者，不可胜数。百僚荡恐，皆曰龟策能言。后事觉奸穷，亦诛三族。"奸穷，原书为"穷奸"，今改。
②褚先生：即褚少孙，西汉文学家、史学家。颖川（今河南禹县）人，寓居沛县（今属江苏）。曾补过司马迁《史记》，明人辑有《褚先生集》。

讶　幸①

武帝，几几英主也。隋炀帝、唐太宗，利欲所恣，不免昏庸。武帝则信狱有天子气，诏狱系悉杀之。②太宗亦取宫中疑似者悉杀之。③独炀帝不信嵩山道士潘诞，以男女胆髓合药；④不信李氏当为天子，而不肯听方士言诛李姓。⑤何武帝、太宗之易惑，而炀帝独不信耶？盖武帝役役神志于晚年，心先疑而人易惑之；太宗惧得失之心深，亦惑之；炀帝掷得失于度外，日事戏亵耳，不掬掬其身于事内，故瞩非道之言，自然明白。然唐之武姓，隋之李姓，汉时之郡邸狱，幸不幸，⑥仅隔几希？天人之介，可不讶哉！

【注释】①讶幸：似为"讶信"之误。
②"武帝则信狱有天子气"二句：《汉书·魏相丙吉传第四十四·丙吉》载："后元二年，武帝疾，往来长杨、五柞宫，望气者言长安狱中有天子气，于是上遣使者分条中都官诏狱系者，亡轻重一切皆杀之。"
③太宗亦取宫中疑似者悉杀之：此事不知典自何处。按《旧唐书·列传第二十九·李淳风》和《资治通鉴·卷第一百九十九》所载，唐太宗并未杀"疑似者"。如《旧唐书·列传第二十九·李淳风》载："初，太宗之世有《秘记》云：'唐

三世之后，则女主武王代有天下。'太宗尝密召（李）淳风（时为太史令）以访其事，淳风曰：'臣据象推算，其兆已成。然其人已生，在陛下官内，从今不逾三十年，当有天下，诛杀唐氏子孙歼尽。'帝曰：'疑似者尽杀之，如何？'淳风曰：'天之所命，必无禳避之理。王者不死，多恐枉及无辜。且据上象，今已成，复在官内，已是陛下眷属。更三十年，又当衰老，老则仁慈，虽受终易姓。其于陛下子孙，或不甚损。今若杀之，即当复生，少壮严毒，杀之立雠。若如此，即杀戮陛下子孙，必无遗类。'太宗然竟善其言而止。"

④ "独炀帝不信嵩山道士潘诞"二句：《资治通鉴·卷第一百八十一》载："初，嵩高道士潘诞自言三百岁，为帝合炼金丹。帝为之作嵩阳观，华屋数百间，以童男童女各一百二十人充给使，位视三品；常役数千人，所费巨万。云金丹应用石胆、石髓，发石工凿嵩高大石深百尺者数十处。凡六年，丹不成。帝诘之，诞对以'无石胆、石髓，若得童男女胆髓各三斛六斗，可以代之。'帝怒，锁诣涿郡，斩之。且死，语人曰：'此乃天子无福，值我兵解时至，我应生梵摩天'云。"

⑤ "不信李氏当为天子"二句：《资治通鉴·卷第一百八十二》和《旧唐书·本纪第一·高祖》等载，隋炀帝猜忌之心极重，总怕别人夺了自己的帝位，"会有方士安伽陀言'李氏当为天子'，劝帝尽诛海内凡李姓者。"炀帝没有完全听从方士的话，但对姓李的名门望族增强了戒备之心。

⑥ 幸不幸：似为"信不信"之误。

玩 盗

缉盗之法，莫严于今日。溯思汉武时，盗不获，二千石以下皆论死，可谓严矣。迨小吏畏诛，有盗悉不报，后至贼势猖獗，几不可救。光武时，则听群盗自相纠摘，以获盗多少为殿最①，于今兼行之。然而主于严者，流弊在畏罪自讳；主于宽者，则视王法而玩之。古语云："有治人，无治法"，惟贵在得人。善②矣哉！

【注释】①殿最：古代考核政绩或军功，上等的称之为"最"，下等的称之为"殿"，引申为高低上下之意。
②善：原书为"尚"，今据文义改。

用　裕

德后必昌，此必然之理。然而干蛊①用裕，转有克盖前衍②之子，至德门却亦有中衰者，其故何耶？盖善后之教不肃，一惟信其在已，其子弟一惟恃前人之誉望，而不深思缵绪，坐视废坠，诚不少也。夫张汤③舞文巧诋，卢杞奸邪险贼，一为当世酷，一为天下祸，宜其无后矣。汤子安世，为武帝时尚书令，宿卫肃敬，雅有元臣风；杞子元辅，事德宗，官至兵部侍郎。考唐制，侍郎职虽不尊，然其端静介正，为当世称重。谓德宗之念杞以录元辅，亦犹武帝之惜汤而擢安世者。其然，岂其然乎？则如汲黯、董仲舒、郑庄④，而武帝何以不恤其孤？崔佑⑤、李泌⑥、陆贽⑦，而德宗抑何不录其后？故非在上之惓惓于佞谗，要视其人之感者为何耳。故曰：父兄之贤不足恃，况其位与富哉！为子弟勉也。

【注释】①干蛊：《易·蛊》："干父之蛊。"王弼注："干父之事，能承先轨，堪其任者也。"后指超过父亲之意。
②前衍：似为"前愆"之误，指从前的过失。
③张汤：杜陵（今西安）人。汉武帝时著名酷吏。
④郑庄：即郑当时，字庄。陈人（今河南淮阳），西汉大臣。汉景帝时为太子舍人，喜欢结交天下名士。汉武帝时曾为大司农。后因罪赎为庶人，迁汝南太守。为人廉洁，以任侠自喜，喜荐士，为时人称道。死后家无余财。
⑤崔祐甫：亦写作"崔佑甫"，字贻孙。博陵安平（今河北安平）人，一说京兆长安（今陕西西安市）人。中唐名相。"性刚直，遇事不回。"谥文贞。著有文集三十卷，已佚。原

书误作"崔佑"，今改。

⑥李泌：字长源。京兆（今陕西西安市）人。唐代名臣，历仕玄宗、肃宗、代宗、德宗四朝，德宗时，官至宰相，封邺县侯，世人因称李邺侯。"其谋事近忠，其轻去近高，其自全近智，卒而建上宰，近立功立名者。"卒，赠太子太傅。

⑦陆贽：字敬舆。苏州嘉兴（今属浙江）人。唐代贤臣，文学家。德宗时出任宰相，但因与裴延龄有矛盾，被贬充忠州（今重庆忠县）别驾（州主管官的佐吏），永贞元年卒于任所，赠兵部尚书，谥曰宣。有《陆宣公翰苑集》24卷行世。

觳 雾

夫学问之道，以心之所历而各以所得而岐焉，惟止至善，以求仁为端，以作圣为旨①，以天下为己任，人饥人溺，莫不犹己。为心，以天下之至公，天下之至正；为性情，则所历归于大同，乃无所岐以为异者。不然，则一偏为见，执是作非，宁免异同之惑哉！如腐迁《封禅书》，在王允则以为谤书。②允是则迁非矣。王钦若监修《实录》，于祥云芝鹤、崇宫奉庙者，莫不备载，而王旦请藏天书、符瑞于梓宫，庶灭其迹，以免贻后世讥议。③则王旦之函请灭迹者，乃王钦若之急欲传者也。故曰：延誉适以滋谤，避谤而转得谤者，以一已不克，遂挟私以为利，故行处皆荆棘，见者皆觳雾也。

【注释】①旨：原书为"诣"，今据文义改。

②"如腐迁《封禅书》"二句：《容斋随笔·卷四·谤书》："司马迁作《史记》，于《封禅书》中述武帝神仙、鬼灶、方士之事甚备，故王允谓之谤书。"又据《后汉书·蔡邕列传第五十下》载：蔡邕听到董卓被杀，有叹惜之音，王允便将其下狱，蔡邕请求王允不要杀他，"愿黥首为刑以继汉史"。公卿大臣也都为蔡邕求情。王允却说："昔武帝不杀司马迁，使作谤书，流于后世。方今国祚中衰，神器不固，不可令佞臣执笔在幼主左右。既无益圣德，复使吾党蒙其讪议。"遂杀蔡邕。腐迁，指司马迁。王允，字子师，太原祁

县（今山西祁县）人，东汉末年献帝时司徒、尚书令。他反对董卓的暴政，在吕布的帮助下刺杀了董卓。后被董卓余党族诛。

③"王钦若监修《实录》"六句：《容斋随笔·卷四·谤书》："国朝景德、祥符间，治安之极，王文穆、陈文忠、陈文僖、丁晋公诸人造作天书符瑞，以为固宠容悦之计。及真宗上仙，王沂公惧贻后世讥议，故请藏天书于梓宫以灭迹。而实录之成，乃文穆监修，其载崇奉宫庙，祥云芝鹤，唯恐不详，遂为信史之累，盖与太史公谤书意异而实同也。"王钦若，北宋宰相。字定国。临江军新喻（今江西新余）人。为人奸邪险伪，善迎合帝意。与杨亿等主持修纂《册府元龟》。谥文穆。《实录》，中国历代所修的帝王统治时期的编年大事记。王旦，北宋名相。字子明。大名莘县（今属山东）人。公忠体国，正直无私，举贤荐能。谥号文正。梓宫，古代帝王、皇后所用的以梓木制做的棺材。

传　厕

汉武帝踞厕见卫青，外虽若慢，内实亲之；不冠不见汲黯，外若尊之，内实疏之。①不然，淮阳之命，②何以未几即下也。此辄近之趋势流俗口齿也。君子则如窦仪之见宋祖，已当宋祖岸帻跣坐，则却立不进，宜宋太祖之索冠带，乃召入耳。③汲长孺亦伸其在己之君子，何暇计帝之见疏？然而，黯传，汉武帝为之传；窦传，宋祖亦为之传。青之传，诚如厕之秽耳，内之实亲，何有于天下后世。

【注释】①"汉武帝踞厕见卫青"六句：《史记·汲郑列传》载："大将军青侍中，上踞厕而视之。丞相弘燕见，上或时不冠。至如黯见，上不冠不见也。上尝坐武帐中，黯前奏事，上不冠，望见黯，避帐中，使人可其奏。其见敬礼如此。"厕，《史记集解》如淳曰："厕音侧，谓床边，踞床视之。一云溷厕也。厕，床边侧。"

②淮阳之命：汲黯性倨直谏被免，后因淮阳治乱，被启用为太守。他"居郡如故治，淮阳政清。"

③"君子则如窦仪之见宋祖"五句：据载，宋太祖召窦仪议事。窦仪至苑门，看见太祖衣冠不整，赤脚坐着，便倒退几步，不肯进去，说："陛下创业垂统，不以礼示天下，恐豪杰闻而解体。"等太祖穿戴整齐后方进去。窦仪，北宋初期名臣。字可象。蓟州渔阳（今天津蓟县）人。

意　撮

　　《拍案惊奇》，小说之鄙秽，不足录者也。一日偶寓目，得"木刻鹞子"一言。《黄金策》，乃数占书也，偶阅之，得"羊蒙虎皮"一语。意所兴会，倏则触思成对。我我也，忆此两事，非一时之所得。今为日且久，是谁撮斯意而使合之，以为之一对哉？爰思《五代史》，桑维翰①谓羌儿曰："汝羊亦蒙虎皮耶？"羌曰："但愿啮草足耳。"遂又思，"羊蒙虎皮，惟知啮草"，则"木刻鹞子，那会逐禽"，为绝联矣！我我也，又谁为撮此两言？更触读《五代史》，亦续绪而有之以兴会也哉！我我也，我不知我何也。我不知我，而我之兴思，果谁而为之哉？

　　【注释】　①桑维翰：五代时后晋宰相。字国侨。洛阳（今河南洛阳东）人。

缘　萌

　　《明诗归》①有二言曰："猗氏②惭非贵，嬴皇恨未仙。"汉武于现成皇帝外，空作好大喜功想，此又想神仙之萌动也。想神仙想不得，却实实白日见鬼，则巫蛊、占卜又萌动矣。然于其想餐风吸露处，一团英雄气概，咄咄逼人。今思一人，为绝对，惟操琴，侍儿思学佛，一时而刮垢磨光，一时而情种怨诉。他自对佛娟好，他自对佛厌薄，令旁人③绝说不入，令旁人亦绝解不得，只许他骂汉武是痴皇帝为痛快。

【注释】①《明诗归》：旧本题明代钟惺、谭元春编，其邑人王汝南校刊。汝南又为之补缀。但一般认为多系别人伪托。王士禛《池北偶谈》便称："坊间有《明诗归》，鄙俚可笑，托名竟陵。"

②猗氏：指猗顿，原为战国时鲁国寒士。后移居猗氏（今山西临猗），以盐致富，是历史上的著名商人。

③旁人：原书为"傍人"，今改。

寿　异

诗曰："人生七十古来稀"。①寿固人之难得，然因寿以益德垂名者恒少，至晚节末路而损名败德者极多也。故曰："周公恐惧流言日，王莽谦恭下士时，倘使当时身顿死，一朝真伪有谁知。"②是周公幸于寿，而王莽不幸于寿矣。今偶读《宋史》，伤夏贵③以七十九降元，以一世嘉德耆艾，一旦顿污《宋史》。爰思卫武功行年九十好学不倦，申公八十而应聘，④伏生九十而注书，⑤均之以文学而永其天年，谁谓秋实之不如春华哉！人不好学即理路不明，及其老，不戒得，一有欲即不刚健，不健不刚，而能不息也哉！不寿且有由矣，况能享保其寿乎？有云，读异书者多寿，诚然。

【注释】①人生七十古来稀：出自杜甫《曲江》。

②"周公恐惧流言日"四句：此为白居易律诗《放言五首·其三》中的后四句。"下士时"又有"末篡时"之说，"倘使"，"顿死"，"一朝"也分别有"向使"、"便死"、"一生"之说。

③夏贵：南宋将领。字用和。安丰（今安徽寿县）人。

④申公八十而应聘：指汉武帝时，立明堂汉朝诸侯，诏八十多岁的申培入京一事。申公，即申培，也尊称为申培公。著名经学家，西汉今文《诗》学申"鲁诗学"的开创者。

⑤伏生九十而注书：汉文帝听说伏生能传《尚书》，欲召其入

朝。但伏生年逾九十，行动不便，文帝便让晁错到其家中学习《尚书》。伏生，名胜。济南人。今文《尚书》最早的传授者。

趋　市

冯驩①之言曰："富贵多士，贫贱寡友。"诚事之固然也。其对孟尝君曰："君独不见夫朝趋市乎？明且侧肩，争门而入；日暮之过市者，掉臂不顾。人非好朝而恶暮，盖所期物忘其中也。"乃知翟公书门谢客之陋隘。②虽然，窦婴免相而有灌夫，③大将军卫青中衰而有任安④，之二人者，真不以富贵易其心。则视便利者，皆趋市之负贩小人耳。

【注释】①冯驩（huān）：又作"冯谖"。孟尝君著名门客。
②乃知翟公书门谢客之陋隘：《史记·汲郑列传》载："始翟公为廷尉，宾客阗门；及废，门外可设雀罗。翟公复为廷尉，宾客欲往，翟公乃大署其门曰：'一死一生，乃知交情。一贫一富，乃知交态；一贵一贱，交情乃现'。"翟公，不详。
③窦婴免相而有灌夫：《史记·魏其武安侯列传》载，窦婴因反对传王位于梁孝王，被窦太后免去相位，"诸客稍稍自引而怠傲，唯灌将军独不失故。"窦婴，武帝时任丞相。字王孙，观津（今河北衡水）人。封魏其侯。灌夫，西汉将军。字仲孺。颖阳（今河南许昌）人。刚直好酒。
④任安：字少卿。荥阳（今属河南）人。少孤穷困，曾为卫青舍人。

徒　畏

汲黯出守淮阳，过太行，谓李息①曰："御史大夫张汤怀诈挟威，黔行矣，分不得言。公为列卿，不言，与俱受戮。"息畏汤，终不言。后汤败，帝抵息罪。人顾自直其身以行道耳，以私畏祸，祸愈及身。谓曰：其默足以容者，转自害而已。君子所贵乎自直以行道，得失宁矻矻②于其衷哉！

【注释】①李息：汉武帝时著名将领。北地郁郅（今甘肃庆十三陵县）人。

②矻矻：辛勤的样子。

有　常

公孙弘①、司马光皆相也，而皆以布被示俭也。不谓汲黯讥公孙弘，则以布被为诈，②而人咸以俭归司马光。同一举动而迥绝异若天渊，何也？以所为之心有真伪之别耳。惟真者乃有其常，其伪者随时变易，掩不善以着其善，莫不令人洞见肺腑。昔卢钦③着书，称徐邈④志高行洁，才博气猛，其施之也，高不近狷，洁不过介。或问钦："徐公当武帝时，人以为通。自凉州还京师，人以为介，何也？"钦曰："往者毛孝先、崔季珪用事，贵清素之士，于时变易车服，以求名高，而徐公不改其常，故人咸以为通。比来天下奢靡，转相仿效，而徐公雅尚自若，不与俗同。故前日之通，乃今日之介也，世人无常而徐公有常耳。有常则自不伪，布被俭，即俭焉可也；不布被，不失其为俭，亦可也。夫何能以常？曰率真则自有其常。"

【注释】①公孙弘：字季。淄川国（郡治在寿光纪台乡）薛人。汉武帝时为丞相。

②"不谓汲黯讥公孙弘"二句：《汉书·公孙弘卜式兒宽传第二十八·公孙弘》载："汲黯曰：'弘位在三公，奉禄甚多，然为布被，此诈也。'"

③卢钦：魏晋名臣。字子若，范阳涿（今河北涿县）人。清淡有远识，笃志经史。

④徐邈：字景山，汉末魏初蓟州（今河北三河县）人。官至大司空，封都亭侯。

炼 读

　　董仲舒十年下帷读书，乃炼出一个"正"字。故伊川①称之曰："'正其谊不谋其利，明其道不计其功。'汉儒之具有儒者气象，惟仲舒焉。"虞卿则转以忧愤炼读书，登鼙雪恨，②无非读书余事。而张仲蔚③蓬蒿满径，又以穷愁炼读书。由是言之，何地不可以读书。故曰：著作之道，益穷愁而后益工也。杜工部穷愁而诗益工，始信采风出之怨女、愤士之口者为深耳。惟炼一"正"字，是克复真实工夫，真实学问，当以生平炼之，不仅作十年草草。

【注释】①伊川：指北宋哲学家程颐。
　　　　②"虞卿则转以忧愤炼读书"二句：不详。虞卿，战国名士。原名不详。邯郸人。曾为赵相。晚年著有《虞氏春秋》。登鼙，似为"登陴"之误。陴，城上女墙。
　　　　③张仲蔚：东汉隐士。博学有文，穷困孤傲，"所居蓬蒿没人"。

盗 名

　　人不得伪，一伪未有人不知者。公孙弘大开东阁以招贤徒，以招贤为盗名。①而当世之贤，莫贤于汲黯、董仲舒矣，黯则出守淮阳，仲舒则远置江都，②未闻公孙宰相一言维之，东阁所招何贤？欲伪以盗名，决盗不去，乃袭之以为盗者，何竟不悟哉！

【注释】①"公孙弘大开东阁以招贤徒"二句：《汉书·公孙弘卜式兒宽传第二十八·公孙弘》载："时，上方兴功业，娄举贤良。弘自见为举首，起徒步，数年至宰相封侯，于是起客馆，开东阁以延贤人，与参谋议。"

281

②仲舒则远置江都：《汉书·公孙弘卜式兒宽传第二十八·公
　孙弘》载：公孙弘虽"起客馆，开东阁以延贤人，""身食
　一肉，脱粟饭，故人宾客仰衣食，奉禄皆以给之，家无所
　余。然其性意忌，外宽内深。诸常与弘有隙，无近远，虽阳
　与善，后竟报其过。杀主父偃，徙董仲舒胶西，皆弘力也"。

自　热

卜式①助粟以饷边，不事求官，而求官之心自热。卒之，擢齐相，拜御
史，而赐田且千顷矣。王丹输麦佐西征，若将有谓，而有谓之念在道。卒
之，辞冯翊，称痼疾而恬退，②且高尚其志矣。人不于其始见于其终，乃定
论耳。

【注释】①卜式：西汉河南洛阳人。善于畜牧，长于理财，多次捐献财
　　　　　物给政府安边抚民。官至御史，封关内侯。
　　　　②"王丹输麦佐西征"六句：《后汉书·宣张二王杜郭吴承郑
　　　　　赵列传第十七·王丹》载："会前将军邓禹西征关中，军粮
　　　　　乏，丹率宗族上表二千斛。禹在领左冯翊，称疾不视事，免
　　　　　归。后征为太子少傅。"王丹，"字仲回，京兆下邽人也。
　　　　　哀、平时，仕州郡。王莽时，连征不至。家累千金，隐居养
　　　　　志，好施周急。"冯翊，郡名。治临晋（今大荔），辖境相当
　　　　　今陕西韩城、黄龙以南，白水、蒲城以东和渭河以北地区。
　　　　　北周时废置。

调　中

大弦急则小弦折，调之贵得中。夫得中者，和之道也。为治，贵和，而治
之道莫先于礼，故用礼以和，得性情之中也。乐以畅遂之，中之极，和之至也。
治国犹家，家贵其和，然家人有严君焉。妇子而嘻嘻，非和也，乱之道也。

能　酿

帝王之性情，攸关天下。于汉，思文、景为何如之性情，遂令天下致殷富，而乐生养；思武帝何如为性情，而天下烦苦，遂致国用不足。甚至于筭舟车，榷盐铁，造皮币，置均输①，又行告缗②之令，施平准③之法。宠天下财物，归之司农，权商贾之利，归于县官，而用犹以为不足也。推此则王而霸，霸而杂，其术甚至假。资之以仁义，甚至虽有仁义莫之问，惟利便之是趋，率皆帝王之性情酿之也。

【注释】①均输：原意为"齐劳逸而便贡输"（《盐铁论·本议》）。西汉元鼎二年，桑弘羊任大农丞时创行试办。其具体内容是：各郡国应交的贡品，除特优者仍应直接运送京师外，一般贡品则按当地市场价格，折合成当地丰饶而价廉的土特产品，交给均输官，由他负责运到其他价高地区销售。

②告缗：指告发富户隐匿财产，逃漏税款。它是汉武帝为打击商人势力、解决财政困难而采取的一项重要政策。

③平准：是封建国家运用手中掌握的大量物资和经济力量，贵时抛售，贱时收买，以稳定市场物价的一种经济活动。由桑弘羊于西汉元封元年试办。

为　壑

白圭①治水，邻国以为壑，只知就己之势，而不察天地之情也，乃史迁称其善货殖。夫货殖之良，一惟先得天地之情耳，有无贸迁，亿则屡中，②宁渝天地之真性情哉！乃白圭曰："吾之治生，而兼仁智。"夫仁智，固天地性情之正者也，顾以仁智谓之术。夫仁之术，岂自利也乎哉。而又曰："虽伊尹、吕尚之谋国，孙、吴之用兵，商鞅之行法，不是过也。"则其货殖者，狙而黠之，趋便诼狯而已。吾故断之曰：白圭货殖，亦犹其人之治水也，邻国为壑不免矣。

【注释】①白圭：名丹，战国时人。著名的经营理财家，"天下言治生者祖"。

②亿则屡中：语出《论语·先进》，料事能中，意料之中的意思。

弹　挂

"濯缨清水志如何？不为弹冠新沐后。炼鼎丹砂情可逸，悬知冠挂即仙时。"夫陶弘景①之神武门②，视孺子之沧浪水，③其濯者在缨，其挂者在冠，缨之与冠，相去几许？而王阳之在位，贡禹之弹冠，④位之与冠，又相去何若？弹则弹之，不关于新沐；挂则挂之，胡事于学仙。

【注释】①陶弘景：字通明，自号华阳隐居。丹阳秣（今南京）人。南北朝著名医学家、道教思想家、文学家。人称"山中宰相"。著有《本草经集注》、《集金丹黄白方》、《二牛图》等。

②孺子之沧浪水：《孟子·离娄》载："有孺子歌曰：'沧浪之水清兮，可以濯我缨；沧浪之水浊兮，可以濯我足。'"《楚辞》也有记载。

③神武门：古宫门名。即南朝时建康皇宫西首之神虎门。唐初因避太祖李虎讳而改"虎"为"武"或"兽"。《南史·陶弘景传》载，相传陶弘景曾在此门挂衣冠而上书辞禄。苏轼《再送蒋颖叔》诗之二："归来趁别陶弘景，看挂衣冠神武门。"

④"而王阳之在位"二句：《汉书·王贡两龚鲍传第四十二·王吉》载："吉与贡禹为友，世称'王阳在位，贡公弹冠'，言其取舍同也。"王阳，指王吉，字子阳。西汉大臣。琅琊皋虞（今山东即墨）人。以敢于忠言进谏著称。贡禹，西汉大臣，"以明经洁行著闻"。字少翁。琅琊（今山东诸城乡）人。与王吉是好友。

左　券

周公封于鲁，从其俗酿之，其后则君弱臣强，国柄下移，三家擅鲁，[①]其从俗之势在下。势在下，则君转听便于民，而权臣假民势以上抑其君，又上托君威以下夺其民，权惟在中，从俗之酿弊有然也。太公封于齐，务变其俗酿之，其后则君强臣弱。夫臣弱谁与为理，则听君上骄纵，而无辅谏之臣，如是则君之过日益，国之政日怠。势在上，民日困惫，其恩施转在于中，故有陈敬仲之为乱，[②]篡夺而谓之田齐，而齐遂以亡。子产[③]曰：“政莫如猛。”夫水弱也，多溺，而不自知其死所者，未闻蹈火而死者也。隽不疑[④]之谓直指使暴胜之[⑤]曰：作吏太刚则折，太柔则废，威行济之以恩，乃为善后。此皆自威令教化而言。至如从俗、变俗，实为达源成化之图，非至人莫能察知其故。降子产之宁为猛，则隽不疑之言，可为良吏左券。

【注释】①三家擅鲁：指孟孙、叔叔、季孙三家分鲁擅权之事。
　　　　②陈敬仲之为乱：指齐国权臣、陈敬仲后裔田常擅政乱齐之事。陈敬仲，即田敬仲，名完。
　　　　③子产：春秋时郑国著名政治家。复姓公孙，名侨。新郑（今属河南）人。
　　　　④隽不疑：西汉学者。字曼倩。勃海人。
　　　　⑤暴胜之：西汉御史大夫。字公子。原书为“暴胜”，今据《汉书·隽疏于薛平彭传第四十一·隽不疑》改。

趣　三

文君[①]不仅其寡，且曰新寡。夫新寡云者，而又可奔乎？此秽行也，而千古同此恕心，而不之罪者，何也？以其挑则琴心，情何都雅；奔于名流，识何高峻；又能终始栖迟一穷士，则情又守正而真，与之操作涤器，当垆卖酒，而不惜其耻。忘其出之富室，宁甘贫以奉箕帚于名流，一意同名流为传

285

人，如是而八方景惜之不暇，奚暇论其奔哉！如冯道之历事四姓十君，[2]则秽于奔者甚矣，人亦不以奔秽之者，何耶？以其操行自苦，用其权能济时艰，则社稷为重，君为轻。职此之故，人不秽之，而转怜之。夫士不幸而当五代时，为冯道也难；妇人不幸而失身于不足传之人，其自传也愈难。然冯道自谓痴顽老、长乐老，惟一味救时，盖自不欲传，听其秽而从乎秽焉者也。惟文君，顾影自怜，自出其身为传人。若夫千古妒妇，则人所深恶之者也。如桓宣武夫人，闻桓娶李势妹，捉刀以俟，及见之，掷刀相抱曰："我见犹怜，何况老奴？"[3]转妒为怜，则怜者化妒，然不传者怜，转以妒传。人之怜者不在其怜，转怜其妒。千古以文君为趣奔，当以桓夫人为趣妒，则冯道不为趣人哉！趣则趣矣，可有一而不可有二。

【注释】 ①文君：指卓文君，司马相如的妻子。

②十君：原书为"十二君"，今据《新五代史·杂传第四十二·冯道》改。

③"如桓宣武夫人"七句：事见《世说新语·贤媛》。桓宣武，指桓温，东晋大臣。

怀　同

史迁以史传，工部以诗传，同也。迁救李陵以腐刑，甫救房管以论死，[1]同也。迁托意于《史记》，故其于《滑稽》、《货殖》、《游侠》、《伯夷》等传，旨远而讽刺深，大得风人旨趣。甫自发秦州[2]以后，其诗歌幽幽，而讽而刺，悉出和平，固足媲美三百。独是甫赖一张相国镐力为之申救，尚抒日月于杜宇、蚕丛[3]之乡。而子长[4]交游满天下，卒无一人起而救之，何耶？此不同者，可憾哉！深为交游者一叹。

【注释】 ①甫救房管以论死：安史之乱时，宰相房琯请命讨贼，因指挥无方，兵败遭罢相，杜甫为他辩解，惹怒肃宗，几近一死。经宰相张镐营救，杜甫被贬为华州司功参军。

②秦州：今甘肃天水。唐肃宗乾元二年（759年）秋天，杜甫抛弃华州司功参军的职务，开始了"因人作远游"的艰苦历

程。他从长安出发，首先到了秦州（今甘肃天水）。在秦州期间，他先后用五律形式写了二十首歌咏当地山川风物，抒写伤时感乱之情和个人身世遭遇之悲的诗篇，统题为《秦州杂诗》。

③杜宇、蚕丛：皆为传说中古蜀国国君。

④子长：即司马迁。原文误作"长卿"，今改。

窥　时

当江充以巫蛊陷戾太子，壶关三老白太子冤，不听，太子竟以冤死。既后田千秋以子弄父兵一言，悟武帝，帝即拜千秋为相，且作思子之宫、望思之台，曰："使千秋万世识吾过也。"①夫三老上书不足听，而千秋一言以悟之，何也？盖凡言之先入，怒之所乘，迎其怒以逢之，则愈其怒矣。三老不知以婉言托寓，徐为感动，乃显上书，顾汉武之不听，有然矣。然汉武忍人，亦特不情，至田千秋一言之时，乃太子既死之后，适武帝怒息，则无怒以填其膺。况怀子之死，父岂无心，天良既动，闻一言即悟。适当情伤于天性，有可谏之机耳。故谏法有五，惟窥时相度其可入而后谏之，乃为第一要法。

【注释】①"当江充以巫蛊陷戾太子"十句：汉武帝晚年崇神信巫，一天，他梦见有许多木头人持棍打自己，吓得心惊肉跳。奸臣江充认为是巫蛊所为，武帝便令他调查此事。江充奉旨后，大肆栽脏陷害，严刑逼供，并将矛头直指与自己有仇的戾太子刘据。刘据被逼无奈，斩杀了江充，江充随从便诬太子谋反，武帝随即派兵镇压，刘据被逼自杀。此事件导致数万人遇害，史称"巫蛊之乱"。真相大白后，武帝诛江充三族及同伙，建思子宫、归来望思之台，表示忏悔。壶关，指令狐茂壶关，地名，位于今山西长治市。三老，属乡亭之列的官职。田千秋，西汉大臣，"巫蛊之乱"后，他为刘据申冤："子弄父兵，罪当笞。天子之子过误杀人，当何罪哉！"

谅　谏

田千秋妙在并不言戾太子冤，惟恍恍言曰："子弄父兵当何罪"？武帝即于恍然言下大悟。由此思郅恽^①谏光武之勿废郭后，乃曰："夫妇间，父不能得之于子，臣不能得之于君。虽然，愿陛下自念之，无为后世议。"帝即曰："恽能以恕心谅我。"遂以郭为中山王太后。处骨肉间，其言婉，其义中，千秋一言之悟，妙在恍然；郅恽数言，推情发论，妙在委婉，允足传为谏法。

【注释】①郅恽：字君章，汝南西平（今河南舞相）人。东汉大臣，认真谏忠厚著称。

呼　食

世之无耻妇人，至买臣^①妻极矣；无识妇人，亦至买臣妻极矣。岂廉耻可忍，饥寒转不能忍，此自女子小人常态。然正于此见其真情所动处，愈知子舆谓人无不善^②之为确也。其与后夫上冢，见买臣饥寒，呼以饭之，此其善心发动，有感于义也。后买臣闭之园中以饭之。须贾见范睢，且绨袍，恋恋有故人之意，此亦善心发动，有协于义处。然贾之绨袍，睢衣之可也，不之杀，所以报绨袍者亦可也。^③惟买臣妻，既呼之令其食后夫之食。买臣将从而食之耶，抑否也？于尔时，买臣当何自处？曰：忍以食之，姑救一时之饥，所以成后来之事业可也。然而，闭弃妻园中以食之者，将以报呼食之情耶？抑不忘于夫妻之一念欤？不可知矣。

【注释】①买臣：即朱买臣，字翁子。吴（今属江苏）人。《汉书·严朱吾丘主父徐严终王贾传第三十四上·朱买臣》载，朱买臣家贫，以打柴为生，但好读书，妻子不堪忍受，辱骂了他一通后，改嫁他人。后来，他官拜会稽太守，路遇前妻夫妇，便将他俩载回官舍，安置于后花园中。不久，前妻羞愧自杀而死。

②子舆谓人无不善：《孟子·告子上》载："人性之善也，犹水之就下也。人无有不善，水无有不下。"

③"须贾见范雎"九句：参见前文《能悔》注释四。贾之绨袍，原书为"买之绨袍"，今据《史记·范雎蔡泽列传》改。

幼 慧

汉昭十四，知霍光之忠，知燕王上书之诈；①和帝十四，能与中常侍郑众定计诛窦宪，不为太后惑；②顺帝知张逵等妬梁商，无废立事。③其幼时皆有知人发奸之明，及长，无异政以治天下，何也？盖少无声色之惑，长而利欲熏心，则所存者寡，而所忘者多。久则愦愦惛惛，为臣下所移，而不自知宜矣。

【注释】①"汉昭十四"三句：《汉书·霍光金日磾传第三十八·霍光》载，燕王旦、上官桀等与霍光有仇，便上书年仅十四岁的昭帝，诬陷霍光想谋反，但昭帝一眼就识破了他们的阴谋。昭帝，名刘弗陵，汉武帝之子。

②"和帝十四"三句：窦宪仗着自己是当朝国舅的身份，操纵朝政，骄横残暴，甚至想诛杀幼主汉和帝。汉和帝在宦官郑众等人的帮助下，粉碎了窦宪的阴谋，窦宪被迫自杀。窦宪，字伯度，扶风平陵（今陕西咸阳）人。东汉权臣，著名外戚。

③"顺帝知张逵等妬梁商"二句：《资治通鉴·卷第五十二》载："大将军商以小黄门南阳曹节等用事于中，遣子冀、不疑与为交友；而宦言忌其宠，反欲陷之。中常侍张逵、蘧政、杨定等与左右连谋，共谮商及中常侍曹腾、孟贲，云：'欲征诸王子，图议废立，请收商等案罪。'帝曰：'大将军父子，我所亲，腾、贲，我所爱，必无是，但汝曹共炉之

耳。'遽等知言不用，惧迫，遂出，矫诏收缚腾、贲于省中。帝闻，震怒，敕宦者李歆急呼腾、贲释之；收遽等下狱。"梁商，字伯夏，安定乌氏（今甘肃平凉）人，汉顺帝岳父，官至大将军，著名外戚。

比　隆

人曰：霍光废昌邑王，^①忧一时之无君也；严延年劾其无人臣礼，^②忧万世之无君也。夫伊尹固尝放太甲于桐矣，^③子舆曰："有伊尹之志，则可。"^④况张安世^⑤、杜延年^⑥皆光所荐，翊成中兴。霍光之心，虽起子舆氏，亦所必许之，谁谓不学无术乎？惟其妻其子为败，^⑦乃公事耳。然而有周公辅成王，亦有伯夷、叔齐叩马谏武王，存严延年之劾，以助首阳山薇蕨生几可也。于此观伊尹、霍光，则圣之与凡，其气象端有天渊之隔；夷、齐之与延年风慨，亦霄壤之异。孰谓后人能及前人耶？

【注释】①霍光废昌邑王：见前文《迥别》注释二。
②严延年劾其无人臣礼：《汉书·酷吏传第六十·严延年》载："宣帝初即位，延年劾奏（霍）光'擅废立，亡人臣礼，不道。'"严延年，字次卿，东海郡下邳县（今江苏邳县）人。西汉酷吏，人称"屠伯"。
③夫伊尹固尝放太甲于桐矣：昌邑王淫乱，霍光很愤懑，大司农田延年说："伊尹相殷，废太甲认安宗庙，后世称其忠，将军若能行此，亦汉之伊尹也"，劝他"更选贤而立之"。伊尹，殷代贤相。《史记·殷本纪》载：太甲初为帝时，昏庸残暴，被伊尹放逐到桐宫。在他痛改前非后，伊尹又将他接回京都，将政权还给他。尝，原文误作"常"。
④"子舆曰"三句：《孟子·尽心上·放桐章》载："公孙丑曰：'伊尹曰："予不狎于不顺。"放太甲于桐，民大悦；太甲贤，又反之，民大悦。贤者之为人臣也，其君不贤，则固可放与？'孟子曰：'有伊尹之志，则可；无伊尹之志，则篡也。'"

⑤张安世：西汉名臣。字子孺，杜陵（今陕西西安）人。官至大司马，封富下侯。

⑥杜延年：西汉大臣。字幼公，南阳杜衍（今河南南阳）人。

⑦惟其妻其子为败：《汉书·霍光金日磾传第三十八·霍光》载，霍光治家不严，妻子胆大妄为，竟让人害死宣帝的许皇后，然后让女儿代替之；儿子骄横张扬，图谋篡位。这一切导致了灭族之祸。

因 马

武帝咎上官桀马瘦，曰：以我病不复见马耶？桀曰：臣闻圣体不安，日夜忧惧，意不在马。泣数行下。帝曰：爱我也。桀后与托孤之命。①日夜忧惧，何至意不在马？此语自是鄙拙。而武帝英主，不宜即信，可知晚景昏慵，斤斤自爱，以至于此。即金日磾充马厩养，牵马殿下，容貌甚严，且马肥泽，其日便拜为马监，其后亦与托孤之命。②以马之故，而遂至于托孤，此千古无同局！此二人之局同，其一人因马诈得宠，其一人自以③马肥得宠。其后日磾不失为忠臣，而桀则自败。抑入身之际，已别其人之品流大异矣。

【注释】①"武帝咎上官桀马瘦"十一句：事见《汉书·外戚传第六十七上·孝昭上官皇后》。上官桀，西汉大臣。陇西上封（今甘肃天水）人。武帝临终时，与霍光等同受遗诏辅佐少主，官至左将军，封安阳侯。

②"即金日磾充马厩养"六句：事见《汉书·霍光金日磾传第三十八·金日磾》。金日磾，字翁叔，本为匈奴王太子，后为西汉大臣，与霍光等同受武帝遗诏辅佐少主。封秺侯。

③原书此处有"严重"一词，应是衍文，故删。

不 绐

苏武留漠北，汉使绐单于曰："天子射雁，得武书，言武居北海上。"单于大惊，遂以武归。郝经①使宋，留真州，其家以鸽传书。则是雁乃鸽之开先哉！开先者虚，继为者实，事之相因，动若鬼神。则武以雁传帛，忠诚所格，鬼神为助，亦有此理，不必谓托以绐单于也。

【注释】①郝经：元代著名学者和政治家。字伯常。泽州陵川县（今山西陵川）人。

老 遇

古之卿相，非老不用。故工部有诗云："长安卿相多少年，富贵应须致身早。"盖讽之也，注乃谓"伤老之不遇"，非矣。夫贡禹以八十一迁光禄勋；①朱晖以八十拜仆射，至九十且以谏征西，拜尚书。②老安得不遇？不遇者，时与命耳！

【注释】①夫贡禹以八十一迁光禄勋：《汉书·王贡两龚鲍传第四十二·贡禹》载，汉元帝初即位，征八十一岁的贡禹为谏大夫。"是时，年岁不登，郡国多困"，贡禹便进谏元帝勤俭节约，共克时艰。"天子纳善其忠……迁禹为光禄大夫。"
②"朱晖以八十拜仆射"三句：详见《后汉书·朱乐何列传第三十三·朱晖》和《资治通鉴·卷第四十六、四十七》，不过两书虽然提及他八十拜尚书仆射，后来也曾谏阻征匈奴，且《后汉书》明确是"北征匈奴"，但并未确指他当时已高龄几何，不知高峤映所说何据。朱晖，东汉官吏、义士。字文季。南阳宛（今南阳市）人。

无 金

士固贵多读书，愈贵格物以察理。如人知怜昭君厄于黄金贿画师，措于丹青出塞外，此人人之恒情耳。倘其有黄金以贿画师，即无丹青归塞北。如不出塞外，昭君老死内廷，一宫中妪而已，孰从而景慕以深怜之？惟其无黄金，而有丹青，获为汉甥母，俾单于执子婿礼以靖边廷。卒又力自引决，则忠贞节义，悉于此全之。世人不为明妃庆，转为明妃惜者，独何也？

节 同

宋洪皓①絷留绝漠十五年，其节与汉苏武同。武之子元，坐上官安谋反，廷尉请逮武，霍光缘武之节，寝其奏。宣帝时，得赐爵关内侯。又，武老无子。武曰："胡妇产子，名通国，愿因使者赎之。"通国至，以为郎。汉之录武节犹如此。而高宗既谓洪皓曰："虽苏武不是过。"及归，厄于权臣，仅予一职。立朝不满三旬，讫窜南荒恶地，而人皆不之恤，何耶？盖汉有霍光而宋有秦桧故耳。

【注释】①洪皓：南宋大臣。字光弼。鄱阳（今江西波阳）人。官至礼部尚书。出使金国时，曾被扣留达 15 年。坚贞守节，人称："宋之苏武。"因主张抗金，不为秦桧等所容，屡受排挤。

异 合

王阳至益州九折坂①，叹曰："奉先人之遗体，奈何乘此险哉？"遂弃官去。即今之建昌大象岭，郦道元《水经注》所谓牛叩头、马搏颊，皆在此坂中。将达黎大所，其下为五月渡泸之泸水，其岭表，有古徂来山②大石碣。考徂来之松，宜在秦陇间，③不应在此，而立碣于此者何也？而王尊至斯则曰："此非王阳所畏者耶？"即叱驭而前。世盖称王阳"回车孝子"，王尊"叱驭忠臣。"夫二人各率其至性而为之，初本不与忠孝谋，而忠孝必归焉者，真之故耳。倘伪焉，则回车将虑国法，叱驭又惧殊方之险塞矣，何能发至性之真哉！故真者必率性以出之，率性者定能真，而为天下后世谅。此二人者，以大异为其大同，可知性道本自同。

【注释】①九折坂：在今四川荥经县西邛崃山，须九折乃方能上去，故此得名。为纪念王尊，建有"叱驭桥"。相传汉朝王阳为益州刺史，路过这里时，见山高坡陡，怕出意外，便托病辞官而去。后王尊为刺史，经过此处，问人知是王阳停留之处，满不在乎地加鞭前进。

②古徂来山：从下文来看，所指的应该就是徂来山，该山在山东省泰安县东南，距泰山约30公里，是泰山的姊妹山。亦作"徂崃"，又名尤来、尤崃、尤徕。

③"考徂来之松"二句：《诗经·鲁颂·閟宫》云："徂来之松，新甫之柏。是断是度，是寻是尺。"后因以"徂徕"指生长栋梁之材的大山。因徂来山在山东省泰安县，因此如果此文中的"徂来之松"是实指的话，作者说它"宜在秦陇间"，则错矣。

播　丑

陈远达谏勿为刘后起凤仪殿，忤聪，命诛之。后见远达锁腰入逍遥园，私敕停刑，手疏切谏，得解远达诛。因易园为"纳贤"，而堂曰"愧贤"，以臣下不为谏，独后自谏故也。①如朱云请以剑斩张禹头，忤成帝，将诛之，云攀殿槛折，又孰名槛以旌之哉？②顾事不贵旌与不旌，贵传之实为何如也。伪希其誉，以旌别之，徒播丑矣。

【注释】①"陈远达谏勿为刘后起凤仪殿"十一句：《资治通鉴·卷第八十八》载，刘聪想为刘皇后建宫殿，廷尉陈远达腰锁铁链，到逍遥园的李中堂切谏。刘聪大怒，要斩杀他。但由于陈远达将铁链锁在了园中的树上，侍卫一时将他拖不出去。皇后闻讯后，赶来劝阻了刘聪。事后，刘聪将逍遥和李中堂分别改名为纳贤园、愧贤堂。陈远达，十六国时汉大臣。新兴九原（今山西忻州）人。耿直敢谏。刘聪，十六国时汉帝，310年—318年在位。

②"如朱云请以剑斩张禹头"五句：《汉书·杨胡朱梅云传第三十七·朱云》载，汉成帝时，槐里县令朱云请诛佞臣张禹。成帝很生气，令斩朱云。"御史将云下，云攀殿槛，槛断。"后得左将军辛忌力救，朱云方免一死。"乃后当治槛，上曰：'勿易，因而辑之，以旌直臣'。"张禹，西汉大臣。字少文。河内轵（今河南济源）人。官至丞相，封安昌侯。

阴　便

世固阳为忠谠，其实济其阴便者。如孔光①奴事董贤②，狐媚王莽，而当时人不知，密谓王嘉③曰："国势如此，孰同为诤死者？"迨嘉力谏忤君，又以迷国劾之，下廷尉。嘉不悟，犹曰负故丞相孔光。嘉死，上览其对，因贤光，复以光为丞相。嘉之下廷尉以死，光为之，令嘉不衔为所卖，且曰负之，由是复丞相。其弥缝之术，何深而巧也！谓人不知，今莫不知之，则自巧者转拙于害己。播之后世，而人莫不恶之，孰谓果人不知哉！

【注释】 ①孔光：西汉大臣。字子夏，鲁国（今山东曲阜）人。孔子后裔。官至丞相，封博山侯。

②董贤：汉哀帝宠臣。字圣卿，云阳（今陕西淳化）人。官至大师马。

③王嘉：汉哀帝时为丞相。字公仲，平陵（今陕西咸阳）人。封新甫侯。

箱 慰

刘向忠汉，其子歆①为王莽典文章；陈矫②忠曹，其子骞③为司马懿佐命；郗愔④忠晋，其子超⑤党桓温，建废立之策。夫此三子皆不善述。然矫之忠曹，本不可忠，其子骞凭晋以成佐命，勋可也；向子歆为王莽典文章，则不可也；超党桓温与废立谋，其往返密计至于盈箱，而人不知也。其临死谓曰：如老父为我过伤，当出此箱慰之。其父果恸之过甚，左右出箱，父开视，得与温来往密计，乃唾之："此逆贼耳，恨不早死。"其不顾身后名，扬其恶以慰其父，于人子之情，可谓挚矣，有此心，何不心父之心哉！有此心，却不心父之心，于临死转思以此慰父恸，真令人怜其痴孝，更滋恨其不忠也。盖人至死时，天良乃露，故弃身后名，惟思慰父之恸已耳。凡人之善悔，以不藏其恶而表暴之，此所以为真悔。

【注释】 ①歆（xīn）：指刘歆，西汉著名学者。字颖叔。著有《七略》。
②陈矫：三国时魏国谋臣。字季弼。广陵东阳（今江苏盱眙）人。
③陈骞：西晋大臣。
④郗愔（xīyīn）：东晋大臣，著名书法家。字方回。高平金乡（今属山东）人。
⑤郗超，字景兴，又字嘉宾。曾向桓温建议废海西公而立简文帝。

托 儒

王莽辅政，刘歆犹议郊社礼于西京；董卓入朝，蔡邕尚订宗庙礼于东京。此非阴托儒名，以厌群志，资势以行，将塞其责望者非耶？不然，当时国事日非，既无经猷以济国，宜竭忠荩以洁身，何冒昧以图，乃阿附奸贼以为此耶？

凿 伐

宋艺祖曰："宰相须用读书人。"①夫用读书人，则何职不足尽？何事不足辨？宁为宰相哉！但宰相愈为切要耳。然读书人往往多舞文乱治，诐险机狯，坏法败道不少。盖幼而学为文章，独词华之是务，其入孝出悌，谨信泛爱亲仁之大义，不实实求之于其心。以全力而学文，此文胜质则史者也。此始焉其为炳蔚者，久之则为虎豹鞹矣，终焉即乎鞹而趋下，虽为犬为羊，亦安之为鞹而已矣。②不以读书为明道，转以读书增欲心；不以读书为明理求仁之方，转以读书为文智诈便，奔竞咨口给，饰仪度，作色荏之伎俩。故观其人之学何居，而后乃可以言读书。不然，读书徒害身损名，却为垄断热宦之具。圣贤面目，全令读书人隳坏之；吾人良心，悉听读书人穿凿之。牛山之木固美，旦旦而伐，③不于无知识人，却全是读书人。

【注释】 ①"宋艺祖曰"二句：《宋史·本纪第三·太祖三》载："三年，蜀平，蜀宫人入内，帝见其镜背有志'乾德四年铸'者，召窦仪等诘之。仪对曰：'此必蜀物，蜀主尝有此号。'乃大喜曰：'作相须读书人。'由是大重儒者。"宋艺祖，即宋太祖赵匡胤。

②"此始焉其为炳蔚者"五句：《论语·颜渊》曰："虎豹之鞹，犹犬羊之鞹。"

③"牛山之木固美"二句：《孟子·告子章句上》云："孟子曰：'牛山之木尝美矣，以其郊于大国也，斧斤伐之，可以为美乎？'"牛山，位于山东临淄县。

任 裁

沉放醉乡，恣心惟酒，问陈遵①之驭世，真如何为谨笃冲深，恬意若水。觇张竦②之涤尘，却不害其拘牵扯整密，游情往古。此二人者，相友善，其趋不同，不以长短互裁，任其长短各见，友人之法，宜如此焉。

【注释】①陈遵：王莽权臣。字孟公，杜陵（今陕西西安）人。以嗜酒
著称。

②张竦：西汉大臣。字伯松，河东平阳（今山西临汾）人，封
淑德侯。《汉书·游侠传第六十二·陈遵》载："（陈遵）常
谓张竦：'……足下讽诵经书，苦身自约，不敢差跌，而我
放意自恣，浮湛俗间，官爵功名，不减于子，而差独乐，顾
不优邪！'竦曰：'人各有性，长短自裁。子亦为我亦不能，
吾而效子亦败矣。'"

死　生

世有短薛方①不若颜杲②。颜之骂安禄山，宁甘断舌。又不如孙揆③之
骂李克用④，甘锯其身。世又予薛方者，曰：能为甘词婉语，感悦奸心以自
全，此君子贞而不谅也。夫当王莽趋送绥印于龚胜⑤，乃龚胜称疾，遂不
食，十四日死。文天祥八日不食犹生，不害复食，卒之以终死。谢枋得⑥二
十日不食犹生，乃复食，不害其与文天祥同一节义。顾薛方生之必有道，然
为之所全者，在公私大小之间宜何如耳。

【注释】①薛方：西汉名士。字子容。曾婉言谢绝王莽的征召："尧舜
在上，下有巢许。今明主方隆唐、虞之德，小臣欲守箕山之
节也。"

②颜杲：即颜杲卿，唐朝名臣。字昕。京兆万年（今西安）
人。《新唐书·列传第一百一十七·颜杲卿》载，安禄山叛
乱时，他起兵讨伐，后城破被俘，当面大骂安禄山，被钩断
舌头，仍不屈，被处死。

③孙揆：唐大臣。字圣圭。《资治通鉴·卷第二百五十八》载，
他在征讨李克用时被俘，坚贞不屈，被锯身亡。

④李克用：沙陀族人，生于神武川之新城（在今山西雁北地区
境内）。中国唐朝末年最强大的节度使之一，后被唐朝封为

晋王，是后唐庄宗李存勖之父。

⑤龚胜：西汉大臣。字君宾。楚人。以名节著称。

⑥谢枋得：字君直，戈阳（今属江西）人。原为宋臣，元军逼
　他出仕，乃绝食而死。

漫　醉

宋太宗宴于北苑，孔守正与王荣醉而争边功，明日诣殿请罪。太宗曰：
"朕且大醉，漫不复省。"①其与光武既诛王郎，取与郎交关毁谤书悉焚之，
曰："使反侧自安耳。"②其度若同，而实大异。夫托醉以存体，体全而人亦
安。至焚交关书，可也。胡不曰：此一时彼一时，人固各有志耳，而乃曰
"使反侧子自安"。人臣而谓之为"反侧子"，且出之帝口，欲其安，转不安
矣。幸而安者，势不可动故也，决非此语安之。故人主一言，攸关于得失，
不可不慎。

【注释】①"宋太宗宴于北苑"六句：《宋史·列传第三十四·孔守正》
　　　　载："一日，侍宴北苑，上入玄武门，守正大醉，与王荣论
　　　　边功于驾前，忿争失仪，侍臣请以属吏，上弗许。翌日，俱
　　　　诣殿廷请罪，上曰：'朕亦大醉，漫不复省。'遂释不问。"

　　　　②"其与光武既诛王郎"四句：见前文《毋矜》注释六。王
　　　　郎，即王昌，新莽末邯郸人。本以卜相为业，后自称汉成帝
　　　　之子刘子舆，被西汉宗室刘林和大豪李育等立为汉帝，都邯
　　　　郸。不久光武帝刘秀攻破邯郸，被杀。

传　迥

严陵以光武谨厚，雅有儒风，遂激发正义，使结贤豪，而得中兴汉室。
其冥鸿高举，不屑臣就，不以富贵利达传，乃以一羊裘、一钓竿传；不以帏
中之秘略传，乃以衾底加帝腹之只足传。①人贵善于传，如子陵之自传者，

299

人所不取，亦人所不敢。

【注释】①"不以帏中之秘略传"二句：《后汉书·逸民列传第七十三·严光》载，严光被老同学光武帝强召进京后，只叙旧情，不言它事。为了表示亲切之意，光武帝曾与他同榻而卧，而他将脚放在光武帝腹部酣然而睡。

情　景

安重诲①虑潞王从珂②非李氏子为患，乃阴遣指挥③使杨彦温闭城拒之。从珂谓曰："何反耶？"曰："乃枢密院宣请公趋归朝廷耳！"从珂走虞乡，驰骑上变。明宗钦究所以，重诲希旨斩彦温灭口。明日，重诲论列从珂罪。明宗曰："公欲如何处置？我从公。"重诲曰："此父子之际，非臣宜言。"明宗曰："吾为小校时，衣食不能自足，此儿为我担石灰，抬马粪，以相养活。今贵为天子，独不能庇之耶！"其言言，声泪俱出。为父之道，顾其情真耳，真则气至，文亦至。明宗虽挚于情，然不以潞王故诘咎于重诲。后重诲因群小中伤，尤以不除国患为恨。④谁谓五代少君臣哉！

【注释】①安重诲：五代时后唐大臣。应州（今山西应县）人。少事李嗣源（后唐明宗），随从征战，视为亲信。李嗣源即位后，历仕左领军卫大将军、枢密使，累加兼中书令，护国节度使，总揽政事。然不甚通文墨，又刚愎专断，不能容人，诬杀宰相任圜等，渐为明宗嫌忌。后被棒杀。
②从珂：指李从珂，明宗养子，骁勇善战，封潞王。
③指挥：原书缺，今据《新五代史·唐臣传第十二》补。
④尤以不除国患为恨：《新五代史·唐臣传第十二》载："重诲得罪，知其必死，叹曰：'我固当死，但恨不与国家除去潞王！'此其恨也。"

一　楼

庄宗①叹富有天下，且不得作一楼，欲令宫苑使王允平营之。宦者曰："郭崇韬②眉头不伸，常为③租庸惜财用。陛下虽欲为之，得乎？"仍使问崇韬曰："昔吾与梁对垒于河上，虽祁寒盛暑，被甲跨马，不以为劳。今居深宫，荫广厦，不胜其热，何也？"对曰："昔以天下为心，今以一身为意。艰难逸豫，为虑不同，其势自然。愿无忘创业之难，常如河上，则可使繁暑坐变清凉。"此一诚真挚，冲口成语，非欧阳文忠之过为修饰也。④夫天下为心之，与一身为意，其理欲之所由分，幽独之几，可不谨哉！天子之尊，且不得为一楼，且区区以臣下眉头之是计。吁，后世视此，宁不惩哉！曰："两眉皱去一楼停，繁暑坐变清凉生"，是绝好咏史语。人心之危，即非道心之微耶？

【注释】　①庄宗：指后唐庄宗李存勖。
　　　　　②郭崇韬：五代后唐名将、重臣。字安时。代州雁门（今山西代县）人。后因宦官诬陷，在蜀被杀。
　　　　　③常为：原书为"当谓"，而《新五代史·唐臣传第十二》则为"常为"，更符合文意，故改。
　　　　　④上述之事见于欧阳修修撰的《新五代史·唐臣传第十二》，故有此说。

相　犹

班定远谓任尚曰："简易宽大也。"而尚乃视之为平平无奇。①不犹管平原为邓飏曰："位峻者颠，轻豪者亡。"而飏乃视之为老生之常谈。②夫老生不见生，常谈不见谈，惟其平实，乃真神奇。辂之答飏者，亦犹超之谓任耶！

【注释】①"班定远谓任尚曰"三句：《后汉书·班梁列传第三十七·班超》载，班超离开西域时，继任者任尚向他请教治边之策。班超说："宜荡佚简易，宽小过。"任尚事后对周围的人说："我以班君当有奇策，今所言平平耳。"班定远，即班超，东汉名将，外交家。字仲升。扶风安陵（今陕西咸阳）人。封定远侯。任尚，东汉将领。接替班超镇守西域，因严苛之举激起民变，以罪被征回。

②"不犹管平原为邓飏曰"四句：《三国志·魏书二十九·管辂传》载，管辂"著爻神妙"，吏部尚书何晏问他自己："知位当至三公不？"并说自己："连梦见青蝇数十头，来在鼻上，驱之不肯去，有何意故？"管辂作了一番解析后说："位峻者颠，轻豪者亡，不可不思害盈之数，盛衰之期。是故山在地中曰谦，雷在天上曰壮；谦则哀多益寡，壮则非礼不履。未有损己而不光大，行非而不伤败。原君侯上追文王六爻之旨，下思尼父象象之义，然后三公可决，青蝇可驱也。"在场的邓飏听完之说："此老生之常谭。""辂答曰：'夫老生者见不生，常谭者见不谭。'晏曰：'过岁更当相见。'辂还邑舍，具以此言语舅氏，舅氏责辂言太切至。辂曰；'与死人语，何所畏邪？'舅大怒，谓辂狂悖。岁朝，西北大风，尘埃蔽天，十馀日，闻晏、飏皆诛，然后舅氏乃服。"管平原，即管辂，字公明，平原（今属山东）人。三国时魏国著名大臣。邓飏，字玄茂，三国时魏国权臣曹爽门客。

李 杜

　　李固、杜乔①齐名。其时为梁冀所害，而杨匡上书，乞李杜骨骸。李云、杜众②为竖宦倾死狱中，裴楷上书，亦称李杜。再如李膺之与杜密，③李白之与杜甫，一以忠贤齐名，一以诗声齐名，终《纲目》而有四李杜焉。嗣是之李杜，或兴感而起，其尚未艾哉！

【注释】①李固、杜乔：东汉汉桓帝时名臣。二人均因得罪外戚梁冀而死。死后二人俱暴尸于城北，家人不敢收敛。《后汉书》中将李固、杜乔合为《李杜列传》。

②李云、杜众：东汉汉桓帝时名臣。因上书劝谏宦官用事，同日被赐死。

③李膺、杜密：为东汉末年党锢事件领袖人物。

为 荣

妻子不厌糟糠，故宋弘之辞不尚主；①妇同其贫困，故敬德之不婿皇家。②于今得之，转以为荣，而人亦同声荣之，斯可以察人情之不古，知世风之斯下也。

【注释】①"妻子不厌糟糠"二句：《后汉书·伏侯宋蔡冯赵牟韦列传第十六·宋弘》载："时（光武）帝姊湖阳公主新寡，帝与共论朝臣，微观其竭。主曰：'宋公威容德器，群臣莫及。'帝曰：'方且图之。'后弘被引见，帝令主坐屏风后，因谓弘曰：'谚言贵易交，富易妻，人情乎？'弘曰：'臣闻贫贱之知不可忘，糟糠之妻不下堂。'帝顾谓主曰：'事不谐矣。'"宋弘，东汉大臣。字仲子。京兆长安（今陕西西安）人。为人正直，做官清廉。

②"妇同其贫困"二句：《资治通鉴·卷第一百九十五》载："上（指唐太宗）又尝谓敬德曰：'朕欲以女妻卿，何如？'敬德叩头谢曰：'臣妻虽鄙陋，相与共贫贱久矣。臣虽不学，闻古人富不易妻，此非臣所愿也。'上乃止。"尉迟恭，字敬德。朔州鄯阳（今山西朔城区）人。唐朝大将，凌烟阁二十四功臣之一。

迪孙

303

家 乐

元方将车，季方执仗，孙长文以幼坐车中。叔慈应门，慈明行酒，余六龙下食，文若幼坐之膝。①写德门子弟，不骄不矜，祖父兄长，尚宽尚肃，自有一段和淑气象。太史占德星，知五百里内贤人聚，②乃太丘尹陈仲弓③实朗陵侯荀季和淑④，共集晏好也，于家庭一乐也。而上以格之星文，以见于天，谁谓隐德休庆之不可及于天下哉！感之者微，其应之者验，人不之察耳，厥凡家乐，视此前徽。

【注释】①"元方将车"七句：《世说新语·德行》云："陈太丘诣荀朗陵，贫俭无仆役，乃使元方将车，季方持杖后从，长文尚小，载着车中。既至，荀使叔慈应门，慈明行酒，余六龙下食，文若亦小，坐着膝前。于时太史奏：'真人东行'。"元方，陈纪字，东汉颖川许昌（今河南许昌）人。季方，陈谌字，早夭。二人皆为陈仲弓之子。长文，陈纪之子，原书于其前有"孝先"一词，今据《世说新语·德行》删。叔慈，荀爽字。慈明，荀爽字。二人与六龙俱为荀淑之子，为当时八大名士。《史通·采撰篇》曰："颖川八龙，出于《荀氏家传》"。文若，指荀彧，乃荀绲之子，荀淑之孙。

②"太史占德星"二句：《世说》注（《异苑》）中说："陈仲弓从诸子侄造荀父子，于时德星聚，太史奏：'五百里内有贤人聚。'"

③陈仲弓：本名陈实，字仲弓，东汉颖川许县（今长葛市古桥乡陈故村）人。德行高尚，曾任太丘（今河南永城西北三十里）长，故时人称其陈太丘。

④朗陵侯荀季和淑：即指荀淑。荀淑，字季和。东汉颖川颖阴（河南许昌）人，以品行高洁著称。曾任朗陵侯相，世称荀朗陵。为战国荀子十一世孙。

讪　我

范滂临刑，其母抚之曰："劝汝为恶，恶不可为也；劝汝为善，今不为恶。"①语意甚激，而不失其和平之度，然令他人绝不能道出只字。夫母之于子，情甚真挚而深切也，当临刑，情又恸切而哀楚矣。方哀楚至极之际，而发语若巽。细按之，则情莫不深于此四言，莫不伤痛于此四言，莫不忿迫于此四言。卒之，一言曰："今不为恶"，固自何等和平。然当时之失政、失刑，亦即于此言骂尽！家有旧《汉书》古本，乃知新刻者易"今"字作"我"字。试思我不为恶，仅一我字，其义浅陋，真有天渊之隔，于以思李程，惜墨如金，不独在尽法耳。

【注释】①"范滂临刑"六句：《后汉书·党锢列传第五十七·范滂》载，范滂被陷害，入狱后，"其母就与之诀。滂白母曰：'仲博（指范滂之弟）孝敬，足以供养，滂从龙舒君归黄泉，存亡各得其所。惟大人割不忍之恩，勿增感戚。'母曰：'汝今得与李、杜齐名，死亦何恨！既有令名，复求寿考，可兼得乎？'滂跪受教，再拜而辞。顾谓其子曰：'吾欲使汝为恶，则恶不可为；使汝为善，则我不为恶。'行路闻之，莫不流涕。时年三十三。"由此可知，高峤映此处有误，他将范滂之言误为范母所言。范滂，字孟博，东汉汝南征（今河南偃城）人。为官清廉，反对宦官专权，是当时名士之一。

闻　愧

徐惠妃①曰："为善未必蒙福，为恶终难免祸。"遏人为恶，可为惩戒。若范母之劝汝为恶，夫恶果劝耶？其言似直，而义深且婉。至"劝汝为善"，诚哉乎贤母，乃知子莫母若矣！曰："今不为恶"，言外自有"胡刑之及身哉"一语，令闻者心上自憾痛，而自得之无穷。如怨如诉，令当日君若闻其言，宁不愧死。闻而明刑弼教，感化当世，亦自不小。勿谓徐妃之言贤于范母之言也。

【注释】①徐惠妃：唐太宗妃子。名惠。八岁即能提笔成文。

党 锢

党锢之祸，①自后汉献帝尽取天下名士囚禁之，及黄巾贼起，汉室大乱，乃悔而释之，然无救矣。唐之晚年，朋党之论渐起，昭宗时，尽杀朝士，咸投之黄河，曰："此辈清流，可投浊流。"唐遂以亡。②至宋司马光、苏轼，分洛、蜀而各为朋党，持议以相攻击。明则沈一贯③入相，而顾宪成④谪归，讲学于东林。孙丕扬、邹元标、赵南星⑤之徒，蹇谔⑥自负，与政府每相持。此浙党之自始，其后互相倾轧，垂五十年。昔人谓党即君子耶！可以持世为名臣，不可用世为大臣，以其心有所偏狭也。读欧文忠《朋党论》，惟共济以匡君，可谓为君子之真朋。同利以相倚，则小人之伪朋，诚利尽而交疏，转相害矣。宋至，禁党人且碑之，其将来之以党惟祸者，君子宜深以自处哉！

【注释】①党锢之祸：指东汉桓帝、灵帝时，士大夫、贵族等对宦官乱政的现象不满，与宦官发生党争的事件。事件因宦官以"党人"罪名禁锢士人终身而得名。前后共发生过两次。党锢之祸以宦官诛杀士大夫一党几尽而结束。当时的言论以及日后的史学家多同情士大夫一党，并认为党锢之祸伤及汉朝根本，为黄巾之乱和汉朝的最终灭亡埋下伏笔。党锢之祸是桓、灵二帝时的事，见《后汉书·党锢列传第五十七》。高峣映下文误记为献帝时的事，很可能是受欧阳修《朋党论》的影响（"后汉献帝时，尽取天下名士囚禁之，目为党人"）。
②"唐之晚年"八句：见欧阳修《朋党论》。昭宗，乃昭宣帝之误。咸，《朋党论》为"或"。
③沈一贯：明朝万历年间著名大臣，浙党领袖之一。字肩吾，

又字不疑、子唯，号龙江，又号蛟门。鄞县（今浙江宁
波）人。

④顾宪成：明朝著名学者，东林党领袖。字叔时，号泾阳，人
称"泾阳先生"，因创办东林书院而被称为"东林先生"。
无锡泾里（今无锡县张泾）人。

⑤孙丕扬、邹元标、赵南星：明神宗时大臣，东林党人。

⑥蹇谔：同"蹇愕"，正直、敢言之意。

权　重

　　赵苞①为辽西太守，鲜卑执其母以招降之。人子当其时，将何如而为义
乎？曰：城不可弃也！守之，必难以全其母。衡其轻重，则此时保城全忠者
为重；因母而弃城，降敌以全孝者为轻。宁全所重之忠，而弃城降敌，虽谓
之孝，亦决不可为。此大义所在，不得以私意擅便者也。然母之或存，则子
之身可存；母因之以亡，则保城敌去之后，则亦惟有告之君国，以此一身谢
母于地下而已。昔子南之子弃疾为王御士，王曰："令尹之不能，尔所知
也，国将讨焉，尔其居乎？"对曰："父戮子居，君焉用之；泄命重刑，臣
亦不为。"子臣之衡轻重如此。及王杀子南于朝，弃疾自缢而死。②夫不泄
者，忠也；曰："吾与杀吾父。"遂自缢，所报父于地下者，孝也。若王陵
可以不归汉，以生全其母，③胡亦类赵苞之为哉！徐庶④曰："与君侯图王定
霸者，此方寸地耳，今方寸乱矣！"遂辞刘公归曹操。此衡所重者又在孝，
故宁归操，与王陵同是一辙。惜王陵信贤母之言，不能如徐元直之见确也。
虽从汉高，显著功烈，究是武人，不学无术。

　　【注释】①赵苞：字威豪，东汉甘陵东武城（今山东武城）人。他任辽
西太守时，母亲和妻子赴辽西途中为鲜卑所虏，作为人质，
载以进攻辽西。他不为所动。等到击败鲜军，亲人皆遇害。
他葬母事毕，呕血而死。

②事见《春秋左传·襄公二》："楚观起有宠于令尹子男，未益
禄而有马数十乘。楚人患之，王将讨焉。子男之子弃疾为王
御士，王每见之，必泣。弃疾曰：'君三泣臣矣，敢问谁之

孙
迪

307

罪也?'王曰:'令尹之不能,所知也。国将讨焉,居其乎?'
对曰:'父戮子居,君焉用之?泄命重刑,臣不为'。王杀子
男于朝,观起于四竟。子男之臣谓弃疾:'请徒子尸于朝。'
曰:'君臣有礼,唯二三子。'三日,弃疾请尸。王许之。既
葬,其徒曰:'行乎?曰:'吾与杀吾父,行将焉入?'曰:
'然则臣王乎?'曰:'弃父事仇,吾弗忍也。'遂缢而死。"
③"若王陵可以不归汉"二句:见前文《母仪》注释四。
④徐庶:字符直。三国时颖川(今河南许昌)人。初事刘备,
后因其母为曹操所执,被迫归曹。

玩　势

　　韩馥为冀州以迎袁绍,而卒之以惧死,①是寄人以求生,转因人以送死。
刘璋举益州以容刘备,而卒之以国亡,②是活人以求名,转因名而贾祸③。
翟让④之提兵自我,尔朱兆⑤之六镇⑥堪尊,一以付之高欢⑦,即悬命于高
欢。一以授之李密⑧,而灭族于李密。势之一失,便为祸胎,机之至微,审
之宜熟。

【注释】①"韩馥为冀州以迎袁绍"二句:韩馥中了朋友袁绍之计,迎
　　　　其进冀州帮助自己御敌,结果冀州被袁绍夺去,他最终因恐
　　　　惧而自杀。韩馥,东汉末冀州牧。
　　　②"刘璋举益州以容刘备"二句:刘璋迎刘备到益州以对付曹
　　　　操,可刘备却乘机夺了益州。刘璋,东汉末益州牧。
　　　③贾祸:原书为"鼓祸",今据文意改。
　　　④翟让:隋末农民起义军瓦岗军的前期领袖。他曾将自己的主
　　　　动职位让给李密。后来二人产生矛盾,为李密所杀。
　　　⑤尔朱兆:北魏末期权臣。其有勇无谋,让心怀不轨的部属高
　　　　欢统领六镇起义降兵,结果让高欢乘机壮大了力量,灭了
　　　　自己。
　　　⑥六镇:此指兆魏政权为防御柔然等民族入侵而沿长城修筑的
　　　　六个军镇,分别为沃野(今内蒙五原)、怀(今内蒙固阳)、

武川（今内蒙武川）、抚宣（今内蒙四子王旗）、柔玄（今
内蒙兴和）、怀荒（今河北张兆）。

⑦高欢：字贺六浑，渤海莜（今河北景县）人。北魏末期和东
魏前期的权臣。在其子高洋代东魏自立，建立北齐政权后，
被尊为神武帝。

⑧李密：字玄邃，长安人。隋末农民起义军瓦岗军的后期
领袖。

几　谏

薏苡谤兴，①怀马援之不辩；衣囊徵誉，②思王阳以坠名。父欲杀青，子
防珍怪，③是以吴佑之父终保太守于南海，厚毅之祖遂获安舆而归也。几谏
深婉，宜动听焉。

【注释】①薏苡谤兴：《后汉书·马援列传第十四》载："初，援在交
趾，常铒薏苡实，用能轻身省欲，以胜瘴气，南方薏苡实
大，援欲以为种。军还，载之一车。……及卒后，有上书之
者，以为前所载还皆明珠文犀。

②衣囊徵誉：《汉书·王贡两龚鲍传第四十二·王吉》载，王
吉（字子阳，又称王阳）好车马，喜欢购置漂亮的衣服，搬
迁时，除了衣服之外，没有别的什么东西。"天下服其廉而
怪其奢，故俗传'王阳能作黄金'。"徵，求得，获得。

③"父欲杀青"二句：《后汉书·吴延史卢赵列传第五十四·
吴祐》载，吴祐父亲为南海太守，"欲杀青简以写经书，祐
谏曰：'今大人越五领，远在海滨，其俗诚陋，然旧多珍怪，
上为国家所疑，下为权戚所望。此书若成，则载之兼两。昔
马援以薏苡兴谤，王阳以衣徵名。嫌疑之闲，诚先贤所慎
也'。（父）恢乃止"。吴祐，字季英。东汉陈留长垣（今河
南长垣）人。仁厚通达。

迁　都

　　迁岐，①迁镐，②莫不上下同此一心。至迁洛③，成王且有疑周公之心，言百饰而听不从，此君之有疑臣为托始乎？姑毋论其果迁也，逮汉而下，迁长安，④迁邺，⑤迁唐于洛，⑥则窃命移鼎，为贼君之自便。君之命，且悬于臣乎？虽疑何如哉？

【注释】　①迁岐：武乙元年（公元前1147年），周之先君古公亶父为避戎狄之祸，弃豳迁岐。此举得到了许多人的拥护。迁岐后，古公亶父正式将诸侯国的国号改为周。

②迁镐：周武王即位9年后，为便于进攻商都朝歌（今河南淇县），将都城由丰（今陕西西安西南沣水西岸）迁至镐（今陕西西安西南沣水东岸）。

③迁洛：公元前770年，由于周幽王的暴政，加之严重的天灾，镐京所在的关中地区一片荒凉，人口剧减，且都城面临被犬戎随时侵入的威胁。于是，即位不久的周平王在晋、郑、秦等诸侯的保护下，把国都从镐京东迁至洛邑（今河南洛阳）。

④迁长安：初平元年（190年），董卓逼汉献帝西迁长安，驱民数百万口入关。

⑤迁邺：永熙三年（534年），北魏权臣高欢以洛阳地处以四战之地，难以为都为由，挟持新立的魏孝静帝将都城北迁至邺城。从此，北魏被一分为二，以邺城为都的北魏王朝位于宇文泰制下的北魏长安王朝的东方，故史称东魏。迁至邺城后，东魏军国政务完全被高欢所控制。

⑥迁唐于洛：天祐元年（904年），权臣朱全忠（即朱温）杀宰相崔胤，逼迫唐昭宗迁都洛阳。

毋 我

筑坞积粟，伤董卓之娱老；^①不失富翁，笑曹爽之旦暮。^②乃张华博物，不能博识于一身，踞位迷留，竟为人害。^③故克此己者，归天于一己；存此己者，失身于一己。奉吾夫子之一言曰：毋我。

【注释】①"筑坞积粟"二句：《后汉书·董卓列传第六十二》载，董卓弄权，刚愎骄横，"数与百官置酒宴会，淫乐纵恣。乃结垒至于长安城东以自居。又筑坞于郿，高厚七丈，号曰'万岁坞'。积谷为三十年储。自云：'事成，雄据天下；不成，守此足以毕老。'"坞，原书误作"邬"，今改。

②"不失富翁"二句：裴注《三国志·魏书九·曹爽传》等载，嘉平元年（公元 249 年），少帝谒魏明帝曹叡墓高平陵，大将军曹爽兄弟皆随行。司马懿乘机率其兵马，关闭京城，发动政变。上疏罗列曹爽种种乱法与不臣之状，假皇太后令，免曹爽兄弟全部官职。曹爽以为司马懿仅是想免去自己的官职而已，不用谋士桓范的举兵之计，以为尚可"不失作富家翁"，放弃了抵抗，"不知诛灭在旦暮耳，富可复得邪？"（《容斋随笔·卷十四·有心避祸》语）不久，三族被司马氏所诛。史称"高平陵政变"。

③"乃张华博物"四句：《容斋随笔·卷十四·有心避祸》载："张华相晋，当贾后之难不能退，少子以中台星坼，劝其逊位，华不从，曰：'天道玄远，不如静以待之。'竟为赵王伦所害。"张华，西晋名臣。字茂先。范阳方城（今河北固安）人。博学多识，著有《博物志》等。

利　在

　　《语》曰："君子数年成之而不足，小人一日败之而有余。"盖君子守经，则其势缓；小人黠诈，则其情迫。如齐宰相高睿①之去和士开②，与汉大将军何进③之罢中常侍，既悉罢，胡听张让④子妇以后姊妹之故，复入宫乎？不数日，而让杀进矣。睿既因娄定远，白胡太后出开士知衮州，随开士贿定远，反出定远于青州，遂杀睿。⑤君子小人用心，真不同者，利在故耳。

【注释】　①高睿：北齐重臣。忠介敢谏。因坚决主张将和士开外放，被胡太后等绞死。爵赵郡王。原书作"高献"，今据《北齐书·赵郡王琛（子睿）、清河王岳（子劢）》改。下同。

②和士开：北齐著名佞臣。武成帝高湛的宠臣，胡太后男宠。官尚书右仆射，封淮阳王。原书误作"和开士"，今据《北齐书·和士开》改。

③何进：字遂高。东汉末期南阳宛（今河南南阳）人。何太后之兄，官至大将军。他谋诛宦官，宦官张让等人闻讯后，假借何太后之名召他进宫，将其杀害。

④张让：东汉宦官。灵帝时独霸朝纲，为权倾天下的"十常侍"之一。

⑤"睿既因娄定远"五句：《北齐书·和士开》载，北齐武成帝一去世，高睿和娄定远等许多大臣就强烈要求胡太后将和士开外迁，认为"不出士开，朝野不定。"胡太后迫于情势，假意答应葬礼后会解决此事。随后，太后及后主采纳和士开之计，任命和士开为兖州刺史，并说葬礼后就让其赴任，稳住了高睿等人。葬礼毕，通过"载美女珠帘及条诸宝玩"贿赂监视自己的娄定远，"士开由是得见太后及后主，进说曰：'先帝一旦登遐，臣愧不能自死。观朝贵势欲陛下为干明。臣出之后，必有大变，复何面见先帝于地下。'因恸哭。帝及太后皆泣，问计将安出。士开曰：'臣已得入，复何所虑，正须数行诏书耳。'于是诏出定远青州刺史，责赵郡王睿以

不臣之罪，召入而杀之"。娄定远，北齐大臣，官司空。原书作"屡定远"，今改。胡太后，北齐武成帝高湛之妻，后主高纬之母。以淫乱著称。

素 定

孔融有难，问左右曰："能赴难者，必叔治。"言卒，而王修果至。①张超围急，曰："臧洪必来救我。"人谓曹、袁方睦，恐不能败好赴难。超曰："子源，天下义士，非背本者。"后果从绍请兵，不应，遂绝交。②吁！至夫融、超，可谓知人明矣。然究何以知二人之必赴难也？人盖立乎其本耳。如修七岁，母以社日亡，当社而修哭之哀，父老为之罢社，③此其以孝为本耶。至臧洪于一师生恩义之际，举身世而无移其操，人贵有其素也。孔、张之知王与臧，知其素，故定耳。

【注释】①"孔融有难"六句：《三国志·魏书十一·王修传》载："顷之，郡中有反者。修闻融有难，夜往奔融。贼初发，融谓左右曰：'能冒难者，唯王修耳！'官终而修至。"王修，字叔治。三国北海营陵（今山东昌乐）人。以忠孝仁厚著称，和孔融友善。

②"张超围急"十二句：《三国志·魏书七·臧洪传》载，195年，曹操攻打张超，张超认为臧洪一定会来营救。臧洪闻讯后也确实想去救援，但袁绍不同意，臧洪因此与他绝交。张超，东汉末广陵太守，对臧洪有知遇之恩，后被曹操所杀。臧洪，字子源。广陵射阳（今江苏宝应）人。袁绍部属，因张超被曹操所杀一事怨恨袁绍，不听其调遣，被杀。

③"如修七岁"四句：《三国至·魏书十一·王修传》载："（王修）年七岁丧母，衰甚。邻里闻之，为之罢社。"

女 勇

世之妇人女子，原不可以大义责，以其拘见解于壶中。所妮者情，而主者柔泽女红之事。虽古人有《女教》，《礼》有《内则》诸仪，其义亦不仅及于虔事舅姑，顺事夫子，洁于庙器之奉，勤以训子，俭以率家而止矣。故大义不入其心胸，圣道不沦于肌髓，即心根天良，其所谓之义而为之者，忖其衷，莫知宜所适，又况勇敢之事。谓世之有夫人城、娘子军者，几人哉？今观徐氏之为其夫太守孙翊以报妫览、戴员也，密约旧将，深以伺贼，乃托除服，延妫、戴入，一呼奋起而杀之，即以贼头祭夫。①宁惟洁身以全节，其智，其勇，结诚信感人，此妇人也乎哉！即使男子为之，而罕能循是以思。高州太守冯宝②妻冼氏③也，值梁高州刺史李迁仕反，杀其夫，④而冼毅起，诚士，袭击迁仕，遂安定两州。其后，教子忠贞以事君。终《纲目》于妇人，封爵者十二，皆讥焉，独予冼氏一妇人，可谓荣有身后知名矣。以能为翊妻者，于夫死保城，灭贼复仇，又训子忠贞，此终《纲目》仅有者也，爵之如男子，岂不宜哉！

【注释】①"今观徐氏之为其夫太守孙翊以报妫览、戴员也"七句：裴松之在注解《三国志·吴书六·孙韶传》之处引《吴历》的记载：因受责罚，东吴将领妫览、戴员二人借边洪（一作边鸿）之手谋杀了孙翊。妫览"入居军府中，悉取翊嫔妾及左右侍御"，后来又想娶孙翊遗孀徐氏。徐氏"恐逆之见害"，佯装答应，但要求"晦日"之时方能成亲。到了晦日，徐氏沐浴焚香，待妫览、戴员来到后，令伏兵斩杀了二人，以祭奠亡夫在天之灵。孙翊，又名孙俨，孙权之弟，呈郡富春（今浙江富阳）人。骁勇果断，性格刚烈。在丹阳太守任上被部属妫览、戴员等人所害。

②冯宝：字君珍，号元善（一说字柱石，号廷臣）。北燕皇族后裔，南北朝时梁朝人，曾任高凉（今广东高州）太守。追赠为谯国公。

③冼氏：原名冼珍，南北朝时期高凉郡（今广东高州）南越族

人，我国历史上著名的女政治家、军事家。南梁封宋康郡夫人、陈朝封石龙太夫人、隋封谯国夫人，谥诚敬夫人。

④杀其夫：此系错误。按《隋书·谯国夫人传》和《北史·列传第七十九·谯国夫人冼氏》等载，李迁仕反叛是在550年，而冯宝则死于558年。

不 离

一气流行，满雨间而不息。观夫扇动则风生，鸿翔谁为之序，羊跪孰教其孝哉？人患不察，而不求其至理耳，如察之，务求其所以，则格物之学，何须臾以离于我。

罕 称

有言者称人而已，有德者必称于人，故《周南》、《商颂》必假重于汤、文。由此观之，修德如主，其为文者，犹傅命之奴耳。故主者守其约而闲，奴者事其博而劳，至博极劳专，乃为传人，则自托为传人。矧代之出文人，能几文传人哉！故唐宋以来，称八家者，比类而间有之。自周迄于今，今罕有一圣人。

徒 囚①

枚乘作《七发》而《晋问》名，尚因其七于柳子；②刘基③之《九难》④，将来谁复因之？于是知作之者无心，而因之者有意也。

【注释】①徒囚：疑为"徒因"之误。
②"枚乘作《七发》而《晋问》名"二句：《容斋随笔·卷

七·七发》云："枚乘作《七发》，创意造端，丽旨腴词，上薄《骚》些，盖文章领袖，故为可喜。其后继之者，如傅毅《七激》、张衡《七辩》、崔骃《七依》、马融《七广》、曹植《七启》、王粲《七释》、张协《七命》之类，规仿太切，了无新意。傅玄又集之为《七林》，使人读未终篇，往往弃诸几格。柳子厚《晋问》，乃用其体，而超然别立新机杼，激越清壮，汉、晋之间，诸文士之弊，于是一洗矣。"枚乘，西汉辞赋家。字叔。淮阴（今江苏清江市）人。作，原书为"偶"，今据文义改。《七发》，辞赋名篇。《文选·枚乘〈七发〉》李善题解："《七发》者，说七事以起发太子也，犹《楚词·七谏》之流。"后世有不少仿作，形成一种辞赋体裁，称为"七体"，简称"七"。《晋问》，柳宗元著，它既是一篇规模较为宏大的文学作品，也是一篇结构完整的哲学、政治论著。文中强调了"民利"、"民先君后"等观点。柳子，指柳宗元。

③刘基：明初名臣和文学家。字伯温。浙江青田人。明洪武三年封诚意伯，故人称刘诚意。明武宗正德九年被追赠太师，谥文成，因而后人又称他刘文成、文成公。在文学史上，与宋濂、高启并称"明初诗文三大家"。

④《九难》：是刘基寓言散文集《郁离子》中的最后一篇。在文中，刘基通过"郁离子"（作者自称）与随阳公子的对话，表达了自己的志向："仆愿与公子讲尧、禹之道，论汤、武之事，宪伊、吕，师周、召，稽考先王之典，商度救时之政；明法度，肆礼乐，以待王者之兴。"

衷　义

君子宁言之不顾，不规规于非义之信；宁身被困辱，不拘人以非礼之恭；宁孤立无朋，不失身于非道之人。故言必信，行必果，为硁硁之小人；危不入，乱不居，乃矫矫之君子。

深　默

　　救时用才，人已难得于姚崇；①镇俗以德，谁谓求于怀慎。②夫才者，一惟才以济时，是用以见其所长，而济则自我可攸为之矣。德者，一惟敛其才而不用，以不济为其济，使人莫得窥其涯。乃休休乎运量以包纳之，是大化之鸿钧，游雅之巨治，均在于不言无为而治中，岂易得哉！不观谓之"伴食宰相"，即安之而不辞，谓之为无才，即自不以为讳。其有疾，宋璟、卢从愿候之，乃执手谓曰："上求治切，享国又稍倦于勤，将有憸人乘间而幸进矣。"③天宝之事，④悉如所言，其洞精深，然为何如也，宁真伴食哉！

【注释】①"救时用才"二句：姚崇生处在唐初宫庭斗争剧烈的环境中，竟能辅佐三帝，于三朝为相，实为罕见，而且为相期间政局清明，百姓丰衣足食，可说是十分贤明。人称："救时宰相。"

　　　　②"镇俗以德"二句：《旧唐书·卷九十八·列传第四十八·卢怀慎》和《新唐书·卷一百二十六·列传第五十一·卢怀慎》等载：卢怀慎升迁右御史台中丞后，曾上疏请求加强对官吏的考核，讲求礼仪廉耻，识别善恶，大兴治理，致使风俗向化。怀慎，指卢怀慎，滑州灵昌（今河南滑县）人。唐玄宗时与姚崇同居相位，为官清廉，自认才能不及姚崇，遇事多请其作主，人称"伴食宰相"。谥文成。

　　　　③"其有疾"六句：《新唐书·卢怀慎》载："怀慎清俭不营产，服器无金玉文绮之饰，虽贵而妻子犹寒饥，所得禄赐，于故人亲戚无所计惜，随散辄尽。赴东都掌选，奉身之具，止一布囊。既属疾，宋璟、卢从愿候之，见敝簀单藉，门不施箔。会风雨至，举席自障。日晏设食，蒸豆两器、菜数柸而已。临别，执二人手曰：'上求治切，然享国久，稍倦于勤，将有憸人乘间而进矣。公第志之！'及治丧，家无留储。"宋璟，唐代著名政治家。字广平。邢州南和人（今邢台市南和县）。爵广平郡开国公。原书为"宋景"，今改。卢从愿，唐代著名政治家。字子龚。相州临漳（今河北临漳）

317

孙迪

人。谥曰文。原书作"庐从愿"，今改。

④天宝之事：指安史之乱。

榷　义

横木渡人，《尔雅》称之为石杠①；禁闭其事，新莽②举之为榷法③。盖总利入官，下无由得，④而道路设木，严以防民也。夫建中书□，美之也，则昭帝之始元⑤，孝武之太元，以至于大历，岂非汉武为之诵（俑）也哉！⑥

【注释】①石杠：亦作"石矼"。指石桥。一说为置于水中供人渡涉的踏脚石。

②新莽：指王莽政权。

③榷法：指官收官卖的制度或措施，此指王莽政权垄断食盐产销的措施。

④"盖总利入官"二句：扬雄《法言义疏·寡见卷第七》载："颜师古云：'榷者，步渡桥。雅谓之石杠（石桥），今之略是也。禁闭其事，总利入官，而下无由认得，……'"

⑤始元：原书误作"元始"。今据《辞海》之《中国历史纪年表》改。

⑥岂非汉武为之诵（俑）也哉：此处可能是指汉武帝创立年号同时也是中国第一个使用年号的皇帝一事。

委　身①

狄梁公②反周为唐，何妨委身而事曌③。观其脱翠裘而褫奸邪之胆时，④自有大作用。非若周亚夫之一味谨笃，任势之自运而已。

【注释】①《委身》及《间谍》、《报化》录自《高峣映评传》，云南人民出版社版。

②狄梁公：即狄仁杰，唐代武则天时名相。字怀英。并州太原（今山西太原）人。以不畏权势，敢于进谏，知人善荐著称。他劝武则天迎庐陵王李显回宫，立为皇嗣，唐祚因此得以维系。谥文惠。睿宗时，追封梁国公。

③曌：指武则天。

④观其脱翠裘而褫奸邪之胆时：据《集异记》载：则天时，南海郡献集翠裘，珍丽异常。张昌宗（武则天男宠之一）侍侧，则天因以赐之。遂命披裘，供奉双陆（为一种游戏）。宰相狄仁杰时入奏事。则天令升坐，因命仁杰与昌宗双陆。狄拜恩就局。则天曰："卿二人赌何物？"狄对曰："争三筹，赌昌宗所衣毛裘。"则天谓曰："卿以何物为对？"狄指所衣紫絁袍曰："臣以此敌。"则天笑曰："卿未知，此裘价逾千金。卿之所指，为不等矣。"狄起曰："臣此袍，乃大臣朝见奏对之衣；昌宗所衣，乃嬖幸宠遇之服。对臣此袍，臣犹快快。"则天业已处分，遂依其说。而昌宗心赧神沮，气势索寞，累局连北。狄对御，就脱其裘，拜恩而出。至光范门，遂付家奴衣之，促马而去。原文"时"字后多一"时"字，今删。

间　谏

　　武帝欲杀倪宽，按道侯韩说谏曰："吾丘寿王死，陛下至今恨之；今杀宽，宜何如恨于后也！"①此乘帝胄中有此一问，遂不别置一语。故即乘此一问之人，爱激感之。宣帝欲诛张安世，而赵充国谏约：安世本持橐簪笔事孝武帝数十年，见其忠谨，宜安度之。②此以其人之实以感之，不申雪其当然之罪，遂不激怒，而易听也。宜激则激之，宜指实则指实之。此等皆婉谏中紧之妙。

　　【注释】①"武帝欲杀倪宽"六句：《汉书·楚元王传第六》载："孝武帝时，宽有重罪系，按道侯韩说谏曰：'前吾丘寿王死，陛

319

下至今恨之；今杀宽，后将复大恨矣！'上感其言，遂赏宽，复用之，位至御史大夫，御史大夫未有及宽者也。"倪宽，西汉时千乘郡（今山东广饶县）人。少时家境贫寒，但勤奋好学，"带经而锄"。精通经学和历法，善文辞，与司马迁等共同制定了《太初历》，为发展中国历法做出了重要贡献。着有《倪宽》九篇、《倪宽赋》两篇等。官至御史大夫，政声卓著。韩说，与其兄韩嫣皆为汉武帝宠臣，后在巫蛊之乱中被戾太子刘据所杀。吾丘寿王，西汉赵（今河北邯郸市）人，字子赣。官至东郡都尉、光禄大夫侍中。"后坐事诛"。《汉书·艺文志》著录《吾丘寿王》六篇、赋十五篇。

②"宣帝欲诛张安世"五句：《汉书·赵充国辛庆忌传第三十九·赵充国》载："车骑将军张安世始尝不快上，上欲诛之，卬家将军（指赵充国）以为安世本持橐簪笔事孝武帝数十年，见谓忠谨，宜全度之。安世用是得免。"张安世，字子儒。杜陵（今陕西西安）人。酷吏张汤之子。以父荫任为郎。官至大司马车骑将军，领尚书事，封富平侯。性格谨慎，为官廉洁，有政声。赵充国，字翁孙，陇西上邽（今甘肃清水县）人。西汉著名军事家。他稳定边疆的"寓兵于农，耕战两利"的策略，即屯田法，在中国历史上产生了巨大影响。被封营平侯，谥壮侯。

报　化

合德鸠孕妇，①其报则化为鼋。②鼋之为言，孕鸠之所致也。郗后以嫉妒变蛇。夫蛇者，毒之甚，而蛋其尸者也。③鲜卑匡氏为支氏苦虐死，亦化蛇来报。夫此腔子中天光日洞，自是宏宇并包，如妇人女子之妒嫉，久而不化，则转化为鼋，为蛇，岂掀捐男子，尚欲区区以嫉忌为心哉。孰知男子之嫉忌不自知，其尤甚于妇人。

【注释】①合德鸠孕妇：《汉书·外戚传第六十七下·孝成赵皇后》载，赵合德嫉妒曹宫生子，逼其和周围的人自杀。合德，汉成帝皇后赵飞燕的胞妹，汉成帝的宠妃。她与赵飞燕皆未能生育，为保住自己的地位，非常嫉怕其她妃子、宫人怀孕生子。

②鼋（yuán）：亦称"绿团鱼"，俗称"癞头鼋"。属鳖科类。吻突很短，背甲近似圆形，散生小疣，暗绿色，腹面白色，一般长约 26－72 厘米。

③"郗后以嫉妒变蛇"四句：相传郗皇后嫉妒心特别强，导致她死后变成了蟒蛇（又说变成了龙），鳞甲下生着啮食其肉的虿，令她痛苦万分。郗后，指梁武帝郗皇后。虿（chài），蝎一类的毒虫。